JESUS

Jacques Duquesne

JESUS
A VERDADEIRA HISTÓRIA

Revelações surpreendentes sobre o personagem histórico

Tradução de
DANIEL PIZA

Jardim dos Livros

Título Original: *Jésus*

1ª edição – Abril de 1995
2ª edição – Dezembro de 2000
3ª edição – Novembro de 2005
4ª edição - Março de 2019

Editor e Publisher
Luiz Fernando Emediato

Diretora Editorial
Fernanda Emediato

Tradução
Daniel Piza
Trechos bíblicos extraídos de "A Bíblia do Pão", coordenação de L. Garmus, editora Vozes, 1992 (16º edição).

Capa
Silvana Mattievich

Diagramação
Eloah Cristina Asevedo Passos da Cunha

Revisão
Márcia Benjamin Oliveira

Pesquisa Iconográfica
Tempo Composto

Dados Internacionais de Catalogação (CIP)
(Câmara Brasileira do Livro, SP, Brasil)

Duquesne, Jacques
Jesus / Jacques Duquesne ; tradução Daniel Piza.
— São Paulo : Jardim dos Livros 2019 : 4a. edição

1. Jesus Cristo – Biografia. I. Título
ISBN: 978.85.7509.135-7
95-1194 CDD-232.901

Índices para Catálogo Sistemático:
1. Jesus Cristo : Vida : Cristologia 232.901
2. Vida de Jesus : Cristologia 232.901

EMEDIATO EDITORES

Rua João Pereira, 81 – Lapa
CEP: 05074-070 – São Paulo – SP
Telefone: (+ 55 11) 3256 -4444
E-mail: geracaoeditorial@geracaoeditorial.com.br
www.geracaoeditorial.com.br

Impresso no Brasil
Printed in Brazil

Sumário

A cidade de Nazaré, na Galiléia, onde Jesus nasceu

O visionário de Nazaré

Luiz Fernando Emediato

UM DIA, há quase dois mil anos, um homem saiu pela Palestina anunciando uma sociedade nova. Tinha uma mensagem diferente, baseada no amor ao próximo e na renúncia ao dinheiro, ao poder e à glória. Não era o único: naqueles tempos conturbados, outros também saíam pelo mundo, maltrapilhos e inconformados, pregando heresias e verdades e praticando atos de exorcismo e curandeirismo. Estes profetas visionários, ou meros charlatães, eram invariavelmente seguidos por uma multidão de aleijados, paralíticos, leprosos, prostitutas, desiludidos da vida e débeis mentais.

Um desses visionários era Jesus. Mas, ao contrário dos demais, dos quais a história apenas registra que existiram, sem lhes gravar sequer os nomes, a mensagem deste Jesus transtornou os homens e mulheres de seu tempo, perdurou depois da morte e mudou a história do mundo.

É da verdadeira história de Jesus, este camponês judeu de curta existência e vida trágica, que trata este extraordinário livro de Jacques Duquesne. Ele se baseia em fontes históricas e bíblicas, mas não nos ilude com falsa erudição e incansáveis citações de documentos, canônicos ou apócrifos. Ele vai direto aos fatos. Como um grande jornalista, conta com honestidade o que se pode contar, à luz das últimas descobertas.

Que Jesus existiu não se discute mais. Mas quem era ele? Um idealista utópico inconsciente dos riscos e perigos a que se expunha, ao enfrentar o Templo dos sacerdotes judeus corrompidos pelo dominador romano? Um maluco adorável, que entristecia a mãe com a história de ser filho de Deus e não convencia disso nem mesmo os irmãos, que o julgavam louco? Um embusteiro que curava cegos com a própria saliva e arrastava atrás dessas maluquices um bando de discípulos que chegou a ser numeroso, mas diminuiu muito nos seus últimos dias, para aumentar em progressão geométrica depois de sua morte? Um alegre e jovial contador de fábulas que gostava de boa comida e bom vinho, mas sabia também ser enérgico e duro? Um rabi subversivo que bebeu na fonte dos essênios, mas aliou-se depois aos agitadores zelotes, fato que os evangelistas ocultaram, mais preocupados com religião do que com política?

O que fez e disse Jesus que mudou tanto a história da humanidade? E o que não fez nem disse? O que, em sua história, não passa de mito e lenda inventados pelos seguidores e registrados pelos evangelistas? Jesus tinha irmãos? Maria era virgem? Quem eram seus principais inimigos? Quem o condenou e por quê? Quem eram Judas, Pilatos, João Batista e Herodes? E como, verdadeiramente, Jesus morreu?

A história deste Jesus que viveu na Palestina nos tempos de Herodes, Pilatos e Caifás é mais complexa do que se imagina. Enquanto não se descobrirem mais documentos, ainda ficará envolta em algum mistério. De qualquer ângulo através do qual se a examine, porém, um fato é indiscutível, como afirma Duquesne: algo aconteceu, naqueles dias, que irrompeu em fé e mudou a humanidade. Um homem foi condenado à morte sem ter culpa e sumiu de seu sepulcro, depois de ter dedicado a vida a propagar suas idéias numa região bastante diminuta do planeta. Os evangelistas afirmam que o homem ressuscitou, por ser filho de Deus. Os judeus daquele tempo afir-maram que o cadáver foi roubado – outros, que não chegou a morrer e fugiu. Ou que não foi crucificado, mas apedrejado e enforcado. A história não pode dizer se Jesus viveu depois de 7 de abril do Ano 30 ou se morreu para sempre naquela data. O que se pode dizer é apenas que algo aconteceu naqueles dias – um evento que, como afirma Jacques Duquesne, transtornou os homens e mulheres daquele tempo, perdurou pela palavra de seus seguidores, espalhou-se pelo planeta inteiro e transtornou o mundo.

1.

O menino e os doutores

Pintura de William Holman Hunt, *O encontro do Senhor no templo*, 1854-60

UM DOS DOUTORES, de vez em quando, se destaca do pequeno grupo, retira de uma prateleira um manuscrito das Escrituras, cita um versículo que ilustre suas afirmações, guarda-o com respeito, afasta um mendigo que passava por ali, se vira para os garotos para lhes assegurar a grandeza do Deus de Israel — o Único, o Incomparável — e comentar um detalhe da Lei que o Senhor transmitiu a Moisés.

Um outro assume o lugar. Esses adolescentes talvez estejam cansados, sua atenção está se relaxando: uma boa pedagogia exige um pouco de descontração. Então ele vai citar para eles uma passagem da *Hagadá*, comentário bíblico com freqüência dotado de poesia e humor. Como no seguinte:

Questão: Por que Deus escolheu a costela de Adão para criar Eva, a primeira das mulheres? Resposta: "Eu não escolheria a cabeça de Adão, pensou Deus consigo, para que Eva não levantasse orgulhosamente sua cabeça; nem o olho, para que ela não fosse curiosa demais; nem o ouvido, para que ela não escutasse atrás das portas; nem a boca, para que ela não fosse muito tagarela; nem a mão, para que ela não se entregasse demais à prodigalidade; nem o pé, para que ela não saísse muito de casa: vou tirá-la de uma parte do corpo que permanece escondida, para que ela se torne modesta. "Mas outro doutor responde, citando outro texto da *Hagadá*: "Deus concedeu mais inteligência à mulher que ao homem."

Os garotos riem dessa controvérsia. Eles todos têm treze anos, ou terão em breve. E, nesse Templo, *o* Templo, o único Templo que é o coração do mundo, estão justamente na idade de passar do adro das mulheres ao dos homens, mais próximo do altar onde se sacrificam cordeiros e pombas, mais próximo do Santo dos Santos. Eles deverão também, antes de retornar às suas aldeias, vestir de novo o manto de oração, o *tallith*, para entrar na sinagoga; poderão pronunciar as bênçãos e passear com os manuscritos da Lei para oferecê-los à adoração dos fiéis. Estão, estarão, entre os grandes. São, serão, religiosamente superiores. E se ficarem lá, na sinagoga do Templo, escutando os doutores da Lei, será para completar sua educação religiosa até que cheguem à maioridade, e demonstrar seu valor respondendo às questões[1].

Estamos na época da Páscoa, *Pessach*, que comemora o fim da escravidão dos judeus no Egito, uma das três festas de peregrinação que levam multidões a Jerusalém. Os doutores da Lei, que normalmente exercem no exterior as profissões consideradas honrosas (marceneiro, carpinteiro, ourives, por exemplo, ao passo que tecelão e curtidor são as suspeitas de imoralidade), se revezam no Templo para atender os peregrinos e acolher os meninos em período de iniciação. Não sabem a que mais dedicar seus pensamentos. Não há, nessa época, por que não discutir interpretações das Escrituras até a voz acabar, como eles gostam tanto de fazer, para aprofundar a pesquisa religiosa e multiplicar as receitas que resguardarão seus compatriotas contra a impureza e o pecado. Os visitantes os monopolizam.

São dezenas de milhares, os peregrinos que invadiram Jerusalém, a qual conta, em épocas normais, com cerca de 20 mil habitantes (25 mil, segundo as estimativas mais abrangentes). Tomam as ruelas e ruas da "cidade alta", onde se encontra o Templo. Dormem do lado de fora do muro, onde puderem, agrupados por aldeias ou parentesco, sob uma tenda, no chão duro. Rezam, escutam os rabinos explicando que o Homem é o ser da Páscoa, da passagem, a ligação entre Criador e criatura, e entoam salmos: "Alegrei-me, quando me disseram: Vamos à casa do Senhor! Pararam enfim nossos pés às tuas portas, Jerusalém"[2].

Não é difícil nem inconveniente imaginar entre esses meninos um chamado Jesus, vindo de Nazaré com José e Maria. Estes desciam (no sentido geográfico) ou subiam (no sentido religioso) a Jerusalém todo ano, segundo o evangelista Lucas. Um símbolo evidente de devoção: a peregrinação anual ao Templo era obrigatória, mas somente para os homens, e a viagem — 120 quilômetros, aproximadamente — era cansativa, perigosa às vezes, nada tinha em comum com as peregrinações turísticas como as temos no final do século 20.

A Galiléia — um retângulo de cerca de 40 por 80 quilômetros — era, entretanto, um país alegre: "Fecunda em todo lado e abundante", escreveria, entusiasmado, o historiador judeu Flávio Josefo, "coberta de toda espécie de árvore, convida à cultura mesmo os menos trabalhadores; e toda ela está explorada; não há campo que não esteja cultivado. Aldeias e burgos são numerosos, porque os alimentos abundam nesse país"[3]. Flores também: a anêmona vermelha reina nas pradarias, papoulas e rainhas-margaridas encantam as colinas. Para ir de uma a outra das numerosas aldeias de que fala Josefo, não temos escolha, muitas vezes, senão ir por caminhos perigosos. Em parte porque o ocupante romano, esse incansável projetor de estradas, não está preocupado com essa região. Por quê? O país é domínio reservado de Herodes Antipas, que só quer o bem dos Césares e de seus subalternos. Logo, sua presença militar é muito limitada em toda a Palestina (3 mil homens a serviço de César, no litoral, e uma subdivisão ordinária de 600 homens, em Jerusalém).

A Judéia, ao sul, é outro assunto. À medida que se aproxima de Jerusalém, as estradas melhoram um pouco. Mas os habitantes só têm desprezo pelos galileus (dizem "tolo como um galileu"), seu sotaque de camponeses rústicos e sua pronúncia desajeitada. Invejam também sua suposta riqueza: "Para fazer fortuna, vá para o norte; para ser sábio, venha para o sul", dizem em Jerusalém. É preciso, além disso, para chegar à capital, atravessar uma região árida, rochosa, irregular, crivada de grutas que servem de abrigo contra ladrões no caminho, antes de ver a cidade, suspensa nas colinas e fechada por muralhas. A Cidade, a única Cidade, Jerusalém!

"Se me esquecer de ti, Jerusalém, que se paralise minha mão direita! Pegue-se minha língua ao paladar", entoa o salmista[4]. Podemos imaginar a emoção do menino quando, pela primeira vez, viu surgir, como uma ilha no campo nu, a Cidade. Ela foi trocada em algumas administrações romanas por Cesaréia. Mas nada importa ao peregrino, que, no entanto, execra os ocupantes, como todos os judeus: para eles, para todos os judeus, Jerusalém é o coração religioso do mundo. Por isso lá foi erguido o Templo. E por isso se encontra no Templo o Santo dos Santos, o lugar vazio onde o Deus solitário está misteriosamente presente e ausente ao mesmo tempo, onde só o grande sacerdote pode entrar, uma vez ao ano, no dia do *Kippur*, do Grande Perdão, depois de ter feito retiro e jejum, de estar purificado de todas as maneiras, para pronunciar com receio e temor o nome de Javé e lhe implorar o perdão, justamente, de todas as iniqüidades, ofensas e transgressões de que é culpado o povo que Ele elegeu.

Sabe de tudo isso, o menino. Pais devotos como José e Maria também lhe explicaram como todos os sacerdotes e o povo, no instante em que o sumo sacerdote entra no Santo dos Santos, se ajoelham e se prosternam orando em louvação ao Senhor. Eles lhe disseram que o Templo, à esquerda do qual, chegando do norte, ele viu altas colunatas, em parte escondidas pela torre Antonina onde os romanos fazem a vigília — malditos sejam! —, não é nada, absolutamente nada, por mais belo e grandioso, em comparação ao outro Templo, aquele que está acima de nós, nos céus. E enquanto arrumam a tenda, um simples pano, com o grupo de Nazaré, enquanto seus vizinhos preparam a refeição, ele observa e observa a cidade, ouve o rumor que sai da multidão, os gritos distantes de animais prestes a ser sacrificados, que logo acabam, à noite, por ordem dos soldados romanos que fazem guarda na torre Antonina e nas muralhas.

Esses afluxos de peregrinos, vindos de toda a Palestina mas também de todas as margens do Mediterrâneo, por onde os judeus estão dispersos, misturados a turistas gregos, sírios, egípcios, que também produzem uma manifestação espetacular de devoção, e a comerciantes ansiosos por vender objetos e tecidos, provocam sempre nos romanos um medo próximo ao pânico. Odiados, considerados "impuros" por uma população obcecada pela pureza, temem o motim, a explosão — frequente nos territórios naquele período —, e portanto reforçam as tropas com outras especialmente enviadas da Cesaréia e impõem aos peregrinos os itinerários que lhes permitam supervisionar melhor.

O menino e seus parentes foram assim forçados, ao que parece, a atravessar o vale de Josafá, o monte das Oliveiras, onde já se encontram os primeiros postos de câmbio — porque não se pode entrar no Templo com moedas romanas, não se pode pagar o imposto do Templo, exigido anualmente de todos os israelitas, a não ser com a moeda do Templo — e os mercadores de animais para sacrifícios: pombos para os mais modestos, bois para os mais ricos, cordeiros para a maioria.

Podemos imaginar o menino nessa balbúrdia, a poeira, o barulho dos galinheiros e estábulos, o cheiro de cocô, de animais e de temperos, a fumaça de carnes assadas, o rumor e o movimento da multidão, os sortilégios dos mais devotos. Eis, logo à entrada da cidade, os guardas e os aduaneiros, de uma espécie muito original, cuja função é separar o puro do impuro. Pois está escrito sobre os manuscritos do Templo: "A cidade que santifico como residência de meu nome e que contém meu santuário será santa e purificada de toda impureza que a deixe impura; tudo que aqui se encontrar deverá ser puro e tudo que aqui for trazido deverá ser puro." Isso significa na prática que frutas e legumes, laticínios, cereais e lenhas devem ser purificados por uma taxa. Por outro lado, a entrada de peles, couros e tecidos vindos de fora é simplesmente proibida — mesmo se vierem da Samaria ou de cidades pagãs com as quais se desenvolve o comércio. Uma proibição que enche de satisfação os curtidores instalados na parte baixa de Jerusalém e os consola, sem dúvida, do fato de serem elencados entre os praticantes de atividades vis.

E depois, ultrapassada essa curiosa alfândega, eis os primeiros cordões de soldados romanos. Seus capacetes e saias de malha reluzem ao sol. Espada à vista ao lado e bastão à mão, eles filtram a longa procissão, sem esconder o desprezo por esses judeus que, como escreveu um ano depois o grande escritor Tácito, relatando uma opinião muito propagada em Roma, são uma "raça abominável". Eles vêm de vários lugares, esses legionários recrutados nos territórios do império, são louros, negros, bitres, se comunicam por um dialeto que mistura latim, grego, aramaico, idiomas e patoás diversos, dizendo pilhérias sobre aquela multidão empoeirada vestida de azul, branco e cinza, que se apressa em direção ao Templo fingindo que não os vê.

O Templo! Naquela época, é ainda um canteiro de obras. E o será mesmo depois de 30 anos, quando o menino for até lá reencontrar os doutores da Lei[5]. Herodes o queria imenso e soberbo para celebrar sua própria magnificência e tentar se conciliar com os judeus, que o consideravam um colaborador do invasor e um renegado: não contente de servir ao exército romano como agente recrutador em todo o Oriente, erigiu em Cesaréia, entre outros, um grande templo de mármore branco dedicado a César e à Roma.

Ora, depois da destruição do Templo de Salomão, do retorno da deportação, os judeus iriam certamente construir outro lá, mas mais pobre, modesto, de acordo com seus recursos de derrotados. Herodes sabia que, para seu povo, o Templo era a um tempo o lugar da ausência de Deus — porque não podemos prendê-Lo, contê-Lo dentro de uma construção de pedra — e de Sua presença, a radiosa manifestação de sua Soberania. Um texto escrito pelos rabinos o explicava: "Senhor do mundo, os reis das nações possuem palácios onde se encontram uma tábua, castiçais e outros símbolos de realeza, de modo que eles possam ser reconhecidos como tais. E Tu, nosso Rei, libertador e salvador, não terás símbolo de realeza, para que todos os habitantes da Terra possam reconhecer que Tu és o Rei?"

Era preciso então erguer um palácio que fosse digno do Senhor... e de Herodes.

Os sacerdotes, que deveriam pular de alegria e chorar de emoção em face do anúncio desse projeto, desconfiavam: esse Herodes estava muito impregnado do pensamento grego, tinha modos gregos, se vestia como os atenienses, com ricas túnicas de seda e jóias, mandara construir para si uma dúzia de palácios de estilo coríntio nos desertos: se o deixamos erguer o Templo, será um templo grego, ou seja, pagão.

A nação judia tinha recebido em depósito uma mensagem sagrada; esse pequeno povo, sozinho no mundo, tinha feito aliança com o Deus único. Era preciso então lutar passo a passo para continuar sendo o que era, para manter intacta a lei divina recebida de Abraão, Moisés, Isaac e Jacó, para permanecer impermeável às influências do exterior. E, infelicidade, fatalidade, esse povo estava instalado não em um enclave inacessível, mas sobre uma faixa de terra onde sonhavam passar todos os conquistadores, persas, caldeus, gregos também. Estes últimos eram dos mais perigosos, talvez porque sua civilização, tão brilhante, tivesse conseguido seduzir os próprios romanos, porque sua língua tinha se tornado — mais que o latim — o idioma internacional, porque lhes admiravam os filósofos, lhes copiavam os arquitetos, celebrava-se como eles o culto do corpo e acabava-se adorando os seus deuses, criados pela mão do homem.

Três séculos antes, Alexandre, o Grande, conquistara a Palestina. Os judeus mais ricos tinham rapidamente ajustado sua hora à hora grega. O sumo sacerdote, a mais alta autoridade religiosa de Israel, ele próprio tinha concedido, um pouco mais tarde, diminuir o tempo das orações noturnas para que os oficiais pudessem assistir às competições esportivas calcadas nas da Olímpia.

Era importante reagir, portanto. E, quando Herodes ordenou a construção do Templo, a tensão estava no extremo: quanto mais Israel parecia recuar aos olhos do mundo, mais se multiplicavam as tentações de se unir contra a obra, e mais seu povo se dobrava em defesa de sua fé, de sua Lei e de suas regras. Entre os sacerdotes e o rei começaram intermináveis palavrórios. Mas Herodes era hábil, dispunha de bons arquitetos e os contrataria com o caixa do Estado: eles terminaram se entendendo. O Templo, grego no aspecto, com suas suntuosas colunatas coríntias, respeitava todas as exigências da Lei.

No topo do mesmo monte onde Davi tinha lançado o plano do primeiro Templo, os arquitetos de Herodes estabeleceram um imenso terrapleno[6] cercado de muros de pedras brancas de doze metros de largura. Dez mil homens, segundo alguns, 18 mil, a crer em outros, se puseram a trabalhar. Entre eles, mil sacerdotes pobres que tinham recebido formação de pedreiro para construir o Santo dos Santos, do qual nenhum profano podia se aproximar, mesmo durante a construção. Esses inumeráveis trabalhadores, esse canteiro digno de faraó eram uma sorte inesperada para a cidade, uma fonte de riquezas para seus comerciantes. Mas esse amontoado de proletários que às vezes se agitavam inquietava os sacerdotes, o rei e os romanos.

Naqueles anos, a paz e a serenidade jamais reinavam realmente em Jerusalém, onde tantas certezas, crenças e interesses se conflitavam. Assim, sempre ansioso por agradar aos romanos, Herodes enfiara na cabeça a idéia de esculpir a águia de Roma acima do portal do Templo. Uma blasfêmia! À véspera de sua morte, os judeus derrubaram esse frontão. Ele mantinha lucidez e força bastantes para mandar queimar todos os responsáveis e matar alguns notáveis. Mas a águia não foi recolocada à entrada do Templo. Os romanos, nessa época, não exigiam tanto e tomavam cuidado para não ofender o judaísmo, até punindo de morte, às vezes, os legionários que, burros ou bêbados demais, se rendiam como culpados. Mais tarde, Pilatos, duro e provocador, se mostraria menos prudente, e Calígula, louco, exigiria até a construção de uma estátua sua bem no meio do Templo, mas esta é outra história.

No ano em que o menino chegou para encontrar os doutores, os trabalhos, embora avançados, ainda não estavam concluídos: só o seriam em 64. O Templo, mesmo assim, exibia altivez. Seus construtores, formados, ao que parece, na escola de arquitetura de Alexandria, utilizaram as técnicas gregas para fabricar um grande cubo (com proporções semelhantes àquelas adotadas na pedra negra de Meca, séculos mais tarde) onde se alternavam pedras brancas — tão brancas, diz um texto, que "essa massa soberba parecia de longe, aos estrangeiros que nunca a tinham visto, uma montanha coberta de neve" — e lâminas de ouro, tão espessas que "assim que o dia começava a nascer éramos ofuscados não menos do que seríamos pelos raios dourados do sol". E, ao redor desse cubo, imensos corredores, os adros, separados por possantes colunatas no mais puro estilo coríntio.

Sigamos o menino em sua descoberta do Templo, um dos mais ricos e imponentes monumentos do mundo até então conhecido, que devia deixar espantado de admiração e respeito um pequeno nazareno. Ele passa primeiro pelos adros dos gentios, dos pagãos, dos não-judeus, uma gigantesca esplanada onde se misturam todos os peregrinos da cidade, turistas vindos do império ou do Oriente, cegos, aleijados, que eram considerados impuros e não tinham portanto o direito de ir mais longe, mendigos e traficantes. Uma multidão colorida e barulhenta em volta dos cambistas, melhor instalados lá, com suas mesinhas em forma de escrivaninha, do que no monte das Oliveiras, também em volta de balcões e sacerdotes (cerca de 20 mil estão a serviço do Templo), vende incensos e óleos para as oferendas santas, e também "selos" que o peregrino, se ainda não o fez, poderá trocar por uma pomba, um cordeiro, quem sabe um touro, se ele for sortudo ou desejar oferecer e pedir bastante ao Senhor. Esses selos não têm preço, todos esses mercadores gritando, os sacerdotes incitando ao consumo, e os animais estão lá, participando dessa balbúrdia, mugindo, berrando, bramindo, arrulhando, cacarejando e cantando.

Feito o negócio, pago o imposto aos sacerdotes para o perdão da alma de cada membro da família, os judeus devotos, manto de oração sobre a cabeça, passam pelas colunatas e sobem os degraus de pedra, já patinados por milhares e milhares de sandálias, que os separa do adro das mulheres. Maria fica aqui. O menino também, já que não é religiosamente maior. José chega, através da porta de Nicanor onde um coro de levitas salmodia, ao adro de Israel, o dos fiéis masculinos. Ele leva, talvez, um cordeiro que trocou por selos. Homem devoto, como tudo indica, sofre do pecado que o separou de Deus. Quer se reconciliar com Javé. Aproximando-se do altar do sacrifício, passa a mão sobre a cabeça do animal que vai morrer: assim manifesta o entendimento de que ele o representa, é sua própria morte que ele acaricia, pois o mal conduz à morte e não merece nada além da morte. Um sacerdote, depois da passagem pelos matadouros sagrados, levará o sangue do sacrifício até o altar, sobre o adro dos sacerdotes, o mais próximo do Santo dos Santos, e exporá o corpo do cordeiro acima do altar suspenso (mais de quatro metros de altura), como um símbolo de que o pecador — doravante perdoado — oferece todo o seu ser a Deus. E para mostrar que, reconciliado com Deus, quer-se estar também com os homens, o judeu devoto convidará seus próximos, seus companheiros, a comer com ele o resto da carne.

Não se vem de Nazaré a Jerusalém, não se enfrentam todos os cansaços e perigos dessa trilha, para logo voltar. Afinal — outra sorte do comércio local, quase sempre exercido pelos sacerdotes ou controlado por eles —, todo judeu devoto deve gastar na cidade, cuja economia se apóia, portanto, na religião, um décimo de sua renda. José e Maria, devoções e compras concluídas, sem dúvida voltaram à sua tenda, fora dos muros. O menino talvez tenha frequentado, desde o primeiro dia, uma das salas de estudo que ladeiam a sinagoga e onde os doutores da Lei ensinam, chicanizam, pontificam. Ele gostou dali, voltou no dia seguinte com os pais, e quando, "tendo os dias terminado", como escreveu o evangelista Lucas, José, Maria e seus companheiros nazarenos retomaram o caminho para sua cidade, ele ficou.

Que eles não tenham percebido de imediato não é nada surpreendente. A balbúrdia da chegada só é igual a da saída. Desmontam-se as tendas, amontoam-se os utensílios de refeição e os bibelôs, souvenirs e vestidos comprados em Jerusalém. Os jumentos zurram. E os garotos vão à frente, tão impacientes em partir quanto estavam em chegar. Jesus devia estar entre eles, não há a menor dúvida. Afinal, é um rapaz sério, que ninguém imaginaria fujão. E, se não o perceberam nas paradas que essa caravana de galileus faz para recobrar as forças, é porque ele está com seus tios, primos ou vizinhos. Infelizmente, à noite, quando vem a hora de montar a tenda, de fazer uma parada para dormir, é preciso render-se à evidência: ele não está lá. Ninguém o viu; talvez ele tenha se atrasado: essas rotas da Judéia são cercadas de buracos e grutas nas quais ele talvez tenha se aventurado a entrar — não é do seu costume sumir assim, mas vai-se saber; afinal, ele manifesta desde a infância tanta independência de espírito[7] quanto sabedoria; e é possível, enfim, que ele tenha tido algum azar.

Maria e José, então, agiram como agem todos os pais inquietos: voltaram até Jerusalém. E lá o reencontraram apenas três dias depois, segundo Lucas. O que é possível naquela confusão. Mas o número três, tão usado na sequência do Evangelho, como sabemos, talvez seja um mero símbolo, como amavam os evangelistas — e os homens de seu tempo —, o que veremos.

Pouco importa. O importante é a cena que se segue. O menino está sentado em meio aos doutores, a quem escuta e faz perguntas, e que lhe fazem perguntas também. Eles devem estar, mais uma vez, ocupados em comentar um trecho da *Torá*, a Lei. E se assustaram com aquelas perguntas, apontaram uns aos outros aquele garoto que se destacava do grupo, que parecia tão vivo, tão esperto e tão informado. Em suma, um superdotado. E nele se manifesta também uma grande fé. Muitos se espantam, outros se maravilham ou se enternecem, inclusive os que passam por ali para perguntar a um doutor se é mesmo verdade que não se pode comer um ovo cozido no dia do shabat[8], inclusive os mendigos e os fiéis que querem resolver um caso de consciência. Seguramente, ele será um *rabi*. Merece, em todo caso, se ainda não foi admitido, entrar dali em diante no adro dos homens.

Os pais, quando chegam à sala, nem se maravilham nem se enternecem. Que o menino tem disposição para os estudos, que brilha pela inteligência, que é animado de uma fé profunda, eles sabem melhor que ninguém. O que eles sentiram, afora a aflição, foi uma satisfação e alguma irritação. Como sempre nesses casos, quando os pais afoitos encontram o menino perdido e que parece tê-los totalmente esquecido, é a mãe quem fala primeiro. Sem dúvida por cálculo, para evitar que o pai não vá longe demais com a reprovação — com os homens, nunca se sabe. Sem dúvida também porque ela estava tremendo de medo e comemora, já, ainda que secretamente, a felicidade do reencontro.

"Meu filho, por que você fez isso[9]?" E ouve a resposta: "Por que vocês me procuraram? Vocês não sabiam que meu lugar é junto ao meu Pai?" Uma resposta que eles não esperavam, garante o evangelista. O que parece estranho se pensarmos nos anúncios que lhes havia feito o anjo antes do nascimento: deveriam estar preparados para atitudes, gestos, discursos fora do comum... E, tendo dito aquilo, o menino seguiu imediatamente os sacerdotes.

Paremos um instante aqui. Esse episódio da vida de Jesus foi contestado por diversos especialistas: aos seus olhos, trata-se de um texto acrescentado depois ao Evangelho de Lucas, o que seria testemunhado por seu estilo de um grego muito puro. Nada, entretanto, permite pôr em dúvida sua verossimilhança: era normal que pais devotos como José e Maria fossem a Jerusalém na Páscoa e levassem junto o filho — prestes a fazer 13 anos. E que ele fosse, como se diz, "precoce", pois o que se passa depois permite supô-lo.

Se escolhi começar o livro por esse relato, é porque me parece carregado de sentido. E não apenas o que lhe damos normalmente. Ouvi dezenas de sermões, de homílias, se preferirem, que fazem a leitura dessa passagem do Evangelho de Lucas: os pregadores insistiam sobre a consciência que Jesus tinha de seu destino e missão, sobre a obrigação que ele tinha de se mostrar rude ("na aparência", diziam) com aqueles que lhe eram mais próximos, sobre o sacrifício que estes já aceitavam, e assim por diante. Todas essas coisas pode-se deduzir desse texto. Mas nunca ouvi um pregador (se alguns o fazem, não pude testemunhar) se espantar com a atitude dos doutores da Lei: eis os sujeitos que passam a maior parte dos dias no Templo, encontrando numa manhã cedo um menino que era o último a sair de noite, enquanto os adros se esvaziavam, os sacerdotes que fariam a vigília acendiam os lampiões a óleo ou as tochas... e esses doutores da Lei não parecem nem por um instante se perguntar onde dormia o menino, ficar inquietos quanto ao que poderiam pensar seus pais, se ele os tinha, e ele certamente tinha pois não era mendigo como tantos outros, que precisavam ser caçados como moscas inoportunas, e era um devoto muito informado sobre as coisas da Lei. A menos que ele tivesse acompanhado um *rabi* desde a Galiléia — porque seu sotaque não enganava ninguém, era o de um galileu — e, assim, esse *rabi* deveria estar procurando-o por todos os lugares, se tivesse o mínimo senso de responsabilidade.

Mas não. Esses sábios tinham nas mãos um superdotado de rara devoção, estavam fascinados, pasmos, maravilhados, e não queriam saber mais sobre ele. Pouco lhes importava, dá a entender o Evangelho de Lucas, que não faz qualquer alusão a esse aspecto das coisas, a inquietação dos pais. E, insisto novamente, isso jamais impressionou a maioria dos pregadores, dos comentaristas antigos e modernos, ao menos dos que li e ouvi, homens de grande mérito como deviam ser esses homens que passavam horas no Templo respondendo aos fiéis e realizando a educação religiosa dos adolescentes.

Tenho às vezes a sensação — e eis aonde eu queria chegar — de que Jesus é algo tão intenso (não exageremos: algo intenso) nas mãos dos doutores da Lei que estes, apaixonados por ele, se preocupam pouco com os Josés e Marias que nós somos. Tentarei me explicar, a fim de precisar o objetivo deste livro.

São poucos os que, hoje, ao menos entre os historiadores sérios, negam a existência de um personagem chamado Jesus, ou melhor *Ieschoua* (traduzido do grego *Iezous*, que dá em português "Jesus"), no qual os discípulos viram o Messias (em grego *Kristos*, donde "Cristo") e que surgiu como o fundador de uma nova religião. Acreditemos ou não que ele seja Deus, somos obrigados a admitir que esse personagem desempenhou um papel decisivo na história da humanidade. As intenções que lhe atribuímos ainda ressoam — a despeito mesmo de deformações, atenuações, edulcorações que lhes aplicaram seus discípulos, servidores e aqueles a quem elas incomodaram — como palavras de fogo e de amor absoluto. Por todas essas razões, muitos querem saber mais sobre ele, as condições em que viveu, seus atos e palavras, e a confiança que podemos ter nos textos que recontam sua vida, os Evangelhos.

Esses textos foram contestados, esmiuçados, passados sob o crivo da suspeita, mais, sem dúvida, do que qualquer outro manuscrito daquela época. As raras alusões à existência de Jesus contidas em outros textos, esses de origem não-cristã, foram escrutinados sob lupa. Eminentes especialistas, exegetas, historiadores, arqueólogos e linguistas desenvolveram pesquisas intensivas e extenuantes para tentar esclarecer o mais ínfimo detalhe, dotar de autenticidade o que, séculos atrás, os textos reportaram. E fazem progresso.

A cada ano sabemos um pouco mais sobre o personagem chamado Jesus. A cada ano sabemos um pouco melhor o que ele foi e fez de verdade, e também o que ele não foi e não fez.

Mas os resultados das pesquisas desses exegetas, historiadores, arqueólogos, lingüistas, são em geral publicados em textos confidenciais ou em linguagem pouco acessível ao grande público. São às vezes utilizados por excêntricos e poetas que constroem, sobre a vida de Jesus, hipóteses romanescas. Estas são, por vezes, licenciadas em parte por autores bem mais sérios que efetuam sua própria triagem nas hipóteses e descobertas dos historiadores, refutando essa aqui, reforçando aquela lá, mas sem explicar as razões das escolhas. Esses trabalhos servem também, ocasionalmente, argumentos aos autores que explicam que os Evangelhos não são nada além de mitologia, aos historiadores que podam com ardor tudo aquilo que, nesses textos, exprimir uma transcendência, um sinal do sobrenatural. Ora, se convém distinguir entre os relatos originais e os que a tradição e as intenções devotas lhes acrescentaram, um pouco como os especialistas retiram dos quadros dos mestres a crostra depositada pelos séculos, é preciso impedir, assim como se evitam os produtos muito agressivos que atacariam a própria tela, que não acabe restando nem o essencial.

Assim, os resultados das pesquisas dos especialistas continuam ainda, frequentemente, sendo assunto dos doutores da Lei, homens muito respeitáveis como não me canso de repetir, mas que não ousam divulgá-los. Alguns temem — ou as autoridades das quais eles dependem temem — escandalizar os "fracos", como dizem às vezes essas autoridades, ao revelar por exemplo que a bela história dos reis magos nada tem de realidade histórica — no sentido de que o nascimento de Luís 14 e o de George Washington são realidades históricas —, mas podem fazer uso de uma realidade simbólica, como um conto ou uma parábola que ilustra e revela uma verdade profunda. Ou seja: isso não ocorreu como diz o texto, mas este merece, no entanto, uma atenção extrema, porque significa alguma coisa de muito importante.

Todos os homens de boa vontade, me parece, poderão compreender que se utilize uma tal linguagem. Mas, por temor de inquietar os "fracos" — uma razão certamente muito respeitável —, continuamos com freqüência a fingir que os textos evangélicos enunciam verdades históricas de A a Z. O que não engana muita gente: os perspicazes percebem bem que, ao lado de verdades indiscutíveis ou prováveis, esses relatos estabelecem fatos discutíveis ou improváveis, e o paroquiano mais crédulo nota que, segundo Marcos, Jesus só esteve uma única vez em Jerusalém, mas, segundo João, esteve lá várias vezes; que o mesmo João narra o recrutamento dos apóstolos de maneira diferente da dos outros três evangelistas; que Mateus vê tudo em dobro, afinal percebe "dois cegos" ou "dois possessos" ali onde Marcos se contenta com um só; e assim por diante.

É possível abordar de frente todas essas questões, o que viria mostrar que as convergências entre os Evangelhos são maiores do que as divergências. Pode-se também argumentar que a Igreja dos primeiros séculos, deixando subsistirem essas contradições nos textos que declarou autênticos, provou ao contrário sua honestidade, sua vontade expor todas as folhas do dossiê Jesus. Mas é preferível, na maioria das vezes, agir como se... Como se os homens de hoje não tivessem sede, também, de precisões históricas.

O projeto deste livro, portanto, é simples. Recontar a vida de Jesus de maneira a mais completa, clara, respeitosa e... viva possível, tendo em conta os últimos resultados obtidos por especialistas em todos os gêneros, ou suas últimas hipóteses. As notas, agrupadas ao final do volume, indicarão as fontes e as completarão e analisarão, e darão indicações bibliográficas aos leitores que desejarem ir mais longe na pesquisa. Por fim, um apêndice tentará resumir o que se sabe hoje sobre as fontes disponíveis, sobre as condições de redação dos Evangelhos.

A ordem cronológica impõe que se comece agora pelos textos que levantam o maior número de questões: aqueles que chamamos comumente de Evangelhos da infância, cujas fontes suscitam, do ponto de vista histórico, muitas reservas.

César Augusto

2. Nascimento

Pintura de Gerrit van Honthorst, Adoração do Menino Jesus

AS CIRCUNSTÂNCIAS EXATAS do nascimento de Jesus permanecem misteriosas e discutidas.

Isso não surpreende em nada. Esse pequeno Galileu não estava entre os príncipes cuja vinda ao mundo é saudada a sons de trompa e cornetas. Quem, entre seus contemporâneos, podia imaginar que suas propostas e atitudes viessem a transtornar o mundo? Teilhard de Chardin diz a propósito da origem da própria vida: "Assim que, em todos os campos, uma coisa verdadeiramente nova começa a surgir ao nosso redor, não a distinguimos, pelo bom motivo de que seria preciso que víssemos no futuro o seu desabrochar para associá-lo a seus primórdios. E quando, essa mesma coisa tendo crescido, retornamos ao passado para lhe encontrar o germe e os primeiros esboços, são esses primeiros estágios que se escondem, destruídos ou esquecidos"[1].

É difícil uma criança muito jovem imaginar, observando um grão, qual fruto ele vai produzir, tão difícil que ele nem mesmo o vê; e, quando a beleza e o sabor desse fruto o maravilharem, será muito tarde para lhe ver a origem.

As circunstâncias do nascimento de Jesus, que foi depois o tema de incontáveis quadros e relatos, que está também na origem da festa mais celebrada no mundo, em nada apaixonaram as pessoas de seu tempo. Nem mesmo seus primeiros discípulos, que apenas se interessavam por sua mensagem e, em seguida, por sua ressurreição. O apóstolo Paulo, cujo testemunho é o mais antigo, ou seja, o mais próximo da crucifixão, da época em que os fatos ocorreram, escreveu aos cristãos que moravam em Corinto: "Pois na verdade eu vos transmiti, em primeiro lugar, o que eu mesmo recebi: que Cristo morreu por nossos pecados, segundo as Escrituras; que foi sepultado; que ressuscitou ao terceiro dia, segundo as Escrituras, e que apareceu a Cefas, depois aos Doze. Posteriormente apareceu a mais de quinhentos irmãos..."[2]. E a enumeração de testemunhas prossegue. Mas não encontramos nas cartas assinadas por Paulo nenhuma alusão ao nascimento ou à infância. Não mais do que nos Evangelhos de Marcos, o mais velho dos quatro, segundo toda probabilidade, ou de João. Bem pior: os dois Evangelhos que falam disso, os de Lucas e Mateus, se contradizem em mais de um ponto.

É impossível, entretanto, negligenciá-los ou esquecê-los como o fizeram tantos autores que, talvez para evitar dificuldades, se interessam apenas na "vida pública de Jesus", como se diz, a vida que começa no seu batismo por João Batista. É um erro, porque esses relatos do nascimento dizem muito sobre a época em que ele viveu, a maneira como o viam aqueles que o seguiam e os que desejavam que soubéssemos desse personagem.

Examinemos então esses relatos, sem medo de sublinhar as questões que eles levantam e de analisar as respostas que foram dadas a elas.

Uma primeira dificuldade tem de ser resolvida logo: a data de seu nascimento.

Alguns historiadores tentaram estabelecê-la por meio de uma conta ao contrário. Tiveram rapidamente de renunciar a ela. De fato, Lucas indica que "ao iniciar o ministério Jesus tinha uns trinta anos"[3] mas, segundo João, os judeus — mais exatamente os habitantes da Judéia — se espantaram pouco tempo depois: "Ainda não tens cinquenta anos e viste Abraão?"[4]. Não se fala assim a um homem próximo dos 30... Além disso, Irineu, um Sacerdote da Igreja, bispo de Lyon no século 2 (e a cujo manuscrito retornaremos no apêndice consagrado aos Evangelhos), afirma, baseando-se no testemunho dos discípulos de João, que Jesus, à sua morte, tinha perto de 50 anos[5]. A que serve desencorajar a pesquisa...

Não fica mais fácil se nos baseamos nas indicações dadas por Lucas e Mateus:

• Mateus: Jesus nasceu antes da morte de Herodes, o Grande (o construtor do Templo).

• Lucas: Jesus nasceu bem antes da morte de Herodes, o Grande, na época do recenseamento ordenado por César Augusto em "todo o mundo habitado". Era o "primeiro recenseamento" e Quirino era então "governador da Síria".

O problema: Herodes morreu no ano 4 de nossa era e Quirino só chegou à Síria no ano 6 de nossa era, ou seja, 10 anos mais tarde.

Para solucionar essa contradição, os especialistas quebraram a cabeça e imaginaram mil soluções. Alguns sugeriram que Lucas tinha se enganado e confundido Quirino com outro romano, um legatário imperial da Síria chamado Saturnino, que, segundo Tertuliano, havia organizado um recenseamento no ano 6. Mas isso não está totalmente certo, já que Tertuliano, primeiro escritor cristão de língua latina, viveu dois séculos depois desses acontecimentos. O recenseamento de Quirino, afinal, está bem estabelecido, e mal vemos, dadas as dificuldades de organização, como duas realizações tão complexas podem ter sido conduzidas tão proximamente. Enfim, nos perguntamos por que, nesse caso, Lucas falou de "primeiro recenseamento". Resposta de alguns autores: é um erro de tradução, o adjetivo grego *prôté* ("primeiro") pode ser interpretado gramaticalmente como um advérbio; assim, o recenseamento referido por Lucas não teria sido o "primeiro", mas estaria situado "no início" do governo de Quirino, e outros poderiam ter ocorrido antes. Mas a proeza que transforma um adjetivo em advérbio não é admitida por todos, longe disso.

Em suma, como conclui um dos melhores especialistas atuais, Charles Perrot, professor do Instituto Católico de Paris, "o problema continua irresolvido[6]". A maioria dos exegetas está inclinada, enquanto isso, a considerar que Jesus nasceu antes da morte de Herodes — ponto no qual Mateus e Lucas concordam. Mais precisamente, se se ousa dizer, Jesus teria nascido entre o ano 6 e o ano 3. O monge Dênis, o Pequeno, que viveu em Roma no século 6, estava enganado, porque fixou a data de nascimento no ano 752 do calendário romano, que é o ano 1 do nosso[7].

Precisar o dia é, claro, mais difícil ainda, talvez impossível. Os Evangelhos não dão nenhuma indicação útil a não ser a seguinte: Jesus não nasceu em dezembro; mesmo na Palestina, fazia muito frio nesse período para que os pastores passassem a noite a céu aberto, com seu rebanho.

Os primeiros responsáveis pela Igreja cristã pensavam que a nova religião seria melhor aceita se ela não rompesse demais com os usos e ritos antigos. Ou seja, os romanos celebravam no 25 de dezembro a festa do sol e os cristãos, de bom grado, associaram então Jesus ao sol — Santo Agostinho o chamaria mais tarde de "o astro do firmamento", expressão bíblica — o que acabou ditando a escolha da data. E, já que tudo aqui é questão de simbologia, perceberemos que João Batista é festejado no solstício de junho, a partir do qual o sol, no hemisfério norte, começa a descer, ao passo que o Natal é fixado no momento em que ele começa a subir de novo: assim, o clarão de luz propagado pelo precursor João Batista se atenua até o dia em que aparece, glorioso, o de Jesus; este pega o bastão daquele e o ultrapassa.

Lucas e Mateus não foram tão longe. O que importava aos olhos dos autores desses Evangelhos, ao fornecer essas datas nas quais acabaram por tropeçar[8], era mostrar que falavam de um Deus participante da história dos homens. Isso o concílio Vaticano 2º traduziria, cerca de 20 séculos depois, pela seguinte fórmula: "E o Verbo se fez carne e entrou para a história".

Vejamos como, segundo os relatos de Lucas e Mateus.

O primeiro papel é desempenhado primeiro por um anjo: Gabriel. *Gabriel* significa "Deus é forte". E "anjo", "mensageiro" (o hebraico *malak*, "mensageiro", se traduz *angelos* em grego, de onde o latim tirou *angelus* e o português "anjo"). Esses espíritos puros têm uma só missão: dar parte aos homens dos desejos e vontades de Deus. "Eles só são anjos a partir do momento em que anunciam alguma coisa", dizia o papa São Gregório.

Os judeus tinham uma idéia tão elevada de Deus que não O podiam imaginar aparecendo em todo canto para se comunicar. Daí a utilização de intermediários. Exceto durante a "vida pública" de Jesus: nesse período os anjos desapareceram. Se podemos dizer, ele passou a fazer o trabalho por conta própria.

Os anjos, tão sorridentes a maior parte do tempo nos portais das catedrais e nas imagens de devoção, começam sempre inspirando um medo pânico a seus interlocutores. Isso é clássico na Bíblia. Gabriel não abre exceção quando faz seu primeiro anúncio: revela ao velho sacerdote Zacarias o nascimento de um filho, João, que "não beberá nem vinho nem bebidas fortes" mas reconduzirá "numerosos filhos de Israel ao Senhor seu Deus". O medo, diz o Evangelho, "vai ao fundo" do velho homem. O anjo começa então a tranquilizar Zacarias: "Não tenhas medo". Mas — e isso também é clássico — a pessoa que recebe uma mensagem se recusa de imediato a acreditar nela. "Sou um velho", explica Zacarias. Depois, com as precauções de um homem galante: "E minha mulher também está com os dias avançados".

Maria, igualmente, quando vê Gabriel entrar em sua residência, fica "perturbada". Ele é obrigado a repetir seu refrão: "Não tenhas medo". Em seguida, quando ele anuncia que ela terá um menino, "filho do Altíssimo", ela se mostra incrédula, como Zacarias. Não é por menos. "Como poderá ser, pois não conheço homem?" Ele explica a ela — "O Espírito Santo virá sobre ti" — e depois lhe dá uma prova: sua parente, Isabel, que acreditavam que fosse estéril e que já não é jovem, concebeu um filho. Até já está grávida de seis meses, "porque para Deus nada é impossível". Depois disso, note-se, Maria vai para a casa de Isabel, "apressadamente", diz Lucas, que não define se é para felicitá-la, se para ajudar aquela senhora idosa a quem a gravidez devia ser cansativa, ou se para verificar se toda aquela história não seria um sonho.

Os especialistas atuais têm outra tese. No momento em que esses relatos foram elaborados, problemas (aos quais voltaremos depois) subsistiam entre os discípulos de João Batista, o primeiro a aparecer em público, e Jesus; o que importava era marcar nos Evangelhos a proeminência de Jesus, sublinhando que João, mesmo que ainda estivesse no ventre de sua mãe, tinha já saudado Jesus com alegria: "A criança estremeceu de alegria em meu seio", diz Isabel a Maria depois das saudações de praxe.

Voltemos às mensagens levadas por Gabriel[9]. Todos os anúncios, no Antigo e no Novo Testamento, assim são feitos; terminam comprovando que a predição era exata (a gravidez de Isabel, para Maria; e para Zacarias, uma punição[10]: "Tu ficarás em silêncio e não poderás falar até o dia em que essas coisas ocorrerem, pois não acreditaste em minhas palavras"). Último ato da anunciação: a recitação de salmos. Não para Zacarias, é claro, pobre homem subitamente mudo, mas para Maria. Ela retoma quase palavra por palavra no *Magnificat* a oração de Ana, que, séculos antes, era estéril como Isabel — para as mulheres da Bíblia, tornar-se mãe era uma verdadeira obsessão — e que, depois de ter rezado muito, teve enfim um filho, o profeta Samuel. Notemos que, se Maria retoma essa oração, ela endossa seus termos. "O arco dos valentes quebrou, a força cingiu os exaustos"[11] é substituído na boca de Maria por: "Derrubou os poderosos de seus tronos e exaltou os humildes"[12]. Ela acrescenta ainda uma frase de sua criação: "E aos ricos despediu de mãos vazias". Isso diz muito sobre a personalidade que Lucas empresta a Maria e não corresponde em nada à imagem adocicada tão comum.

Se os anúncios feitos pelo anjo Gabriel dos nascimentos sucessivos de João Batista e Jesus são assim calcados sobre os outros anún-cios relatados na Bíblia, isso significa que eles fazem parte de um gênero literário em cinco tempos: aparição, medo, predição, comprovação e recitação de salmos ou orações. Tal como o teatro clássico observava a regra das três unidades: o lugar, o tempo, a ação. Dizendo de outra maneira, aqui não se trata de história, mas de literatura. Não se trata de dizer o que ocorreu, mas de dar o sentido do acontecimento.

De outro modo, segundo Mateus, "o anjo do Senhor" (ou seja, Deus, na linguagem da Bíblia) apareceu "em sonho" a José, noivo de Maria, para informá-lo da situação, visto que ela já estava grávida, que ele o sabia e planejava "repudiá-la secretamente".

O sonho é um meio de comunicação habitualmente usado na Bíblia. Um outro José sabia algo sobre isso: o filho de Jacó, aquele que foi vendido pelos irmãos antes de se tornar primeiro-ministro de um faraó; ele é primeiro favorecido com sonhos que lhe adiantam um futuro brilhante, depois se põe a interpretar os sonhos dos oficiais egípcios e do próprio faraó — o que ajudaria muito seu progresso.

Gabriel e "o anjo do Senhor" têm uma única tarefa: testemunhar aos olhos dos leitores que Jesus é enviado de Deus, encarregado por Ele de uma missão.

José, desde aquele momento, não hesita. Leva Maria para sua casa sem medo de escândalo.

É, no entanto, um notável em sua aldeia. Para os judeus, todo trabalho manual é sagrado. Os maiores *rabi*, os maiores doutores da Lei, jamais desdenharam de pôr a mão na massa; foram lenhadores, sapateiros, padeiros... "O artesão no exercício de sua profissão não tem necessidade de levantar-se diante do maior dos doutores", diziam os rabinos. E os carpinteiros gozavam de uma consideração particular. Alguns acham até que o termo "carpinteiro" possa ter designado, na época, tanto nas línguas locais como no grego, um pequeno empresário de construções. De qualquer maneira, um homem como José não se satisfaz com espigas e mortagens: os utensílios de que dispõe — martelos, tesouras, cinzéis, serrotes — também lhe permitem fabricar objetos. Um século depois, um grego cristão, filósofo que frequenta escola em Roma antes de ser martirizado, Justino, afirmará que, no oficina de José, Jesus fez charruas e cangas. Ainda se falava dele na Palestina na época de Justino, ao que parece. Pouco importa. O interessante é o que esse Justino acrescenta: Jesus, disse ele, se servia das charruas e cangas "para ensinar os símbolos da justiça e da vida ativa"[14]. Concentremo-nos na palavra "justiça". O carpinteiro é o homem cujo ofício o obriga a seguir regras, a estabelecer medidas exatas. Faz sentido que ele intervenha nos assuntos de justiça.

Não é de passagem que Mateus qualifica Jesus de "homem justo". O *Talmud*, o comentário da Lei, conta que nos processos se pergunta, às vezes, em meio a um debate delicado: "Não haveria entre vós um carpinteiro ou filho de carpinteiro para responder a essa questão?".

Eis, então, José. Um homem respeitado e consultado que descobre, de repente, que sua noiva está grávida, e tem as melhores razões para acreditar que não é dele. "Noiva", entretanto, é dizer pouco: ela já é quase sua esposa. O casamento, então, era praticado em duas etapas: o comprometimento mútuo, primeiro, espécie de contrato que determina, entre outros, os arranjos financeiros, depois a entrada da jovem na casa de seu marido, no quarto nupcial. Entre as duas etapas, uma demora variável. Mas a noiva já é considerada casada; se ela tiver uma aventura com outro homem, cometerá um verdadeiro adultério sob pena de morte. Maria foi, portanto, bastante corajosa ao cantar o *Magnificat* quando Gabriel lhe anunciou a projeção de Deus sobre ela. E ela deve ter rezado aos céus para que enviassem logo um anjo à casa de José para informá-lo, o que, como sabemos, foi feito. Foi a tempo, porque o carpinteiro já decidira romper o noivado, repudiar a jovem secretamente para lhe salvar da pena de morte.

Avisado, ele toma o outro partido: ele a faz entrar em sua casa para completar o casamento, mas, diz Mateus, "não a conheceu até que deu à luz um filho", não teve relações sexuais com ela. Aos olhos de todos, eles eram, no entanto, marido e mulher.

Ela estava a salvo. Mas isso não impediu que se produzissem maledicências sobre ela — não imediatamente, ao que parece, mas só depois que Jesus, morto e ressuscitado, se torna um personagem famoso e perturbador.

É preciso evocar aqui essas maledicências, por mais desagradáveis que sejam, porque elas talvez ajudem a explicar por que os Evangelhos assinados por Mateus e Lucas variam as datas do nascimento de Jesus. Segundo esses rumores espalhados em certos meios em Jerusalém para desautorizar as primeiras comunidades cristãs, Maria teria sido na verdade a amante de um legionário romano chamado Panthera, e seu filho, bastardo, seria então filho de um pai pagão, o que evidentemente o impediria de ser o Messias esperado.[15] Os textos judaicos que lembram essas maledicências são tardios, mas elas parecem ter sido espalhadas desde o primeiro século.

Importava, assim, aos olhos de Mateus e Lucas, desmentir, dando a Jesus outra ascendência, porque o povo judeu, os fariseus sobretudo, sonhavam então, nem sempre acreditando nisso realmente, com a vinda de um "filho de Davi" — que deveria livrá-los dos romanos, da dinastia de Herodes, assim como Davi havia vencido os filisteus, depois conquistado Jerusalém para ali fazer sua capital, feito aliança com Deus e construído o primeiro Templo.

Mateus e Lucas então se entregaram à tarefa de estabelecer que Jesus era "filho de Davi". Eles prepararam, primeiro uma lista de 42 nomes começando de Abraão e indo até Jesus, depois uma lista de 77 nomes começando de Adão. Essas duas listas se contradizem, não podem de modo algum ser consideradas como provas pelo historiador, mas são abundantes em símbolos. Assim, Lucas coloca um certo Jesus no 49º lugar de sua lista de 77. Por quê? Porque 7 é um número sagrado, o número de dias da Criação. E 7 vezes 7 dá 49. E se o outro Jesus, o verdadeiro, o que conta, aparece no 77º lugar, não é por acaso. Da mesma forma, Mateus sublinha (brincando um pouco com os números) que, "de Abraão até Davi são, pois, quatorze gerações e de Davi até o cativeiro da Babilônia, quatorze gerações e do cativeiro da Babilônia até Cristo, quatorze gerações"[16]. Quatorze, outro múltiplo de 7. Mas também o meio-ciclo lunar, a lua sendo então o símbolo de Israel, sempre renascendo. Os três ciclos de 14 gerações correspondem, além disso, aos três períodos da história de Israel: o dos patriarcas, o do período real, o tempo que se seguiu ao Exílio.

Toda a antiguidade, em busca de leis que explicassem o mundo e sua história, gostava de assim fazer falar os números e símbolos. Mas o historiador não encontra aí o que quer. Pois a linhagem de Davi, ao que se sabe, se extinguiu depois de Zorobabel, um de seus descendentes. E, a se seguir essa genealogia, é José quem pertenceria àquela linhagem. Seria por meio de José que Jesus descenderia daquele grande rei de Israel. O que não corresponde em nada aos anúncios dos anjos.

Os dois evangelistas bem viram o problema, mas não o resolveram. Jesus, diz Lucas, era "filho, segundo se pensava, de José"[17], ao passo que Mateus, depois de repetir sem parar a expressão "foi pai de" (X foi pai de Y), chega da seguinte forma ao fim de sua árvore genealógica: "Jacó foi pai de José, esposo de Maria, da qual nasceu Jesus chamado Cristo"[18]. José é assim reduzido ao papel de pai adotivo, legal, "putativo", como dizia um belo canto natalino hoje esquecido. E Jesus não tem o sangue de Davi.

Os especialistas propõem outra interpretação da genealogia estabelecida por Mateus: embora ela nomeie a cada linhagem quem foi pai de quem, eis que não define o de Jesus, que é quem mais importa. Por quê? Resposta: o texto de Mateus é de origem judaica, destinado a judeus. Ora, para os judeus, o nome de Deus nunca pode ser pronunciado. Esse silêncio sobre a identidade do último pai da lista será, portanto, absolutamente eloqüente ou revelador.

Apenas o seguinte: há um evangelista que contradiz. E não é qualquer um: o apóstolo Paulo, cujos textos, lembremos pela última vez, são os mais antigos, ou seja, os mais próximos, no tempo, da vida de Jesus. Escreve Paulo que Jesus é "nascido da descendência de Davi segundo a carne, constituído Filho de Deus, poderoso segundo o Espírito de santidade a partir da ressurreição dos mortos"[19]. Se Jesus é nascido da descendência de Davi "segundo a carne", não o é senão por José. Eis-nos aqui numa das questões mais controversas, a da "concepção virginal" anunciada por Gabriel e "o anjo do Senhor".

Paulo, de resto, parece nunca ter ouvido falar de um nascimento miraculoso de Jesus. Escreve aos gálatas, esses descendentes de tribos gaulesas que haviam emigrado para a região chamada Capadócia (na atual Turquia), que "Deus enviou seu filho, que nasceu de uma mulher"[20]. Diz bem: "mulher", *gunê* em grego, e não "uma jovem" ou "virgem", *parthenos*. Ora, para Paulo, a virgindade não é uma questão secundária. Muito pelo contrário. Pode-se pensar que, se ele tivesse tido conhecimento da concepção virginal de Jesus, esse fanático da virgindade a teria convertido em argumento e o celebrado bem alto.

Ele não era o único, aparentemente, a ignorá-la. Afora algumas frases nos Evangelhos assinados por Mateus e Lucas, não há em nenhuma parte menção clara à concepção virginal de Jesus nos textos do Novo Testamento, nisso incluídos os Atos dos Apóstolos, que narram as pregações e atribulações deles depois da morte e ressurreição de Cristo. Ela parece ter sido ignorada pelos primeiros cristãos ou, em todo caso, não ter lhes parecido um problema. Eles estavam completamente dispostos, Paulo em primeiro lugar, a acreditar que Jesus era a um tempo humano e divino, sem pecado, mas não se inquietavam nem um pouco com as condições do nascimento. De resto, Mateus e Lucas, que tratam delas como fatos estabelecidos, não avançam nos argumentos. O próprio Jesus não fala nunca de seu nascimento. E temos dificuldade no episódio de Jesus no Templo (narrado no primeiro capítulo deste livro) em saber se Maria e José tinham tido conhecimento prévio do caráter mais que extraordinário, mais que miraculoso, divino, desse nascimento. Eles ficam muito inquietos, como vimos, angustiados, e, ao reencontrar Jesus, se espantam; e ele responde: "Não sabiam que eu devia estar na casa de meu Pai?" E Lucas acrescenta: "Eles não entenderam o que lhes dizia"[21]. Quando dois anjos vêm anunciar que o menino que vai nascer é o Filho de Deus, não deveríamos, em seguida, nos espantar com mais nada.

Terão os dois evangelistas, como talvez tenhamos sugerido, se inspirado em relatos antigos de deuses que tiveram relações sexuais com jovens da raça humana? Podemos lembrar uma porção de histórias. Assim, a China antiga teria conhecido um certo Pei Han, ser sobrenatural — de aparência humana, porém — que teria dado à esposa de um rei um objeto luminoso ao anunciar que ela teria um filho[22]. Mas nada é dito sobre essa esposa ser virgem. E a China fica bem distante. Mais perto, Perseu, o herói grego que devia cortar a cabeça da Medusa, essa górgona cujo olhar matava, era nascido da virgem Dânae, fecundada por Zeus em pessoa, que veio a ela na forma de uma chuva de ouro. Mas o clima bastante sóbrio dos relatos evangélicos nada tem a ver com os da mitologia grega, bem mais licenciosos.

Outros quiseram ver na afirmação da concepção virginal de Jesus uma influência dos essênios. Os essênios, que reencontraremos mais tarde, povo piedoso e muito ascético que os manuscritos do Mar Morto, descobertos em 1947, tornaram célebre, tinham alta estima pela virgindade. Ora, num desses manuscritos, o "Testamento de José" (não o marido de Maria, mas um dos doze filhos de Jacó), encontramos a seguinte frase: "E vimos que de Judá nasceu uma virgem, portando um robe de linho, e dela surgiu sem esforço um cordeiro"[23]. Mas os essênios são apenas uma minoria dentro do mundo judeu que, São Paulo e alguns outros à parte, não tinha a virgindade em alta estima e não admitia, não podia admitir, tal era seu senso da transcendência de Deus, que o Senhor, que o Infinito, se meteria com uma mortal. Os rabinos recomendavam que se casasse o mais cedo possível — "aquele que, aos 20 anos, ainda não se casou será por toda a vida uma presa do pecado" — e exigiam dos homens que "honrassem mais à sua mulher que a si mesmos".[24]

O rabino Trifão, dialogando no século 2 com São Justino, filósofo que terminaria em Roma em martírio, o interpelava com violência: "Vocês deveriam se envergonhar de narrar as mesmas coisas que eles (os gregos). Seria melhor dizer que esse Jesus foi um homem entre os homens... Não falem em prodígios se não querem ser acusados de ser tão loucos quanto os gregos"[25].

Seria esse um sentimento partilhado? O Evangelho atribuído a Mateus foi escrito, indicam os especialistas, para convencer os judeus de que os atos e propostas de Jesus consumavam algumas promessas de Deus no Antigo Testamento, de que ele era, portanto, o Messias esperado por eles. E é isso que ele faz: "Tudo isso aconteceu para que se cumprisse o que o Senhor falou pelo profeta nas palavras: 'Eis que a Virgem conceberá e dará à luz um filho, cujo nome será Emanuel'."[26].

É preciso, primeiro, notar que esse texto apareceu como uma incisão, um parêntese, no relato do sonho de José, quase como se tivesse sido acrescentado à força. Além disso, o profeta a que ele se refere é Isaías. Mas o texto de Isaías estava em hebraico e falava da mãe de

Emanuel como de uma "jovem". Foi a tradução grega dos Setenta (tradução do Antigo Testamento estabelecida entre 250 e 130 a.C. para uso dos judeus dispersos pelo mundo grego e incapazes de compreender sua língua de origem) que colocou, portanto, impropriamente, uma "virgem".

Poderíamos replicar a Mateus que, segundo o provérbio, "quem muito quer provar, nada prova". Ainda mais porque o Evangelho assinado por João faz o apóstolo Filipe dizer, sem a menor reserva: "Aquele de quem se fala na Lei de Moisés e dos profetas, nós o encontramos: é Jesus, o filho de José de Nazaré". Charles-Harold Dodd, um dos melhores especialistas recentes na interpretação dos Evangelhos, sublinha que essas palavras, "o filho de José", "aparecem no trecho que constitui um reconhecimento solene de Cristo por Filipe, um dos primeiros discípulos — e percebemos que elas foram colocadas ali para que fizessem sentido. A intenção manifesta é identificar Jesus como o filho de José (...) e depois designá-lo como o Messias do qual falaram Moisés e os profetas, como o Filho de Deus, o rei de Israel"[28]. Dizendo de outra maneira, segundo João, comentado por C.-H. Dodd, nada se opõe a que o Filho de Deus seja *também* considerado filho de José; a crença na concepção virginal não é essencial à fé cristã.

Persiste ainda assim uma dificuldade: por que então os textos de Mateus e Lucas afirmam, já que seus autores sabiam que fariam mal se o fizessem, que para seus leitores judeus o caráter excepcional do nascimento era inaceitável? Propagandistas zelosos, ansiosos por persuadir, evitariam ir assim contra a corrente. É preciso, portanto, concluir que os autores desses Evangelhos não *quiseram* trapacear com a verdade. Isso não significa que essa seja *a* verdade. Eles nada podem concluir, na realidade. Mas os crédulos que o desejem podem pensar, como Gabriel, que "nada é impossível para Deus".

Podem também considerar que a afirmação da concepção virginal é um "teologúmeno" [N.T.: a expressão francesa "théologoumène" não tem tradução para o português. O neologismo "teologúmeno" foi criado respeitando-se os radicais gregos que compõem a palavra:

theós + *lógos* + *ménos*, do verbo *meneaínein* (desejar, persistir intensamente). Portanto, um teologúmeno é uma asserção teológica, uma afirmação religiosa que se pretende verdadeira. A acentuação foi derivada por analogia de "energúmeno", que numa das acepções significa o indívíduo fanático, que insiste energicamente em seu argumento, que fala e gesticula com extrema veemência]. Eis uma expressão sábia que hesitei em utilizar, mas que nos servirá em diversas ocasiões. Expliquemos de uma vez por todas: um teologúmeno é uma espécie de imagem destinada a fazer com que uma afirmação de fé seja compreendida. Ou seja, aqui não estamos mais do lado da história, mas do lado do símbolo que quer exprimir uma verdade profunda. Exemplo de teologúmeno: a adoração de Jesus pelos magos (que vamos recordar nas páginas seguintes e sobre a qual a história tem motivos bastante bons para se mostrar cética); ela mostra que, por Jesus, Deus se revelou não só aos judeus, mas aos pagãos, ao mundo inteiro, o que evidentemente tem importância capital. Se considerarmos a concepção virginal como um teologúmeno, seu sentido não é menos importante: mostrar que Jesus deve sua aparição, como Adão, o primeiro homem, à intervenção direta de Deus, que é o dom de Deus e abre uma nova era na história da humanidade[29].

A cidade de Bélem, na Judéia, onde Jesus nasceu

3.

As testemunhas do Natal

O RECENSEAMENTO de que fala Lucas (e cuja existência na época de Herodes é muito contestada) tinha tudo para desagradar aos judeus. Primeiro porque foi ordenado pelos romanos, os quais deviam estar nutrindo algumas dessas segundas intenções nocivas que eram seu pão de todo dia — como instituir um novo imposto. Pois não contavam seus súditos por mero prazer. Os antigos reportam além disso que, segundo uma velha superstição, todo recenseamento de judeus trazia infelicidade, salvo se o próprio Javé tivesse tomado a iniciativa de fazê-lo: assim, quando Davi, o famoso rei Davi, havia obrigado Jacó, chefe de seu exército, a contar todas as tribos de Israel, o Senhor, irritado com esse "pecado", os tinha punido desencadeando uma peste terrível que matou 62 mil homens[1].

O édito de César Augusto ordenando o recenseamento não dizia respeito, é verdade, apenas aos judeus, o que talvez estancasse a cólera de Javé. E depois os romanos, para dourar a pílula e tentar persuadir esses teimosos, tinham admitido que cada um fizesse o censo do lugar de origem de sua família — o que correspondia (ao que parece, mas a questão é discutida) aos hábitos do país.

A considerar o relato de Lucas, pode-se imaginar o mau humor de José. Como se a gravidez de Maria, ainda muito jovem, que provocava mexericos em Nazaré, já não lhe desse bastante preocupação! E eis que ele precisava partir por caminhos perigosos para quatro dias de caravana, contando com precisão os membros de sua família até Belém, de onde a família de Davi e, pelo que se dizia, também a sua vinham. Sem falar que isso o obrigava a parar o trabalho, fechar a oficina, renunciar a alguns ganhos. Tudo, às vésperas de um nascimento. Se o "anjo do Senhor" ouvido no sonho pelo carpinteiro tinha dito a verdade — e não havia por que duvidar —, essa viagem surgia na pior situação.

Então eles partem. Não estão sozinhos. A maioria dos nazarenos ia fazer o censo na sua cidade, mas esse povo que já havia sofrido tanto se dispersara em todos os sentidos. Muitos que vieram da Judéia estavam instalados na Galiléia. Uma espécie de caravana, portanto, se formou na direção sul, pois era mais prudente viajar em grupo. Os jumentos berravam, os sinos dos camelos soavam. Os homens iam à frente, as mulheres e as crianças iam a reboque. Cantavam bênçãos de vez em quando. Faziam paradas noturnas e se abarrotavam nos abrigos com os animais: as mulheres corriam aos poços e traziam água para preparar a refeição; os homens lidavam com os animais, levando ao bebedouro os jumentos antes dos camelos, que logo o esvaziavam. As crianças faziam o que fazem todas as crianças do mundo: corriam entre as pernas dos grandes, brincando e gritando.

E Maria? Logo estava exausta, mesmo que trazida no lombo de um jumento. O menino em seu ventre não pára de se sacudir. Perturbado, talvez, pela viagem. Ou preparando-se para sair. Contanto que saísse antes... antes de quê? de Belém? do retorno a Nazaré? Como saber, quando se trata do primeiro filho, quando se é uma menina ainda, sem experiência? Certamente, há sempre no caminho uma matrona para dar avisos e conselhos, mas também uma outra para dizer o contrário.

Belém, enfim. Uma aldeia bem pequena e branca, empoleirada no flanco de uma colina. Sem dúvida, cercada de campos de trigo, já que *Belém* significa "a casa do pão", mas também de pomares, já que seu sobrenome é *Ephrata*, "rica em frutos". E a caravana ali transborda, porque devem ser muitos, esses que acreditam descender de Davi. As pessoas do lugar não são muito acolhedoras: essa história de recenseamento não lhes agrada mais do que aos outros judeus, afinal atrai não só os burocratas romanos encarregados das inscrições, mas também essa multidão empoeirada de homens e mulheres vindos dos quatro cantos do país e que se mistura aos acompanhantes habituais, os nômades que vêm trocar tecidos e queijos por grãos e frutos.

José e Maria acham enfim um lugar num estábulo[2]. Já era tempo. Ela sabe e ele sente que o momento chegou.

"Ela deu à luz o filho primogênito", diz Lucas, "envolveu-o em panos e o deitou numa manjedoura."

Não saberíamos ser mais sóbrios ao descrever o ocorrido. Não por maravilhamento, mas mais por um sentimento de solidão. A Bíblia, em outras ocasiões, descreve minuciosamente o processo seguinte ao nascimento: o corte do cordão umbilical, o sal colocado sobre o ventre do menino antes de ele ser banhado e, enfim, envolto em panos, enfaixado para que não movesse braços e pernas, o que se pensava que o deixasse mais forte (e isto durante seis meses! — seis meses nos quais, ainda assim, se tiravam os panos todo dia para lavar o bebê, cobrir seu corpo com óleo de oliva e pulverizar uma resina aromática, a mirra). O Evangelho não entra nesses detalhes. O menino nasceu, eis o essencial.

As primeiras testemunhas desse considerável acontecimento são gente modesta, muito humilde, e pastores. E os pastores eram tidos como desonestos e ladrões. Dizia-se até, nessa época, que "não se retira de uma cisterna (um poço) os *goyim* (os pagãos) e os pastores que lá caírem".[3] Desde o nascimento de Jesus, então, seus companheiros não são recomendáveis. E não chegam até ele por acaso: são escolhidos, um anjo os havia buscado. Não tem nome esse anjo, mas seus interlocutores têm medo, como sempre. E ele os tranquiliza, como sempre, e anuncia o nascimento de um Salvador. Depois, segundo o processo clássico, a comprovação — "Este será o sinal: encontrareis o menino envolto em panos e deitado numa manjedoura" — e enfim a oração (mas é um coro de anjos, "uma multidão do exército celeste", que a entoa).

Assim, reencontramos com muita exatidão, no anúncio feito aos pastores, o gênero literário das anunciações descrito no capítulo anterior. Com uma só diferença: esses bravos senhores não manifestam em momento algum sua incredulidade (é verdade que um coral inteiro cantando em altos brados e suspenso num céu de fogos de artifícios convenceria até os mais céticos); vão para lá, deixando seus rebanhos sob risco (além de ladrões, feras — ursos, leopardos, chacais — não faltavam na região). Os pobres sabem correr riscos. Esses vão ver, como dizem bizarramente, a crer no Evangelho, "o acontecimento que o Senhor nos manifestou". Esse "acontecimento" foi anunciado por uma tropa celeste — de novo o contraste entre magnificência, glória, e anonimato, modéstia. O autor desse relato nada deixa ao acaso, e faz uma composição perfeita. E a mensagem que ele dá a entender é clara.

Oito dias mais tarde, como quer a Lei, o menino é circuncidado. Esse ato, praticado por diversas pessoas na época (mas em geral no momento da puberdade), se reveste para os hebreus de um significado bastante particular, o de sua Aliança com Deus. Praticado com um sílex que remete ao tempo de Abraão, produz o sangue que é "o sangue da aliança": todo bebê de oito meses se torna com isso um aliado de Deus, uma noção capital, essencial à compreensão do judaísmo e, como tal, do cristianismo (que substituirá a circuncisão pelo batismo).

Lucas, que evoca a circuncisão, não insiste nem um pouco nela, porém. Afinal, pensa ele sem dúvida, a aliança que ela significa, no caso de Jesus, é a de Deus Consigo mesmo. O que não é surpreendente. É verdade que, tendo sido submetido a esse rito, Jesus manifesta pertencer ao povo judeu, manifesta sua solidariedade a ele. Mas o que interessa ao evangelista é outra coisa. Ele escreve: "Assim que se completaram os oito dias para a circuncisão, ele recebeu o nome de Jesus, nome indicado pelo anjo antes de sua concepção".

É portanto o nome o que importa. Por causa das prescrições do anjo? Sem dúvida alguma. Tanto que o nome tem para os judeus um valor extremo: exprime uma vocação. O próprio Jesus, segundo narra o Evangelho de Marcos, mudará o nome de alguns de seus apóstolos: "Escolheu estes doze: Simão, a quem pôs o nome de Pedro, Tiago, filho de Zebedeu, e João, seu irmão, aos quais pôs o nome de Boanerges, que quer dizer filhos do trovão"[4]. Nomear alguém é indicar-lhe um destino. E esse, fato notável, é com frequência um privilégio da mulher, ou do grupo de matronas que auxiliam o parto. Assim, segundo o avô de Davi: "As vizinhas proclamaram seu nome, dizendo: 'Nasceu um filho a Noemi'. Deram-lhe o nome de Obed. Foi o pai de Jessé, pai de Davi"[5]. E quando Isabel dá à luz seu filho, e as acompanhantes querem lhe dar o nome de seu pai, Zacarias, a mãe protesta: "Não, ele se chamará João"[6]. O que provoca uma controvérsia. De repente, recorre-se ao pai que, sempre mudo, confirma a escolha escrevendo-o numa tábua e — recompensa divina, promessa cumprida — logo reencontra a fala.

A bem dizer, não surpreende que Zacarias a confirme, porque a ele Gabriel dissera: "Tu o chamarás de João". Do mesmo modo, o "anjo do Senhor" que vai conversar com José durante seus sonhos, para anunciar o nascimento próximo, lhe ordena: "Tu o chamarás de Jesus". E Mateus insiste: "José o chamou de Jesus". Eis que o privilégio maternal é rompido. Espíritos maldosos dirão que se trata de uma espécie de consolo para José, a quem a vontade divina fez enfrentar tantas dificuldades. Mas outra interpretação pode ser dada: se com freqüência é a mulher quem nomeia, nem sempre é o caso — Abraão e Moisés escolheram os nomes de seus filhos. Trata-se sem dúvida de notar que esse é um privilégio de personagens excepcionais.

Excepcional, o nome de Jesus não é. A Bíblia mostra mais de uma dúzia de Jesus, o primeiro dos quais, Josué, tendo sido um sucessor e tenente de Moisés. O historiador judeu do século I Flávio Josefocita duas dezenas de pessoas com esse nome. Dizendo de outra forma, o menino é designado como o Salvador, mas um salvador que foi investido da condição comum a seu povo. Trata-se mais uma vez de fazer com que compreenda que ele é de natureza humana e divina ao mesmo tempo.

De resto, quando depois os pais chegam ao Templo para a purificação da Virgem e apresentação do bebê, começam colocando-o nos braços de um velho devoto que frequenta o lugar, Simeão. Assim, num mesmo gesto, o remetem a Deus e aos homens.

A purificação é obrigatória para todas as mães: nos 40 dias depois do nascimento (80, se tiver parido uma menina — o mundo antigo, decididamente, não tratava com delicadeza o segundo sexo), a mulher era considerada impura. Isso a proibia, entre outras coisas, de entrar no Templo. Para se purificar, ela deve levar à entrada do Templo um cordeiro (macho, é claro), que será inteiramente queimado sobre o altar (o que não é o caso nas peregrinações habituais, como vimos), e uma pomba ou rolinha cuja cabeça será cortada; se se é pobre, o cordeiro pode ser substituído por um pássaro. O jovem casal aproveita esta possibilidade. Portanto, ainda que carpinteiro, José não vivia tão bem.

A maioria dos comentaristas se abstém, aqui, de destacar uma contradição: Maria, que é tida como Virgem e mãe do Filho de Deus, precisa ser purificada? Purificada de quê? Não vemos nenhuma resposta plausível (exceto, talvez, a vontade de se submeter à lei comum).

O autor do Evangelho assinado por Lucas parece ter visto que havia um problema aí. Ora, ele fala da purificação, mas podia, como seu colega Mateus, ter passado direto por esse assunto. Logo, é porque para ele essa história incômoda realmente aconteceu, alguma coisa aconteceu, e ele tem de mencioná-la. Dê-se o crédito desse escrúpulo a ele; ela vai precisar, porque não se furta a tomar algumas liberdades com os fatos.

Resta-lhe resolver a contradição. E ele apresenta as coisas como havia feito com a circuncisão. Escreve: "Terminados os dias da purificação deles segundo a Lei de Moisés, levaram-no para Jerusalém a fim de apresentá-lo ao Senhor"[7]. Milagre do texto, da sintaxe que distingue orações principais de subordinadas, não é mais o rito da purificação que conta, ele é apenas um pretexto para a apresentação ao Senhor. Outro milagre, ou melhor, hábil jogo de passa-anel: escreve "purificação deles", como se José também devesse ser purificado. Fique claro que os tradutores muito brigaram em torno desse plural insólito, e alguns, pouco escrupulosos — que não são poucos, como se podia verificar nas abadias de outrora —, o transformaram em singular. Mas é mesmo um plural, um plural que apaga a idéia de apenas Maria ser impura. E às custas de José. Pode-se concluir que é preciso ter pena desse pobre homem. Pode-se também pensar, o que é mais simpático, que aos olhos do autor Maria e José formam um verdadeiro casal.

De qualquer maneira, o rito da purificação, como vimos, pouco interessa ao nosso evangelista. Bem menos do que a apresentação do bebê ao Templo, "conforme está escrito na Lei do Senhor: Todo primogênito do sexo masculino será consagrado ao Senhor"[8], e sobretudo aquilo que acompanha esse rito: as profecias do velho Simeão, ao qual haviam confiado o menino ao chegar ao local sagrado, e da profetisa Ana. Simeão, que, de resto, fora avisado diretamente pelo Espírito Santo (Gabriel e seus colegas foram substituídos aqui, talvez porque se trate do Templo, bem maior do que eles), não hesita nem por um instante, em pegar em seus velhos braços o Messias; agora, diz ele, em resumo, posso morrer. Pois o menino havia nascido para ser "luz que ilumina as nações". Palavras que, mais uma vez, espantam Maria e José. Estes, já dissemos, não deviam se espantar com mais nada depois que os anjos os visitaram e a quem os pastores do presépio, sem dúvida, contaram sobre o coro celestial e as luzes da aurora boreal surgidas no céu. O autor do Evangelho não se constrange, portanto, de se contradizer ou parecer de alguma forma ilógico. Será então que ele quer dizer que a verdade, tão perturbadora no sentido estrito da palavra, tão inacreditável, não atinge o casal, apesar de todos os anúncios, a não ser progressivamente? Estaria sugerindo uma espécie de pedagogia de Deus para com eles, uma revelação progressiva? O que acontece em seguida faz supô-lo.

Simeão, de fato, encarregado de uma missão pelo Espírito Santo, completa à sua maneira o anúncio feito por Gabriel. O menino, diz a Maria (José passa a segundo plano), está destinado a ser "ocasião de queda e elevação de muitos em Israel" e um "sinal de contradição", e "quanto a ti, uma espada te atravessará a alma"[9]. Maria está prevenida. Gabriel só tinha apresentado a ela o lado luminoso do acontecimento.

Mas também podemos pensar que todo esse relato, desde a história do recenseamento, é um teologúmeno, uma espécie de imagem destinada a persuadir de que Jesus nasceu pobre entre os pobres e não foi reconhecido, no Templo, a não ser por velhos um tanto marginais, em todo caso sem autoridade alguma.

Estava lá também uma velha senhora, Ana. Lucas informa toda sua condição civil, como se a houvesse acompanhado desde que ela constara do censo. É mesmo a única personagem do Evangelho sobre a qual se têm tantas informações precisas: é profetisa profissional (o que não é raro em Israel na época), tem 84 anos, foi casada durante sete, seu pai se chamava Fanuel (o que significa "Face de Deus"), pertencia à tribo de Aser. Um luxo de detalhes que surpreende ainda mais porque Ana jamais se dirige a Maria nem a José, mas, tendo-os cruzado, "falava do menino a todos que esperavam a libertação de Jerusalém". Um período e é tudo. Tantas informações inabituais para chegar a essa simples frase, e o que ela significa? Os especialistas respondem: observem os números, que Lucas tanto ama. Ali está o 7: número de anos durante os quais Ana foi casada. E quanto aos anos de solidão: 84 - 7 = 77. O mesmo número de anos que o de gerações em que, sempre de acordo com Lucas, Israel, solitária num mundo pagão, esperou por Cristo. Podemos dissertar sobre tudo que possam significar esses encontros dos velhos com o menino: os números fornecem as chaves. Mais uma vez, não estamos no mundo da história mas no do símbolo (o que não significa o contrário da verdade; pode significar, lembremos pela última vez, introdução a uma verdade mais profunda).

Estávamos em Lucas. Passemos ao outro Evangelho da infância, o de Mateus. Também para ele, Jesus nasceu em Belém e, como Lucas, ele complementa: "da Judéia". A precisão não é fortuita, e não se destinava aos eruditos dos tempos atuais que às vezes se perguntam se a Belém do nascimento não seria uma outra localidade com o mesmo nome e situada a uma dezena de quilômetros de Nazaré, logo, na Galiléia. O que importa a Lucas e Mateus (que fizeram questão de informar com precisão, sabiam da existência da outra Belém) é provar que o nascimento de Jesus cumpria as promessas feitas por Deus a Israel.

Uma delas foi feita por meio de Miquéias, um profeta "menor" que não vivia longe dali na época de Isaías e em geral anunciava más novas. "Mas tu, Belém Ephrata, muito pequena para fazer parte do clã de Judá, de ti sairá aquele que deve governar Israel." Mas o texto de Miquéias parece ter sido deformado um pouco por Mateus[10]. A outra promessa de Deus em relação a Belém se encontra nos Livros de Samuel, um texto bíblico que cobre um longo período da história de Israel e no qual o Senhor diz a Samuel: "Enche o chifre de óleo e põe-te a caminho. Vou-te mandar a Jessé de Belém, pois escolhi um dos seus filhos para rei"[11]. Esta segunda profecia não tem uma clareza tão grande. Mas a primeira parecia bem conhecida pelos judeus. Uma passagem do Evangelho de João, que entretanto não faz nenhuma menção ao nascimento de Jesus em Belém, parece confirmar isso.

A cena se passa nos anos 30 do século I, em Jerusalém, quando da festa judaica dos Tabernáculos, que evoca a errância dos judeus pelo deserto entre o Egito e a terra prometida (eles certamente viviam em cabanas ou tendas, também chamadas de tabernáculos) e que, celebrada em outubro depois das colheitas, permitia que se agradecesse a Deus. Essa festa reunia numerosos judeus em Jerusalém, no Templo. O próprio Jesus, como narra o Evangelho de João, "sobe" a Jerusalém. E ele prega, se diz o enviado de Deus, anuncia sua partida e grita: "Se alguém tiver sede, venha a mim e beba, quem crê em mim!" Reivindica, portanto, sua condição, se identifica como Salvador. O que provoca a confusão que imaginamos. Uns o aprovam. "É o Cristo!", dizem. Mas não há unanimidade. Outros dizem: "Será por acaso da Galiléia que deverá vir o Cristo? Não diz a Escritura que o Cristo será da família de Davi e virá da aldeia de Belém onde Davi vivia?"[12]. O texto confirma, portanto, que os judeus esperavam um salvador vindo de Belém. Mas, por outro lado, João não menciona nenhuma resposta de Jesus ou de seus próximos informando que, justamente, ele tinha nascido em Belém. E o próprio evangelista não o parece saber, já que não faz menção alguma. Simplesmente constata: "E se originou um desacordo entre o povo por causa dele".

Assim, primeiro os pastores e depois a velha profetisa Ana falaram, segundo Lucas, sobre o nascimento de Jesus a todo o mundo. Mas ninguém parece ter guardado a menor lembrança disso! É verdade que não acreditamos sempre nos humildes, sobretudo quando anunciam o inacreditável. Eles devem ter sido considerados uns perturbados. Ainda assim...

O nascimento em Belém não é, portanto, reconhecido como fato histórico por todos os especialistas.

Voltemos a Mateus. O nascimento em Belém é para ele tão desprovido de dúvidas que José e Maria viviam lá. (E lá estarão ainda dois anos mais tarde, quando da vinda dos reis magos, ao passo que, para Lucas, partiram para a Galiléia 40 dias depois do nascimento...) E, segundo Mateus, o menino não veio ao mundo num estábulo, mas numa "casa"[13]. É lá que vem a receber os estranhos visitantes vindos do Oriente.

"De quais fatos exatamente se apoderou a antiga tradição cristã que criou esse relato (da adoração dos magos)? Jamais saberemos com precisão", reconheceram os comentaristas da "Bíblia do Povo de Deus"[14]. No entanto, essa é uma bela história.

Primeiro aparece uma estrela. É um privilégio dos "grandes" no mundo antigo: uma nova estrela saúda seu nascimento. Alexandre teve direito a uma, como teve Augusto, e Abraão também. A China viu uma estrela no nascimento do Buda e o *Bhagavad-Gita* menciona uma no de Krishna. As pessoas que as descobrem também têm mérito: como sublinha Daniel-Rops, "convém não esquecer que, como observavam a olho nu ou com instrumentos rudimentares, lhes faltavam os apoios que o mais simples telescópio dá ao conhecimento moderno". Muitos especialistas, inclusive astrônomos, se perguntaram sobre a estrela dos magos; pensaram por exemplo no célebre cometa Halley, o qual foi visto em Jerusalém em 1910, indo de leste a oeste, o que corresponde à trajetória indicada por Mateus (à parte o seguinte: o cometa não poderia se desviar para apontar um lugar preciso, como fez a estrela que levou os magos a Jesus). No entanto, o cometa Halley passou nos céus nessa região no ano 12 a.C., o que não corresponde à data provável de seu nascimento, mas... E Kepler, o astrônomo alemão que viveu nos séculos 16 e 17 e ignorava, naturalmente, que os especialistas modernos fixaram a data desse nascimento ao redor do ano 6, estabeleceu que precisamente nesse ano houve uma conjunção dos planetas Júpiter e Saturno no signo zodiacal de Peixes. Talvez tenha sido a lembrança desses fatos, transmitida de boca em boca e de geração a geração num mundo que adorava maravilhas, que inspirou o evangelista.

Portanto, os magos viam aquela luz. Eles não são reis,[15] mas intérpretes de sonhos e acontecimentos extraordinários, astrônomos do oculto — astrólogos, dirão as más línguas. Os judeus por muito tempo detestaram os astrólogos porque assim Deus e os profetas lhes ordenaram[16]. E, depois, estes vinham sempre desse Oriente indeterminado de onde as tropas caldéias, entre outras, chegavam à Judéia para pilhá-la, degolar seus filhos e companheiros. Mas os espíritos mudaram um pouco: a astrologia tem tais seduções e a vontade conhecer o futuro é tão forte! Os próprios essênios, austeros, tão respeitosos da Lei, conheceram, se não é que estabeleceram eles mesmos, um horóscopo do Messias esperado — como descoberto nas grutas de Qumran. Com o passar dos anos, sobretudo na época em que foi composto o Evangelho de Mateus, os astrólogos de todos os tipos ganharam melhor cartaz.

Então se mandaram pelas estradas: talvez soubessem da espera de um Messias por Israel. Vinham de longe, pois, seguindo a estrela, acharam não um recém-nascido, mas um pequeno menino — *paidion*, diz o texto, em grego, do Evangelho. Os presépios que hoje vemos nas igrejas e nos lares têm pouca relação com a história: esses corajosos astrólogos não cruzaram com os pastores.

Eram corajosos demais, talvez, um pouco inocentes, ignorantes, em todo caso, do que se passava na Judéia, porque não desconfiavam em nada de Herodes: ao atravessar Jerusalém, foram visitá-lo educadamente e ele os recebeu amavelmente, o que prova o quanto a imagem de sua profissão havia melhorado.

As razões para desconfiar de Herodes eram múltiplas. Vamos repeti-las: trata-se de um impostor, colaborador do oculto. O general romano Pompeu, que havia antes conquistado a Síria, em seguida se apoderou de Jerusalém, em 63 a.C., ao custo de milhares de mortes. Faltava dominar, pacificar, como se diria mais tarde. E não seria fácil com esses judeus sempre inquietos. Os romanos utilizaram o procedimento habitual: não se encarregaram sozinhos do trabalho sujo, procuraram aliados no lugar. É por isso que o Senado de Roma decide proclamar Herodes "rei dos judeus, amigo e aliado". Sem chance: na realidade, Herodes não é judeu. Sua mãe é árabe. Além disso, assim que promovido, ele foi ao Capitólio de Roma oferecer a Júpiter um sacrifício como agradecimento. E isso logo se soube em todas as aldeias da Judéia. Não há cura para ele. Feito rei, manda até construir templos pagãos em Cesaréia, aldeia dos romanos. Para ele, todos os deuses têm valor. O importante é agradar ao ocupante, o que lhe permite, em troca, levar no palácio a vida que ele ama levar.

Sexo, dinheiro e sangue: para os seus contemporâneos, isso é o que o atrai. Ele manda exterminar a família de uma de suas mulheres, começando pela sogra e terminando pela própria esposa e dois dos filhos que ela lhe havia dado. Ele entra, à noite, no túmulo de Davi em Jerusalém para retirar os tesouros. Confisca terras para seu lucro próprio. Em suma, no gênero tirano ignóbil, é difícil ser pior que ele.

Mas é um político hábil, ardiloso. Consegue pouco a pouco pacificar o país. Quando acontecem catástrofes naturais — fome, epidemia, tremor de terra —, diminui os impostos e vende alguns de seus bens para ajudar aos atingidos (o que seus sucessores não fariam). Lança grandes programas de construção, o mais importante sendo o Templo de Jerusalém (mesmo que, segundo alguns, seu palácio fosse mais suntuoso). Isso acaba dando-lhe idéias: Davi havia preparado a construção do primeiro Templo e Salomão a havia realizado; ao passo que ele, Herodes, havia feito as duas coisas, ainda que os trabalhos não viessem a ser concluídos; portanto, ele se julgava maior que Davi e, depois disso, poderia talvez se apresentar como o Messias. A pretensão ajudou a exasperar a espera do *verdadeiro* Messias; e esta tinha se tornado mais viva na época de Jesus.

Eis portanto o personagem ao qual os magos vindos do Oriente teriam ido, segundo Mateus, oferecer seus préstimos. E esses ingênuos anunciam a Herodes que souberam do nascimento do rei dos judeus e o procuram para lhe render homenagem. Imagina-se o que passou na cabeça de Herodes: mas o rei dos judeus era ele! E a precaução é tomada — um tirano avisado sabe que o importante é precaver-se.

Todo mundo na Judéia, ou quase, ouviu dizer que o rei prometido pelos profetas deve nascer em Belém. Herodes, cuja cultura religiosa é rala, precisa reunir a fina flor do clero de Jerusalém para aprendê-la. Assim que informado, lembra aos magos: que fossem a Belém e, encontrando o menino, viessem adverti-lo — "a fim de que eu mesmo vá lhe render homenagem".

Há bastante ingenuidade nessa história. Pois, segundo a lógica, um tirano do temperamento de Herodes teria mandado imediatamente a Belém um de seus agentes para verificar o acontecido, e não dependeria desses ingênuos desconhecidos. É bem difícil acreditar que ele tenha sido ingênuo a esse ponto. O evangelista, portanto, é que o é, por não conhecer nada das maquinações e procedimentos dos poderosos.

Então os magos partem de novo, reencontram à saída da cidade sua boa estrela, a qual os guia até a casa de José e Maria. Vêem o menino "com sua mãe" (nenhuma menção a José) e lhe oferecem, segundo Mateus e os evangelhos apócrifos (dos quais os mais sérios não foram reconhecidos pela Igreja) o ouro, o incenso e a mirra. Símbolos bem conhecidos: o ouro para o rei, o incenso para Deus, a mirra, que serve para embalsamar os cadáveres, para o mortal à espera de ressurreição.

Há um contraste espantoso, sem dúvida proposital, entre esses presentes e a pobreza, a humildade dos que os recebem. Uma grande lição também, que nem sempre será escutada pelos chefes de sua Igreja, às vezes mais sensíveis a tais honras — porque, partidos os magos, eis o menino totalmente despojado e ameaçado.

Os magos, de fato, foram avisados "em sonho" que desconfiassem de Herodes. A tempo José também — ele que está sempre lá quando a urgência e o perigo exigirem — ouve de um anjo anônimo que é preciso fugir: "Levanta, toma o menino e a mãe, foge para o Egito e fica lá até que te avise. Pois Herodes vai procurar o menino para matar"[17]. Não há de fato nenhuma outra possibilidade de refúgio a não ser no sudoeste, no Egito, quando se trata de escapar de Herodes. Podemos ver nesse episódio um símbolo que liga três grandes civilizações: a oriental, de onde vêm os Magos, a judaica e a egípcia. Podemos também ver aí um paralelo da história do povo de Israel, exilado nesse país, especialmente de Moisés "retornando ao Egito", segundo o livro do Êxodo, depois da morte do faraó. E sobretudo se trata, para Mateus, sempre ansioso por convencer os judeus de que Jesus é o Messias esperado, de que todas as profecias se realizem. Ele não esconde: "A fim de que se cumprisse o que o Senhor falou pelo profeta com as palavras: 'Do Egito chamei meu filho'"[18].

Herodes, claro, se enfurece por ter sido enganado pelos magos que, subitamente prudentes, não passam na volta por Jerusalém. Aqui, de novo, a surpresa: como um político tão precavido e desprovido de qualquer escrúpulo se abstém de mandar seguir esses três viajantes vindos de longe? A crer no evangelista, Herodes decide então mandar massacrar todos os meninos de Belém que tivessem menos de dois anos (o que, diga-se de passagem, confirma que a visita dos magos ocorre muito depois do nascimento). Mas esse massacre dos "inocentes" não foi comprovado de maneira alguma. Flávio Josefo, o grande historiador judeu que registrou com sede de arquivista os feitos e desfeitos de Herodes, ignora-o completamente. Que tal acontecimento tenha passado despercebido a todos, menos Mateus, permite duvidar muito de sua realidade histórica. Felizmente. Pois se a chegada de Jesus à terra tivesse tido como primeiro resultado um massacre de bebês...

Claro, o chocante dessa história não escapou aos comentaristas. Alguns guardaram sobre o assunto um silêncio prudente. Outros, ao contrário, sublinharam a maldade diabólica dos inimigos de Jesus.

Diversos notaram que, bem mais tarde, ele vai anunciar que sua vinda perturbaria e dividiria. Muitos procuraram explicar com as escapatórias típicas: não podemos julgar aquilo com nossa mentalidade moderna; antigamente se dava valor apenas relativo à morte de bebês, tantos eram os perigos de doença nos primeiros meses. Ou ainda: todo nascimento é sangrento.

Mas imaginemos a cena: os meninos atracados às suas mães, os punhais ou os gládios, os corpos esmigalhados entre os muros e as vigas, as cabeças quebradas... Que começo para um Salvador! Por sorte, não é muito provavelmente uma realidade, e trata-se mais uma vez de um símbolo, ou melhor, de uma referência histórica. A morte dos inocentes de Belém inaugura uma nova aliança entre Deus e os homens, como a das crianças egípcias, justamente, tinha inaugurado a aliança com Moisés. Tendo o faraó se oposto à partida dos hebreus deportados para suas terras, Deus infligiu nove pragas ao país: "Moisés disse: 'Assim diz o Senhor: À meia-noite farei uma incursão entre os egípcios e morrerão todos os primogênitos do Egito, desde o primogênito do faraó, herdeiro do seu trono, até o primogênito da escrava, que lida com o moinho, e os primogênitos do gado'"[19]. É então instituída a Páscoa judaica, que ocorre no primeiro mês do ano; no 14º dia desse mês, imola-se um cordeiro entre as 15h e o pôr-do-sol; coloca-se seu sangue em duas bacias e com ele unta-se o batente das portas: "É a Páscoa do Senhor (...). Nessa noite atravessarei todo o Egito e matarei todos os primogênitos do país (...). O sangue servirá de sinal nas casas onde estiverdes. Vendo o sangue, passarei adiante, e não vos atingirá a praga exterminadora quando eu ferir o Egito"[20].

Estamos sempre, portanto, num mundo de símbolos. Seus autores pensavam, certamente, responder aos boatos que circulavam depois da crucifixão sobre as condições do nascimento de Jesus. E seus relatos muito provavelmente têm por origem alguns fatos reais. Mas esses fatos foram enfeitados, deformados pelos que os narravam e pelos que os repetiam para ensinar às comunidades cristãs quem era Jesus.

Esses capítulos dos Evangelhos de Mateus e Lucas consagrados ao nascimento são hoje considerados pela maioria dos especialistas como prefácios poéticos. E se entendemos direito Charles Perrot, professor do Instituto Católico de Paris, cujas obras nunca fizeram as autoridades religiosas franzirem o cenho, essas páginas de Mateus seriam um acréscimo tardio ao texto original: ele fala, de fato, a respeito das circunstâncias do nascimento, de uma "indicação tardia do relato de Mateus"[21]. Por muito tempo, em muitas das comunidades cristãs originais, os relatos da vida de Jesus parecem ter começado, como nos Evangelhos de Marcos e João, com o batismo de Jesus adulto por João Batista.

A respeito dos magos, notadamente Jean Martucci, professor de teologia em Montreal, parece ter resumido uma opinião bastante comum entre os especialistas ao declarar em entrevista à rádio Canadá: "Temos todas as razões para acreditar que existe ali um desenvolvimento de uma visita da qual não conhecemos a existência histórica (...). De resto, como vocês sabem, se tomamos a história ao pé da letra, nos espantamos em seguida, da vida de Jesus, que não se diga: 'Ah, mas escutem! Jesus é aquele que levou os magos a sair do outro lado do mundo para visitá-lo! Jesus é aquele cujo nascimento deu sentido à construção do palácio de Herodes!' Não, não temos nada disso. Logo, é preciso ser muito prudente a respeito de sua existência histórica"[22]. E o inglês C.-H. Dodd, que, é verdade, provocou sobressaltos nas autoridades: "Será bastante pernicioso quem ousar traçar a fronteira exata entre fato e símbolo"[23].

Não sejamos perniciosos, portanto. Fixemo-nos mais nos símbolos. Primeiro, os visitantes. Os pastores são gente modesta, fraca e desprezada — em todo o Evangelho, Jesus terá companheiros desse gênero. Depois, os magos, que não são reis, mas astrólogos, a respeito de quem a opinião da época se divide, às vezes é hostil, sobretudo aos estrangeiros — estão lá para indicar que Jesus veio para todos os homens. Ele chega à noite, no mundo da inquietude, da obscuridade, das trevas e da dúvida, numa aldeia que não guarda nada além dos restos de um passado glorioso; os poderosos estavam em outros lugares, em Jerusalém ou na Cesaréia. Nasce pobre e ameaçado. Ao mesmo tempo faz brotar a luz que só os pobres e os estrangeiros, os excluídos, verão. E assim que os poderosos, os nobres, os abonados sentem medo, não recuaram diante de nada, incluindo o martírio, o massacre dos mais fracos e inocentes, para abafar essa voz antes que ela possa falar e proferir sua mensagem. O homem Jesus que deveria terminar num cadafalso tinha nascido numa manjedoura, num depósito ou pardieiro. No entanto, ele consegue se fazer ouvir e bagunçar a história do mundo. Jamais, na aparência, uma revolução foi realizada com tão poucos meios — embora, na realidade, dispusesse do maior e mais forte deles: a Palavra.

É isso que querem dizer os Evangelhos do nascimento.

Depois de ter assinalado o retorno a Nazaré, Lucas escreve que "o menino cresceu, ficou forte e se encheu de sabedoria". Retoma assim uma fórmula bíblica[24], mas também quer dizer com isso que essa aventura, essa revolução, não termina nunca, que ela se inscreve na duração e no tempo e deve ser continuada.

4.

Infância

Pintura de Max Liebermann, 1879, Jesus aos doze anos no templo

NAZARÉ É UM LUGAREJO ermo. A tal ponto que a Bíblia jamais lhe faz menção, tampouco os escritos dos rabinos da época. E que alguns se perguntam se essa aldeia, antes de se tornar na era cristã um lugar de peregrinação e uma cidade, existiu em algum lugar fora da imaginação dos evangelistas. O que é levar bem adiante a suspeita.

Havia lá, de fato, uma fonte que atraía as caravanas vindas de regiões áridas, que adquiriram o hábito de fazer paradas ali, e alguns sedentários que podiam dar de beber ao gado, irrigar as terras e vender aos caravaneiros objetos artesanais e comida. As grutas, espalhadas no flanco de uma colina, serviam de depósitos de alimentos ou de habitações. Casas logo se juntariam ali. À moda do país, isto é, construídas com tijolos de lama, baixas e sem conforto, encimadas por terraços feitos de galhos trançados, assentados em panos e recobertos de argila. Chegava-se a eles por uma escada exterior para dormir as noites quentes, fazer as refeições, pôr para secar as roupas e os frutos. Eram tão freqüentados, esses terraços, que o Deuteronômio, um livro da Bíblia em que se mesclam o credo de Israel e conselhos práticos, prescreveu que fossem cercados de uma balaustrada, "para não tornares tua casa responsável pela morte, se alguém vier a cair lá de cima"[1].

O interior da casa é o reino, o limitado reino da mulher, de Maria. É lá que ela tece lã ou linho em uma máquina rudimentar — os homens vestem uma túnica atravessada por um cinturão de couro ou tecido e, por cima, uma espécie de capa. É lá que ela aciona o moinho manual — dois miolos de pedra que raspam triturando os grãos — para produzir a farinha de que virá o pão. Alimento básico, o pão serve também de prato para comer a carne.

Come-se com os dedos. Pouca carne, na verdade, exceto nas grandes ocasiões em que se come a vitela gorda e o cordeiro do sacrifício. O peixe é mais freqüente. Claro, não se trata de comer outra carne que não a *kosher*, ou seja, pura. Isso desde que o Senhor ordenou que assim fosse ao velho Noel e a seus filhos logo depois que escaparam do dilúvio: "Contudo não deveis comer carne com vida, isto é, com sangue. Da mesma forma pedirei contas de vosso sangue que é vossa vida a qualquer animal. E ao homem pedirei contas da vida do homem, seu irmão"[2].

O sangue é a vida. Portanto, é proibido consumir o sangue do animal, mas também, como acabamos de ver, derramar o sangue do homem. Claro que, infelizmente, a primeira regra é mais respeitada que a segunda. Todo animal abatido, toda ave degolada, deve ser logo esvaziado de seu sangue, o qual é imediatamente recoberto com areia ou terra. O que subsistir de sangue no corpo do animal é retirado em seguida por imersão na água — um tacho é previsto para tanto.

O vinho, que acompanha todas as refeições, que os hebreus apreciam e celebram em termos líricos, é igualmente *kosher*, o que significa que somente mãos judias participaram de sua preparação.

Jesus não contestará esses costumes. Encontramos nos Atos dos Apóstolos o relato de uma curiosa visão de Pedro que confirma isso. Uma grande toalha amarrada nos quatro cantos desce do céu carregada de "todos os quadrúpedes e répteis", enquanto uma voz ordena que o apóstolo coma. Ao que ele responde, sempre em sonho: "De modo algum, Senhor, porque nunca comi coisa alguma contaminada e impura"[3]. O que permite pensar que Jesus, que partilhava das refeições, seguia em geral as mesmas regras.

Isso não surpreende. Ele foi treinado a observá-las. Sua família era judia em uma região onde a população era misturada com numerosos pagãos: "Galiléia" significa "terra dos gentios", dos não-judeus. Como todas as de sua raça e religião, ela insistia nos ritos e costumes para marcar sua identidade, sua diferença em relação aos vizinhos, sua fidelidade ao Senhor[4].

Fenícios, sírios, árabes e gregos, de fato, estavam instalados lá — alguns, ao que parece, haviam sido convertidos e circuncidados à força — para cultivar a terra e sobretudo fazer comércio. As oliveiras da região eram muito estimadas e seu azeite exportado aos quatro cantos do Mediterrâneo, para os judeus já dispersos, os quais estavam certos, assim, de consumi-lo puro, isto é, não conspurcado pelas mãos não-judias. O trigo galileu gozava de igual reputação. O que explica o afluxo de imigrantes, mas também, como veremos, algumas tensões.

A fertilidade do solo galileu, sobretudo comparada aos rigores da Judéia, inspiraria discursos idílicos no século 19 a um homem como Ernest Renan. Ele descreveu a Galiléia, depois de uma viagem, como "um país muito verde, muito sombreado e muito sorridente, o verdadeiro país do Cântico dos Cânticos e das canções do bem-amado. Durante os meses de março e abril, o campo é um tapete de flores, de uma variedade de cores incomparável".

Os próprios animais, "de uma doçura extrema", o seduziram: "As rolinhas esbeltas e vivas, os melros azuis tão leves que pousam num graveto sem ruído, as cotovias com suas poupas, que vêm quase se enfiar debaixo dos pés do viajante, as tartarugas dos riachos, cujo olhar é vivo e doce, as cegonhas com ar pudico e grave, que se despojando de toda timidez deixam aproximar-se bem perto o homem e parecem chamá-lo". Além disso, "em nenhum país do mundo as montanhas se desdobram com mais harmonia e inspiram mais altos pensamentos"[5]. Em suma, uma espécie de paraíso.

A realidade social era bem menos brilhante. O mesmo Renan descreve em outro ponto a ausência de casas iluminadas através de portas, servindo a um tempo de estábulo, cozinha, quarto, tendo como mobília "uma esteira, algumas almofadas de terra, um ou dois vasos de argila e um cofrinho pintado", e mostra a pobreza das aldeias, "mistura confusa de cabanas, de eiras e abrigos feitos na pedra, de poços, túmulos, figueiras, oliveiras"[6]. E não subestima as tensões da época de Jesus, que eram múltiplas e vivas.

A vida de Herodes, que reinava sobre as quatro províncias da Palestina (Judéia, Samaria, Galiléia e Peréia, a menos conhecida, a leste do Jordão), tinha terminado em sangue e loucura. Sofrendo, dizem, de úlceras e gangrena, ele só via ao seu redor inimigos a massacrar, a começar por sua própria família. O que provocou o seguinte comentário do imperador romano Augusto: "Melhor ser o porco de Herodes que seu filho". Três anos antes de sua morte, de fato, Herodes mandou estrangular dois de seus filhos. É verdade, mas não é desculpa, que eles já disputavam sua herança sem pudor nem vergonha.

Suas exéquias permitiram, ao que restava de sua sofrida família, exibir esplendor e ambição. A idéia era igualar em fausto os imperadores romanos. Os restos mortais do tirano, cobertos por um diadema, foram levados em uma taça de ouro, engastada de pedras preciosas, de seu palácio em Jericó até a luxuosa cidadela, o Herodium, que ele mandou construir para si ao sul de Jerusalém. Seguia-os, em imenso cortejo, uma multidão de tocadores de flauta e carpideiras, familiares, mercenários de guerra e, enfim, como conta Flávio Josefo, "quinhentos oficiais, empregados domésticos do rei defunto, levando perfumes".

Para tão grandes ambições, fortes decepções. Segundo o testamento de Herodes, seu filho Arquelau, justamente quem havia organizado os funerais, devia reinar sobre a maior parte do território. Mas os romanos desconfiaram: Augusto lhe recusou o título de rei. O que era prudente: quase em seguida, uma revolta foi deflagrada contra Arquelau, correu como fogo de Jerusalém a Jericó, onde o palácio real (a segunda residência de Herodes, para onde ia para escapar da frenética agitação da capital) foi destruído. O exército massacrou 3 mil pessoas sem conseguir parar o movimento. Foi preciso que os romanos interviessem: duas legiões (12 mil homens) e quatro regimentos de cavalaria sob as ordens de

Varus, governador da Síria. Finalmente, no ano 6, Augusto julgou mais prudente exilar Arquelau na outra ponta do Mediterrâneo, na Gália, mais exatamente em Viena.

A Judéia, como a Samaria, se tornou então uma província de terceira ordem do império romano, comandada por um oficial superior da cavalaria, intitulado procurador[7] e dependente do governo da Síria. O mais conhecido desses procuradores apareceu bem cedo neste livro, e se chamava Pôncio Pilatos.

Os dois outros herdeiros de Herodes, Felipe e Herodes Antipas, obtiveram: o primeiro, o território do leste do Jordão, onde não se deu mal nem se fez notar; o segundo, a Galiléia, com o título de tetrarca, vice-rei, se preferirem.

Assim a presença romana, encarnada por funcionários de baixo nível e competência medíocre (o imperador não mandaria mesmo os melhores para esse país no fim do mundo...), se tornou mais pesada. E foi mais mal suportada.

Alguns se acomodavam sem muito sofrimento: sempre há aqueles prontos a aceitar o que parece inevitável, descobrir virtudes nos poderosos e fazer negócios com eles. Do outro lado, alguns milhares de homens recrutados sobretudo dentre os doutores da Lei e os escribas, pequenos nobres na maioria, artesãos e comerciantes ansiosos por uma reforma religiosa, chamados de fariseus ("separados"), se convenceram de que era preciso observar a lei com maior rigor, obedecer cegamente ao menor de seus mandamentos. Essa era, a seus olhos, uma forma de resistência: tratava-se de salvar a alma de Israel.

Essa resistência cresceu e, às vezes, ganhou formas surpreendentes. Alguns fariseus acabariam dizendo que fora de Israel todo solo era impuro, que todo estrangeiro, sendo estrangeiro, transmitia sua impureza a quem quer que tocasse. Debatiam horas para decidir se podiam comer o pão assado num forno aquecido a lenha cortada por não-judeus, discutiam passionalmente para saber se o tecelão tinha o direito de usar uma lançadeira talhada numa madeira vinda do exterior. E como os rolos de textos sagrados não forneciam respostas indiscutíveis a essas questões, eles procuravam ali os indícios, alusões e precedentes que pudessem dar a menor orientação sobre as vontades do Senhor, sobre as quais eles se cansavam de brigar.

Claro que uma preocupação tão obsessiva com a pureza, menos marcante, é verdade, na época de Jesus, os incitava a desprezar os galileus, povo um pouco mestiço, misturado com pagãos.

Esses galileus, entretanto, não se mostravam tão dóceis aos romanos. Muito pelo contrário. Pouco depois do ano 6 e do famoso recenseamento de Quirino, um certo Judas o Galileu, da cidade de Gamala, sobre a margem ocidental do lago de Tiberíades, decidiu que já bastava de aborrecimentos e impostos e incitou seus compatriotas à revolta. O imposto sempre é pesado (representava de 20% a 25% do rendimento da terra, sem contar os impostos religiosos devidos ao Templo e à casta dos sacerdotes), mas esse é o menor de seus defeitos aos olhos desse Judas, e de seu principal companheiro, um fariseu de nome Sadoc; ele era para ambos uma espécie de sacrilégio. O homem não deveria reconhecer senão um senhor, Deus, nem pagar o imposto a um soberano profano, o imperador romano, o que em resumo seria suplantá-lo a Deus.

"Ali", narra Flávio Josefo, que não gostava nada desse Judas e seus companheiros, "nasceram sedições e assassinatos políticos, com igual parcela de concidadãos (...) e de inimigos." Acrescenta que a fome levava "aos extremos os mais descarados", sem informar se essa fome, numa região tão fértil, era o efeito de destruições criadas por esses conflitos ou de um desastre climático. E se espanta com o "invencível amor pela liberdade" manifestado pelos fiéis de Judas, o Galileu, muito jovens na maioria, que seriam mais tarde confundidos com os "zelotes" (zelosos servidores da Lei) ou "sicários" (em virtude da faca que carregavam na cintura): "Os tipos de morte mais extraordinários, os suplícios de seus parentes e amigos, os deixavam indiferentes", escreveu Josefo, "visto que não chamavam a nenhum homem de mestre. Como muitos testemunharam a firmeza inabalável com que eles suportavam todos esses males, eu não tentarei descrevê-la, porque temo (...) que minhas palavras dêem apenas uma idéia muito tênue do menosprezo com o qual eles aceitavam e agüentavam a dor"[8].

Na verdade, o historiador judeu, que detestava também os zelotes, passa, nesse texto, da revolta de Judas, o Galileu no ano 6 à insurreição judaica de 66. Ora, os dois movimentos não podem ser confundidos. Ao contrário dos zelotes, os revoltosos do ano 6 não manifestavam respeito excessivo pela Lei religiosa e depreendiam de sua fé uma viva aspiração à liberdade política.

A revolta, se assim a podemos chamar, porque ela foi de importância medíocre, se extinguiu rapidamente. Jesus tinha então dez ou doze anos e deve ter guardado alguma lembrança dela (veremos que ele, por exemplo, dizia a seus discípulos para não se fazerem chamar de "mestres"), mas a paz não voltou de modo algum aos espíritos[9]. Alguns grupos de protesto pregavam sempre a liberdade política, e o tecido social, puído, se prestava à sua ação.

Não é um efeito do acaso, de fato, que os profetas, desde Amós (que havia começado como boiadeiro em cerca de 750 a.C.), tenham condenado sem descanso a monopolização de terras e capitais, o consumo exagerado de bens, a injustiça, a dureza de coração dos ricos. Tampouco é por acaso que Jesus, em várias parábolas, tenha evocado as grandes propriedades que os donos, que moravam na cidade, geriam por meio de um intendente. Assim, o autor do Livro de Jó empresta a Jó, antes que uma terrível cascata de infelicidades lhe caia sobre a cabeça, um rebanho de 7 mil carneiros, 200 camelos, 500 casais de bois e 500 jumentos. É verdade que, a cada sete anos, as dívidas são passadas ao povo e o produto da terra deixado aos indigentes, mas, como a maioria das medidas a que uma boa intenção inspira, essa tem efeitos perversos: quando se aproxima o ano fatídico, o rico hesita em emprestar ao pobre.

Em Nazaré, como na maioria das aldeias, os camponeses são pequenos proprietários, mas trabalham ao mesmo tempo como assalariados em companhia de escravos, menos numerosos[10], freqüentemente estrangeiros, algumas vezes judeus, nas grandes propriedades. Também é preciso falar da contratação. A célebre parábola dos trabalhadores da 11ª hora[11] mostra que ela nem sempre acontecia e que certo desemprego existia: o proprietário que procurava trabalhadores para suas vinhas os encontra, "desocupados, no local", à 3ª, 6ª e 9ª hora. À 11ª, enfim, pergunta aos que ainda esperam por que ficam o dia todo sem trabalhar, uma pergunta que é um sinal de grande inconsciência das realidades sociais, já que eles respondem: "Ninguém nos contratou".

Em resumo, o camponês "médio" de Nazaré podia viver apenas quando tivesse pago o imposto aos romanos, a dízima (um décimo das colheitas) aos sacerdotes, os "primeiros frutos" de cada colheita ao Templo, o "primogênito" do rebanho para os sacrifícios e assim por diante.

Esses camponeses, alguns artesãos também, eram chamados de *am-ha-arez* pelos citadinos, pelos doutores da Lei, pelos escribas e pelos sacerdotes que cuidavam do Templo. *Am-ha-arez* significava a princípio "gente do campo" e, na verdade, "caipira", "campônio", jeca... Essa pobre gente era suspeita de seguir como bem entendesse as regras da *Torá*. O rabino Hillel, que foi presidente do Sinédrio, espécie de Suprema Corte de justiça, um sábio cuja autoridade era grande no tempo de Jesus, dizia que "um *am-ha-arez* não saberia ser devoto". Segundo a tradição rabínica, um *am-ha-arez* se preocupava pouco com a educação das crianças, negligenciava as leis de pureza e impureza e podia ser excluído da vida eterna[12]. No Evangelho de João, quando Jesus prega no Templo para a festa dos Tabernáculos, os fariseus amaldiçoam seus ouvintes, "essa corja que ignora a Lei"[13]. O rabino Aqiba, que antes havia sido *am-ha-arez*, dizia que provava então um tal ressentimento dos doutores da Lei que, se tivesse um deles à sua mercê, o morderia como a um animal, até lhe quebrar os ossos! Alguns rabinos tinham tanta raiva dos *am-ha-arez* que aconselhavam que eles fossem divididos em dois, como peixes.

Em suma, Daniel-Rops não estava errado quando escreveu que "reinava um verdadeiro estado de hostilidade entre as classes de Israel"[14]. Mas Renan exagerou um pouco quando descreveu a Galiléia como "uma vasta fornalha onde ferviam os mais diversos elementos".[15]

É nesse mundo tumultuado que cresce Jesus. Aprende o ofício do pai, como é a regra: "Assim como somos obrigados a alimentar nossos filhos", diz o *Talmud*, "somos obrigados a lhes ensinar uma profissão manual". E, mais forte ainda: "Não ensinar uma profissão a um filho é como fazê-lo um bandido". Isso, qualquer que fosse o nível social, incluindo os sacerdotes do Templo. Pois se dizia: "Maior é aquele que se mostra útil pelo trabalho do que aquele que conhece Deus".

Jesus também aprende a ler — mais tarde, justamente em Nazaré, o Evangelho de Lucas o descreve fazendo em uma sinagoga a leitura de uma passagem de Isaías[16] — e a escrever. Quando, no Templo de Jerusalém, lhe levam uma mulher "flagrada em adultério" perguntando-lhe que destino reservar a ela, ele começa a escrever "com seu dedo sobre o solo" e repetirá esse gesto misterioso depois de ter respondido[17].

Também aprende a religião judaica. Aos olhos dos doutores da Lei, seus pais talvez sejam *am-ha-arez*, mas, como sabemos, são muito devotos. José leva Jesus bem cedo à sinagoga.

É como uma farândola alegre. Seu nome é *Simhat Torá*. Os garotos se põem em fila, cantam com animação e percorrem a sinagoga brandindo os manuscritos da Lei.

Os meninos de Nazaré não se fazem de rogados para participar dela quando o rabino toma a iniciativa. Isso porque, normalmente, as manhãs do shabat, quase inteiramente passadas na sinagoga, lhes parecem bem longas. Primeiro, eles quase nada entendem do que é dito lá. Fala-se e reza-se em hebraico, a língua do direito e sobretudo da religião. Os meninos só conhecem o dialeto local; e depois, à medida que ficam mais velhos, o aramaico, uma espécie de língua internacional nessa parte do Oriente, cujo vocabulário se presta pouco à formulação de conceitos abstratos. Enfim, os mais ricos e os filhos de comerciantes aprendem em casa um pouco de grego, a língua dos negócios, das classes superiores e às vezes dos habitantes das cidades. O hebraico é, portanto, reservado à sinagoga. Com o tempo, os filhos das famílias devotas acabavam aprendendo-o: ficam ali três vezes por semana.

Ali não se celebra culto algum — este é reservado ao Templo, o único, o de Jerusalém. A sinagoga serve antes de sala polivalente: para escola, ofícios, orações, a leitura da *Torá* às segundas e quintas. É um espaço estreito e bastante austero, apenas decorado com palmas e estrelas de Davi. Ao fundo, a arca onde estão depositados os rolos das Escrituras. Ao centro, uma cadeira de madeira onde se instala o rabino, que não é um sacerdote profissional, mas um homem devoto formado no conhecimento da Lei. Ele alterna bênçãos, leituras e comentários, dos quais chama a participar um ou outro dos fiéis, homens (as mulheres só são admitidas numa galeria sobrelevada) que carregam como ele o *tallith*, o manto de oração, uma faixa de tecido retangular ao qual as franjas, as *tsitsit*, conferem uma característica sagrada.

Essas *tsitsit*, José sem dúvida explicou-as a Jesus. Prendem-se nos quatro cantos do manto quatro fios brancos que só um judeu fabricou, dão-se sete voltas e depois um nó duplo, vira-se novamente para dar mais dois nós; obtém-se, ao todo, 39 passagens e 5 nós duplos a cada *tsitsit*. E junta-se ao conjunto desses fios brancos — o branco considerado síntese de todas as cores — um fio azul, puro como o azul-violeta. Vejamos os números: não se deram 7 voltas nos fios por acaso, e o total de fios (com idas e vindas) e nós dá 613, o que corresponde aos mandamentos da Lei — 365 proibições e 248 recomendações. Da mesma forma, o homem, dizem, tem 365 tendões e 248 órgãos. Trata-se de respeitar a palavra de Deus: "O Senhor disse a Moisés: 'Fala aos israelitas e dize-lhes que, por todas as gerações, façam franjas nas bordas das vestes e nas franjas da borda atem um cordão violeta. O cordão fará parte da franja para que, vendo, vos lembreis de todos os mandamentos do Senhor e os cumprais, e não corrais atrás dos desejos do vosso coração e dos vossos olhos, que vos levam à infidelidade'"[18].

Isso dá uma idéia do ritualismo carregado de significados ao qual se submetem todos os judeus devotos. E na sinagoga todos os textos sagrados são escutados em pé, todas as bênçãos são cantadas em pé, com a cabeça voltada para Jerusalém. Elas são de grande beleza, essas bênçãos que começam todas pela mesma invocação — "Bendito és Tu, Senhor, Rei do universo" — e são o liame que renova a aliança do homem com Deus. É por isso que existe uma centena delas, as quais, da hora em que se acorda até a hora em que se vai deitar, cada judeu deve pronunciar[19]. Mas, recitadas em sequência, parecem intermináveis aos garotos... e talvez a muitos outros, que o demonstram menos e não têm como eles a chance de poder se distrair dançando a farândola de *Simhat Torá*.

Foi na sinagoga que Jesus aprendeu a dizer *amen* depois de cada bênção, o que significa "verdadeiramente" ou "assim seja", e o *Talmud* (o comentário da Lei) explica que o menino adquire uma parte da salvação futura desde que começa a dizer *amen*. Foi lá, ao longo de 30 anos, que ele se preparou, na intimidade de Deus e no calor da comunidade. Foi lá também que conheceu os fariseus: na sociedade judaica de seu tempo, os saduceus tinham o Templo, os fariseus as sinagogas. Estes foram seus iniciadores e animadores e tiveram assim o mérito de salvar o monoteísmo, a fé num Deus único, quando o povo de Israel estava disperso e perseguido e o Templo destruído.

Mais tarde, Jesus criticaria severamente seu ritualismo. Ele se chocaria também, duramente, com a instituição econômico-religiosa do Templo e seus sacerdotes. Mas jamais atacaria a sinagoga.

Resta, a respeito da infância de Jesus, uma questão: ele a viveu sozinho, filho único, ou teve irmãos e irmãs?

Essa questão, levantada pela interpretação de diversos textos do Evangelho, pelos Atos dos Apóstolos e pelas epístolas de Paulo, provocou e provoca as mais vivas polêmicas.

Vejamos primeiro os textos:

• Evangelho de Marcos: Jesus retorna a Nazaré depois de ter realizado diversos milagres, especialmente o de ressuscitar a filha de Jairo, um rabino, e ensina na sinagoga de sua aldeia. Os ouvintes se espantam com os milagres e sua sabedoria. Pensam: é um filho daquela terra! "Por acaso", dizem, "não é ele o carpinteiro, filho de Maria, irmão de Tiago, de José, de Judas e Simão? E as suas irmãs não vivem aqui entre nós?"[20].

• Evangelho de Mateus: o texto é praticamente semelhante, as circunstâncias também. Jesus ensina na sinagoga de sua aldeia e os ouvintes se perguntam: "Não é ele o filho do carpinteiro? Não se chama sua mãe Maria e seus irmãos Tiago e José, Simão e Judas? Suas irmãs não estão todas entre nós?"[21].

• Evangelho de Marcos, de novo: Jesus, tendo constituído o grupo de seus discípulos, prega. Eles lhe apontam: "Tua mãe e teus irmãos estão lá fora e te procuram"[22].

• Evangelho de João: às vésperas da festa dos Tabernáculos, seus "irmãos" dizem a Jesus para ir se mostrar na Judéia. É uma espécie de desafio, de armadilha. "Já que fazes tais coisas", dizem, "mostra-te ao mundo." E João acrescenta: "Pois nem mesmo seus irmãos acreditavam nele"[23].

• Atos dos Apóstolos: Lucas narra como, depois da ressurreição e partida de Jesus, os apóstolos reunidos rezam à espera do Espírito Santo. E acrescenta: "Todos permaneciam unânimes na oração com algumas mulheres, Maria, a mãe de Jesus, e seus irmãos"[24].

• Epístola de São Paulo aos Gálatas. Depois de ter conduzido, diz, uma "perseguição ferrenha" contra a Igreja de Deus, e ter sido tocado pela graça no caminho para Damasco, Paulo vai à Arábia e depois a Damasco de novo. "Três anos depois", continua, "subi a Jerusalém para conhecer Cefas (Pedro) e fiquei com ele quinze dias. Dos outros apóstolos não vi mais nenhum, mas somente Tiago, irmão do Senhor"[25].

Paremos aqui as citações. É preciso sublinhar que, à parte Mateus e Marcos, esses textos não se referem às mesmas circunstâncias, e a carta de Paulo é anterior aos Evangelhos. Em outro texto[26], o mesmo Paulo faz alusão ao apostolado ao qual se entregariam os irmãos de Jesus, que tinham começado, como vimos, considerando-o um iluminado, até mesmo um perigo para sua tranqüilidade.

Outras fontes, enfim, evocam a existência desses irmãos: segundo Flávio Josefo, Tiago, irmão de Jesus, foi condenado à morte pelo sumo sacerdote no ano 6227; Eusébio de Cesaréia, um prelado grego, autor de uma "História da Igreja", escrita no fim do século 3, bem depois dos fatos, relata que os netos de Judas, irmão de Jesus, foram considerados suspeitos pelo imperador romano Domiciano, que via neles pretendentes a reis dos judeus e que os soltou depois de interrogatório, pois eram apenas pobres camponeses — que, entretanto, se tornariam chefes de comunidades cristãs, provavelmente na Galiléia.

A Igreja católica, como se sabe, se recusa a admitir que Jesus teve irmãos ou irmãs. Baseia seu argumento, sobretudo, numa passagem do Evangelho de João. Este menciona uma irmã de Maria, cujo primeiro nome também era Maria, que a acompanhou no dia da crucifixão: "Junto à cruz de Jesus estavam de pé sua mãe, a irmã de sua mãe, Maria de Cléofas, e Maria Madalena"[28]. Esta outra Maria, mulher de Cléofas, seria a mãe de Tiago e José. Os Evangelhos de Marcos e Mateus evocam em quatro passagens, de resto, uma Maria que seria mãe desses dois juntos, ou de um ou do outro separadamente. O que o Evangelho designa como "irmãos" de Jesus seriam então seus primos.

A objeção evidentemente merece respeito e atenção. Mas temos de notar que no episódio da sinagoga, contado por Marcos e Mateus, os quatro irmãos (e não apenas Tiago e José, que são nomes muito comuns na época) acompanham Maria, mãe de Jesus (e não mulher de Cléofas). A menção desses irmãos e irmãs vem logo depois da de Maria, mãe de Jesus, e dá a entender a todo leitor de boa fé que se trata de filhos dela.

Os textos gregos dos Evangelhos, de resto, usam para designá-los a palavra *adelphoi*, que significa claramente irmãos e não primos (que se diz *anepsioi*). Jamais, no Novo Testamento, a palavra *adelphoi* é usada, em outras circunstâncias, no lugar de "primos". Por que seria somente no caso da família de Jesus?

Os defensores da tradição católica valorizam outro argumento. Na realidade, dizem eles, o termo grego trai um pouco o hebraico. Existe uma palavra hebraica, *ah*, que significa pertencer a um mesmo parentesco, como primos. E foi essa palavra que o texto grego traduziu mal. Podemos então falar legitimamente em "primos"[29].

Ao mesmo tempo, quando Paulo escreve aos colossenses, uma comunidade cristã situada a nordeste de Éfeso, na atual Turquia, emprega a palavra grega exata *anepsios* e não *adelphos* para falar de "Marcos, primo de Barnabé", que foi por um tempo seu companheiro de apostolado; não confunde, portanto, "irmão" e "primo"[30].

É notável, além disso, que todos os comentários católicos autorizados admitam, sem discuti-las em nenhum instante, todas as outras ligações fraternais do Evangelho; jamais sugerem que possam se tratar de "primos" e aceitam sem titubear que *adelphoi* seja traduzida por "irmãos". Apenas a existência de irmãos e irmãs de Jesus é posta em dúvida. Por um motivo sério: se ele foi primogênito de sete ou oito irmãos, isso evidentemente significa que sua mãe, virgem no seu nascimento, deixou de sê-lo depois.

Ora, duas frases dos Evangelhos da infância, duas frases que já citamos, levantam a questão. Uma de Lucas, que diz de Maria: "Ela deu luz a seu filho primogênito"[31], o que dá a entender que ela teve outros depois. A outra de Mateus, que explica que, "depois de ter sido avisada pelo anjo do que aconteceria a Maria, José a levou para casa, e não a conheceu até que deu à luz um filho"[32]. O que dá a entender — o verbo "conhecer" sendo empregado pela Bíblia no sentido de ter relação sexual — que ele a conheceu depois.

France Quéré, doutora em teologia, sublinha a esse respeito que "os judeus, na Antigüidade, acreditavam que relações sexuais no período de gravidez animavam o feto e o fortificavam. José não cumpre essa recomendação sanitária. É por isso que Mateus sublinha sua abstenção: o filho é de Deus, não precisa de fortificantes masculinos"[33].

Em seu livro, publicado numa coleção católica (embora o prefaciador, Joseph Doré, professor no Instituto Católico de Paris, tenha demonstrado reservas numa nota)[34], France Quéré se revolta: não é porque Maria era virgem no nascimento de Jesus que deva permanecer assim para sempre, "como se nela se confundissem virgindade e feminilidade, virgindade e maternidade! Não se sabe por qual motivo, mas essa insólita propriedade, de vez em quando, é usada contra as próprias mulheres, para que demonstrem que são mulheres por natureza, logo, por culpa"! Ela se espanta com "o estranho ideal de um casamento sob a égide da virgindade" que é assim proposto, e sublinha que "a tradição dogmática de Éfeso" (trata-se do concílio realizado em Éfeso em 431) vê em Maria a mãe de Deus e não, em primeiro lugar, a Virgem das virgens: "É essa honra, a de ser mãe de Deus, que a faz abençoada entre todas as mulheres, e não a de ser, diante da perplexidade do homem, a Virgem acima de todas".

Em apoio à tese segundo a qual Jesus teve irmãos e irmãs, é preciso observar que os judeus consideravam positiva a atividade sexual "normal e lícita", como escreve André Chouraqui. "A vida sexual", acrescenta ele, "de resto, não se dissocia da vida amorosa do casal e não existe nenhuma palavra em hebraico que faça a distinção. Também não há nenhum complexo a respeito da vida sexual"[35]. Os judeus adoram as grandes famílias, as fileiras de crianças. O casal estéril não é amado por Deus. A fecundidade é sempre exaltada. Raquel diz a Jacó no Gênesis: "Dá-me filhos senão eu morro!"[36]. Mais calorosamente, os Salmos: "Tua esposa será videira fecunda no interior de tua casa; teus filhos, rebentos de oliveira ao redor de tua mesa. Eis como é abençoado o homem que teme o Senhor"[37]. O próprio Paulo, apóstolo da virgindade — que ao mesmo tempo reconhece que dava um conselho pessoal, pois não tinha um "preceito do Senhor"[38] —, dizia aos casais: "Não vos recuseis um ao outro, a não ser de comum acordo por algum tempo, para vos dardes à oração, e de novo voltai a coabitar, a fim de que Satanás não vos tente de incontinência"[39].

A exaltação da virgindade por Paulo parece, porém, indicar que nesse mundo em movimento, nesse povo de Israel que procurava novos caminhos, tal ideal começava a se propagar. Filo de Alexandria, filósofo judeu dessa época, evoca as mulheres idosas que haviam conservado sua virgindade pelo amor à sabedoria. Os essênios, seita à qual voltaremos, exerceram certa influência nesse assunto, e os manuscritos de Qumran mostram que alguns judeus queriam continuar castos no casamento.

Tratava-se, no entanto, de atitude de uma minoria.

Podemos discernir, por outro lado, alguns motivos que levaram a tradição católica a considerar que Maria ficou virgem para sempre, que não teve outros filhos.

Alguns são de ordem prática: era preciso sem dúvida evitar que a família de Jesus, depois de sua morte, pretendesse dirigir a Igreja nascente, sustentada em alguma espécie de pretensão dinástica (algumas passagens dos Atos dos Apóstolos fazem suspeitar que essa tentação existiu). Mas o essencial não é isso.

Muitas religiões entendem que é melhor retirar de seus fundadores, ou de suas heroínas, a condição comum à humanidade. O cristianismo, ao contrário, é uma religião da Encarnação, que afirma com veemência que desde a origem Jesus é "Deus de verdade e homem de verdade", mas se recusou por muito tempo a enfrentar todas as conseqüências da segunda parte dessa proposição, como se ela significasse uma redução.

Os gnósticos dos séculos 2 e 3 diziam ter recebido uma revelação pessoal segundo a qual um Deus transcendente e bom se opunha a um espírito mau que havia criado o mundo e a carne. Foram excomungados como heréticos, mas a idéia de que a carne é má se havia insinuado nos espíritos e avançava. Os ascetas, numerosos naqueles séculos, não professavam a mesma tese mas defendiam a abnegação, a renúncia que, segundo pregavam, iria treiná-los com verdadeiras lutas de mortificação, levando-os a menosprezar o corpo, considerado um freio à elevação da alma. Enquanto todo o mundo pagão em volta das comunidades cristãs dos primeiros séculos propunha e praticava o contrário, os grandes doutores da Igreja nascente se deixaram, como escreve France Quéré, "fascinar pela virgindade. Esta permitia a um Ambrósio ou Jerônimo afirmar que liberava a mulher das vicissitudes de uma sexualidade retalhada".

Seriam necessárias diversas páginas para mostrar como, ao longo dos séculos até o nosso, foram elaborados um culto e uma teologia da virgindade perpétua de Maria e sua exaltação. São sem dúvida respeitáveis. Mas não se pode baseá-los nos textos que a Igreja católica considera fundadores — o Novo Testamento.

A Igreja ortodoxa, por sua vez, baseando-se nos Evangelhos ditos "apócrifos", ou seja, considerados duvidosos pelos católicos[40], estima que Jesus estava cercado de meios-irmãos e meias-irmãs que seriam filhos de um primeiro casamento de José. Fora desses apócrifos, no entanto, nada confirma a tese.

Portanto, é impossível resolver totalmente a questão. Diversas passagens dos Evangelhos, é verdade, transmitem a sensação de que Jesus está sozinho com seus pais ou apenas Maria: sua visita ao Templo, aos 12 anos, o casamento em Caná, a crucifixão, na qual, antes de morrer, confia sua mãe a João. Mas outras passagens falam claramente em irmãos e irmãs.

Parece provável — mesmo que a possibilidade possa chocar — que Jesus tenha tido irmãos e irmãs, que, homem de verdade, tenha pertencido a uma família de verdade, numerosa como elas eram então[41], e que tenha sido filho de uma mulher — ainda que toda uma literatura faça de Maria não só uma Virgem perpétua, mas também uma criatura etérea.

Não há aí, na verdade, nada que fira a grandeza de Maria ou possa incomodar profundamente quem está seguro de sua crença. A Igreja católica, no entanto, exaltou tanto o culto de Maria que qualquer tentativa contra sua imagem tradicional pode perturbar alguns espíritos, lançar a dúvida não só sobre esse fato mas também, a partir dele, sobre o essencial. Ora, o essencial não está aí.

Chegaremos ao essencial. Ele é a ação e a mensagem de Jesus.

Pintura medieval européia mostrando a cabeça de São João Batista

Banquete de Heródoto. Parte de afresco na igreja do Convento de São João, século IX

5.

Batismo: o anúncio feito a Jesus

Pintura de Piero della Francesca. *O batismo de Cristo*, óleo sobre madeira.

O RIO CORRE ATRAVÉS das colinas avermelhadas e das planícies esverdeadas como se nunca parasse de procurar seu destino.

Se tivesse o direito, o Jordão uniria o mar da Galiléia (o lago de Genesaré) ao mar Morto com uma simples centena de quilômetros. Mas ele percorre duas vezes mais, e às vezes muda de idéia ao término das enchentes da primavera, para traçar outro caminho entre os tamarindos, os feixes de roseiras, os amontoados de silvas e os cerrados de oleandros, entremeados de vinhas. Desce em galope os 220 metros que separam os níveis dos dois mares. É um turbilhão violento que carrega lodo, galhos e restos de toda espécie. Carrega também, às vezes, os imprudentes e audaciosos que, julgando-o pouco profundo, acreditam poder atravessá-lo sem risco.

Existem mesmo assim alguns vaus, quatro ou cinco, onde a água amansa, se concede um descanso. As caravanas fincam costumes por ali, como as caravanas-prostíbulos, em que pequenos quartos são ninhos de percevejos chamados de "feras de verão" e foram construídos para tirar lucro da passagem das outras. O viajante é sempre assegurado de que encontrará ali quem lhe dar prazer e conversa.

É ali também que prega João, ou Yonahon, ou Yokanaon, um nome bastante comum que significa "Javé o abençoou" ou "Javé lhe foi favorável". Nada sabemos sobre o que ele fez, do que foi sua vida desde que Isabel o pôs no mundo e que o velho sacerdote Zacarias, seu pai, recobrou sua fala. A não ser o seguinte: João recusou o sacerdócio, não quis suceder a Zacarias. O sacerdócio, de fato, se transmite por herança. Mas sua reputação se degrada dia a dia.

A comunidade de sacerdotes, o clero, se preferirem, se divide em 24 classes, cujos membros, dispersos na Judéia e Galiléia, são chamados periodicamente a Jerusalém para celebrar os sacrifícios no Templo. Sob eles existe um baixo clero, os levitas, que reencontraremos e que são um pouco homens para toda serventia: cantores (a função mais prestigiosa, a seu ver), sacristãos, policiais do Templo etc.

O sacerdote Zacarias pertence à classe de Abias, a oitava das 24, uma posição honrada, nada mais. Provavelmente não é muito rico: todos os sacerdotes recebem, em princípio, um dízimo sobre os produtos do solo de sua aldeia, mas os camponeses não o pagam com boa vontade. Além disso, acontece com frequência que os sacerdotes permanentes do Templo de Jerusalém, a aristocracia sacerdotal, recebam, pelas costas de seus confrades inferiores, os dízimos só para si. O que, claro, não colabora com as relações entre eles.

Essa aristocracia sacerdotal, o alto clero, se preferirem, sofre de uma reputação detestável. Vive em Jerusalém e se deixa levar pela influência grega, usa ridiculamente vestidos e nomes gregos, colabora de bom grado com o invasor romano, mas se vale, claro, da autoridade do Senhor para justificar seus privilégios. Os sacerdotes inferiores, como Zacarias, não são os últimos a reprovar esses comportamentos devassos, a indolência e corrupção.

As próprias crenças os separam. Os homens de Jerusalém, também chamados de "saduceus", sem dúvida em referência ao sacerdote Sadoc que viveu na época de Davi, zombam da fé popular na vida eterna: a seu ver, só o que conta é a existência terrena. Se, ensinam, os filhos de Abraão conduzirem suas atividades com sabedoria e honra, encontrarão sua recompensa aqui embaixo, na prosperidade e no respeito geral. O sucesso material se torna assim o símbolo de uma vida em respeito à Lei. Isso, claro, desagrada aos judeus mais devotos, a começar pelos que chamamos de fariseus, dirigentes religiosos e laicos, um pouco intelectualizados, que preconizam a reforma religiosa e um respeito maior à Lei, que acreditam na imortalidade da alma e na ressurreição do corpo. Para um fariseu convicto, a palavra "saduceu" é sinônimo de "materialista" e "epicurista".

João não é fariseu. Mas nada entre os saduceus pode seduzir esse jovem de quem o anjo Gabriel havia dito, segundo Lucas: "Não beberá nem vinho nem cerveja e desde o ventre de sua mãe estará cheio do Espírito Santo. E converterá muitos dos israelitas para o Senhor, seu Deus"[1]. Tornar-se sacerdote como seu pai não o colocaria entre os saduceus. Mas seria pertencer, para o bem ou para o mal, ao Templo onde eles são os mestres. Renunciando a suceder a Zacarias, João rompeu com o Templo, a mais alta autoridade religiosa do país, e também sua principal força econômica.

E eis que ele surge nos rios do Jordão, em águas lodosas e tumultuadas. Um pouco miserável como um ermita, a pele bronzeada pelo sol que queima dez dos doze meses, vestido de pele de camelo e com "um cinto de couro em volta dos rins"[2]. O Evangelho de Mateus não o descreve assim por acaso. É exatamente esse o aspecto do profeta Elias: "Vestia uma capa peluda e tinha um cinto de couro na cintura"[3]. Os tecidos de pele de camelo tinham a vantagem de ser impermeáveis e duradouros (os melhores eram fabricados na Anatólia e em Selêucia, de onde a palavra "silício"). O cinto representava a liberdade humana, a escolha do destino de cada um: "O viajante usava um para se dar o poder de ir aonde quisesse (...). Entre os nômades das estepes, desatar o cinto e ao mesmo tempo retirar o gorro é reconhecer sua condição de vassalo, sua dependência"[4].

João, este asceta, se alimentava de mel, recolhido nos troncos das árvores onde as abelhas constroem sua colméia, e de gafanhotos enormes, crus ou cozidos sobre os quatro gravetos com que ele à noite fazia uma fogueira. Aqui também, nada de espantoso: essa alimentação devia contentar numerosos beduínos pobres de vez em quando.

A época é favorável aos que anunciam a chegada de novos tempos. A bacia mediterrânea, que havia sido por um século o teatro de muitos problemas e violências, conhece então uma certa unidade e relativa paz. O imperador romano assegura aos povos "pão e circo". Eles esperam, de modo confuso, abrir uma nova etapa, aguardam a aurora de uma era dourada.

Israel partilha essa esperança, mas pouco e à sua maneira. É um povo que se sente imbuído de uma missão por Deus, que carrega a terrível honra e o pesado fardo de ser, nesse mundo inferior, o único aliado do Senhor. Espera a implantação na terra do Reino de Deus, primeiro entre si e depois, um a um, entre todos os povos. O César de Roma, considerado divino por muitos de seus súditos[5], inclusive os orientais, só pode, para os judeus, ser um rival, um usurpador que ocupa indevidamente o papel do "filho de Davi", o qual, ao chegar, estabelecerá um império judeu tão poderoso e extenso quanto o império romano. E de tanto esperar esse Messias, através de quem se realizará esse grande desígnio de Deus, acaba-se por pensar que isso ocorrerá amanhã, bem cedo.

Pois não há mais o que fazer. Repetem-se, para ser aplicadas, as palavras atribuídas a Isaías oito séculos antes:

> "Não há quem instaure um processo justo,
> nem quem defenda uma causa verdadeira,
> confiam em futilidades e proferem falsidades;
> concebem desgraças e dão à luz maldades. (...)
> Aguardamos ansiosamente a luz e eis as trevas,
> ansiamos pelo romper do dia e andamos na escuridão.
> Como cegos apalpamos a parede,
> como se não tivéssemos olhos, andamos tateando;
> tropeçamos em pleno meio-dia como no crepúsculo,
> como mortos no cemitério.
> Todos nós rugimos como ursos
> *e arrulhamos como pombas."*[6]

Quando João começa a pregar, no entanto, se multiplicam os escritos e os discursos reconfortantes: estes anunciam ao povo judeu que o dia em que Deus virá em seu socorro, enfim, está próximo. Esses relatos são chamados de "apocalipses", palavra que não tem o sentido negativo que o uso lhe dá hoje em dia. Profetas vão de cidade em cidade, de aldeia em aldeia, para divulgá-los, anunciar que desta vez, sim. Malucos e charlatães fazem o mesmo; proclamam ser o Salvador prometido por Deus que estabelecerá uma nova sociedade e porá fim a todas as injustiças.

O povo mais os escuta à medida que, como vimos no capítulo anterior, as injustiças são mais e mais gritantes, o fosso entre os grupos sociais (também vimos agora mesmo) mais e mais profundo. Esse povo escolhido entre todos por Deus teme mesmo é mostrar-se infiel: o próprio alto clero, os homens do Templo, não dão o mau exemplo? O rei Herodes não se fez construir ginásios, teatros e estádios gregos? Não se encenam no teatro de Jerusalém comédias gregas julgadas obscenas e tragédias que celebram as proezas de heróis e deuses pagãos? Quanto mais esse povo teme por sua individualidade, mais está disposto a escutar os que predizem que logo tudo vai mudar, que o dia D é amanhã.

Mas o profeta que se chama João, filho de Zacarias, e que prega às margens do Jordão, não anuncia futuros animados e radiantes. Ao contrário, lança invectivas contra seus ouvintes, trata-os por "raça de víboras", termo que Jesus retomará uma vez ou outra, faz com que temam "a cólera vindoura"[7]. E, em vez de voltar o medo e o ressentimento deles contra o estrangeiro, o pagão, o ocupante, explica-lhes que o fato de serem judeus não lhes confere nenhum privilégio: "Não vos façais ilusões, dizendo dentro de vós mesmos: 'Temos Abraão por pai'. Pois eu vos digo que Deus pode fazer nascer destas pedras filhos de Abraão"[8]. Eles são como os outros, serão julgados pelas mesmas leis, pelo mesmo rigor, e em breve. "O machado já está posto à raiz das árvores: toda árvore que não der bons frutos será cortada e lançada ao fogo"[9].

João é o oposto de um demagogo. Mostra-se mais rude do que Jesus se mostrará. Vê nos seus ouvintes pecadores que só se sensibilizam sob a ameaça do julgamento divino; Jesus, embora às vezes severo, falará mais em perdão e na graça de Deus.

É verdade que João vive como asceta, fora do mundo: para encontrá-lo, é preciso sair das cidades e aldeias, abandonar uma sociedade maléfica e ganhar as portas do deserto. Jesus, por sua vez, irá de aldeia em aldeia, participará das festas em que ele e seus companheiros não jejuarão (ele será tratado por "glutão"). Têm suas razões: "Por acaso podem jejuar os amigos do noivo enquanto o noivo estiver com eles?"[10]. Os tempos de alegria irão suceder à angústia da espera.

Mas, quando João começou a fazer esses discursos inflamados e quase aterradores, Jesus ainda não se manifestara.

Ora, essas palavras que asseguram tão pouco não deixam de seduzir as massas. Pelo contrário. A tal ponto que o historiador Flávio Josefo lembrará de João e o descreverá como "um homem de bem, exortando os judeus a cultivar a virtude e a usar a justiça nas relações entre eles e a devoção por Deus a fim de receber o batismo"[11].

Todo mundo corre ao redor de João e o interroga. As pessoas do povo: "Que havemos de fazer?" Resposta: "Quem tiver duas túnicas, dê uma a quem não tem nenhuma, e o mesmo faça quem não tiver alimentos". Os cobradores de impostos: "E nós?" Resposta: "Não exigir mais do que a taxa marcada" (ou por outra: não acrescentem nada aos impostos que vá para seus bolsos). E aos soldados, que podemos supor que fossem legionários: "Não pratiqueis torturas nem chantagens contra ninguém, contentai-vos com vosso soldo" — o que diz muito sobre as práticas desses soldados[12].

Esse profeta inquieto e exigente faz tanto sucesso que repercute em Jerusalém. Os notáveis decidem enviar até ele uma comissão interrogadora, composta de sacerdotes e levitas, aos quais ele começa dizendo o que não é: não é o Messias, nem Cristo, nem o profeta Elias ressuscitado. Eles se irritam: "Quem és? Para podermos dar resposta aos nossos enviados". Esses interrogadores são empregados, não patrões: voltar de mãos vazias não lhes seria útil. Resposta: "Eu sou a voz do deserto: endireitai o caminho do Senhor, segundo disse o profeta Isaías"[13].

João, o evangelista, que é o único a narrar essa presença diante da comissão interrogadora, não fala mais sobre isso. Mas pode-se imaginar as perguntas e dúvidas de seus membros: estarão diante de outro desses iluminados que tanto têm aparecido neste país nestes tempos? O que ele quer dizer ao anunciar que prepara o caminho do Senhor? Concluiriam fácil que se trata apenas de mais um biruta, a não ser por uma coisa: ele batiza. E o batismo que ele realiza é outro rompimento com o Templo, um segundo desafio que lhe é lançado.

O símbolo da água existe em quase todas as religiões. Tem uma clareza particular entre os povos que vivem no deserto ou o atravessaram. Este era o caso dos judeus. Uma das bênçãos que o judeu devoto devia recitar ao longo do dia era um agradecimento a "Deus, Rei do universo (...) que nos ordenou que lavássemos as mãos". Quando os textos da Bíblia descrevem um lugar paradisíaco ou ao menos fértil, destacam ali as fontes de água natural. E a religião judaica tinha multiplicado os ritos de purificação pela água. Os sacerdotes deviam se lavar antes de entrar no Templo, antes e depois das cerimônias, com água natural (dizia-se em hebraico *mayim hayim*, o que significa "águas vivas"), isto é, a água da chuva, ou a água canalizada mas não retirada com um recipiente, pois este, achava-se, não a purificava[14].

Na época de João e Jesus, enquanto Israel se dobrava para preservar uma identidade ameaçada por influências estrangeiras, a vontade de purificar-se pela água havia se tornado quase obsessiva, sobretudo entre os fariseus, os mais ansiosos por defender a integridade de sua religião. A maioria dos rabinos das sinagogas, que sofria a influência deles, acabou por exigir a todos os fiéis que seguissem escrupulosamente os ritos de pureza impostos aos sacerdotes. Se um objeto ou roupa tivesse sido tocado por um pagão ou estrangeiro, era necessário mergulhá-lo na água.

Pela água o judeu se separava do não-judeu, do impuro. Mas não obtinha a salvação prometida por Deus — de resto, devia sempre repetir os ritos de purificação.

A revolução que provoca o profeta João, portanto, é a seguinte: o batismo por imersão salva, de uma vez por todas, depois da confissão dos pecados. É único e definitivo. É ele, João, quem o administra em público (ao passo que os ritos de purificação habituais eram privados e os judeus administravam a si próprios os banhos e abluções).

É um formidável desafio ao Templo, já que permitia obter o perdão dos pecados fora dele, de seus ritos e homens. Quem queria assinalar sua fé e sua ligação profunda com Deus não precisava mais suportar os altos custos e os sofrimentos de uma viagem a Jerusalém para levar oferendas ao Templo e pagar impostos aos sacerdotes: bastava demonstrar arrependimento verdadeiro e vontade firme de se corrigir (o que é considerável, diga-se) e mergulhar nas águas benditas do Jordão. Os homens do Templo certamente não viam com bons olhos o sucesso de João.

Uma revolução como essa, mostra a história, não surge do nada e num só lugar, como por encanto. Existiam em Israel outros movimentos que podemos qualificar de batistas. Por exemplo, um estranho grupo chamado "Mergulhadores da manhã", que tomava um banho a cada manhã, unindo assim higiene e espiritualismo, polemizava com os fariseus: "Nós vos deploramos", diziam os Mergulhadores, "vós que invocais o Nome (divino) pela manhã sem ter tomado banho". Ao que os outros respondiam: "Nós vos deploramos, batistas da manhã, vós que pronunciais o Nome com os lábios impuros"[15]. Como se vê, esse batismo não é comparável ao de João pois tinha de ser refeito a cada dia.

Os essênios, enfim, praticavam diversos banhos rituais. Por um tempo pensou-se mesmo que João, que tinha algumas idéias próximas das deles, que pregava e batizava não longe do mosteiro deles em Qumran, pertencesse a esse grupo tão peculiar, que tivesse recebido deles sua formação religiosa.

É este o momento certo para evocar em detalhe os costumes e as crenças desses essênios, conhecidos de longa data, mas que a descoberta por um jovem beduíno dos manuscritos do mar Morto, em 1947, numa caverna no deserto da Judéia, tornou célebres. A maioria deles vivia em comunidades no deserto, como monges, respeitando com escrupuloso rigor as exigências de pureza religiosa e moral dos escritos bíblicos. Esses homens santos formavam, segundo escreveu o romano Plínio, "uma raça solitária, e a mais singular que há no mundo". No entanto, e ao contrário do que se acredita em geral, não tinham todos abandonado a sociedade de vez. "Eles não ocupam uma única cidade, mas se encontram em grande número em cada cidade"[16], aponta Flávio Josefo, segundo o qual alguns eram até mesmo casados... não tendo encontrado outro meio para perpetuar a raça humana.

Os amantes do pitoresco observam que um bom essênio não devia cuspir em público, mas se isolar para fazê-lo e então cuspir para a esquerda, onde estão o mal e o impuro; e devia fazer suas necessidades à parte, depois de ter cavado um buraco, sempre com o mesmo instrumento, uma pequena enxada, e se cobrindo com as roupas para não ofender o sol, e em seguida fechar o buraco com terra — mas não podia se aliviar no dia do shabat, senão o profanaria! Devia se levantar a cada manhã antes da aurora e se calar enquanto não rezasse ao Senhor para fazer o sol nascer. E assim por diante.

A lembrança dessas regras — entre tantas outras, pois toda sua vida era codificada — mostra sobretudo que a disciplina desse grupo era quase militar; a maioria vivia em tendas ou, mais raro, em grutas; eles imergiam completamente na água a cada dia, antes da refeição feita em comum (ao menos para aqueles que haviam cumprido dois anos de noviciado), uma refeição bastante alegre, ao que parece. Todo membro novo devia também se banhar na água corrente e abandonar seus bens. Depois de três anos de formação, prestava juramento sobre sua vida. Em caso de falta grave, estava excluído da comunidade. Era uma punição terrível porque ele havia feito o voto, entre outros, de não comer nenhum alimento cultivado por não-essênios. Ora, um ataque de cólera o excluía da comunidade por um ano, e uma palavra "insensata" por três meses... durante os quais era preciso se contentar com ervas e raízes.

Mas eis o essencial: os essênios — cerca de 4 mil homens e mulheres naquela época — não estavam longe de se considerar os únicos eleitos do povo eleito. Enviavam oferendas ao templo, mas se opunham aos sacrifícios de animais que lá se praticavam, julgavam os sacerdotes infiéis e achavam que os outros judeus eram como crianças das trevas (se bem que estiveram por um tempo, e estranhamente, muito próximos de Herodes). Esperavam para breve uma espécie de grande noite, em que Deus faria valer sua soberania sobre o mundo, esmagando de uma vez os pagãos e os judeus heréticos. Então restabeleceriam o verdadeiro culto do Senhor no Templo. Os eleitos viveriam na paz e na alegria enquanto os outros humanos seriam lançados no fogo do inferno.

Que João tenha conhecido os essênios e feito contato com eles parece provável. Que foi educado por eles é muito contestável. Alguns pensam nisso fundamentando-se numa alusão à sua infância contida no Evangelho de Lucas, segundo a qual "o menino crescia e se fortalecia em espírito e morava no deserto, até o dia de se apresentar em público a Israel"[17]. Ora, Flávio Josefo observa que os essênios freqüentemente adotavam crianças para doutriná-las.[18] Mas pode-se pensar que foi somente nos anos que precederam sua "aparição pública em Israel", ou seja, depois que passou dos 20 anos, que João viveu no deserto, onde os essênios não eram os únicos a habitar as grutas. Devemos, de resto, nos perguntar se Zacarias, que pertencia à casta sacerdotal, teria de bom grado confiado seu menino a pessoas que julgavam todos os sacerdotes corruptos, bons para jogar às urtigas.

O batismo de João, afinal, tinha pouco a ver, salvo pela imersão, com o dos essênios: as abluções destes tinham como fim único a purificação, eram repetidas diariamente, e era apenas depois de dois anos de noviciado que os membros do grupo podiam participar delas. "João batizava aqueles que queriam mudar seu modo de vida. A comunidade de Qumran só aceitava aqueles que pudessem provar que já haviam mudado sua maneira de viver", resume o exegeta inglês John Drane[19].

O que João Batista faz, ninguém havia feito antes. Abre um novo caminho. Mas esse revolucionário não trabalha em causa própria. Anuncia Jesus. Ele o conhecia por um bom motivo, segundo Lucas: eram primos.

"Não sou nada", diz ele, mais ou menos, aos grupos que o rodeavam, "um outro virá", continuava, "e não sou digno de desatar a correia de suas sandálias". Um fato notável, porque raro: quase com as mesmas palavras, os quatro Evangelhos repetem essa expressão. Justino também, o filósofo nascido por volta do ano 100 e martirizado em Roma em 164 ou 165, que deixou alguns textos sobre Jesus. Como se essa alusão às sandálias tivesse impressionado a todos.

As sandálias eram então de uso muito comum, exceto entre os ricos, que preferiam botinas em pele de hiena ou chacal ou sapatos vermelhos com o bico levantado, e entre os romanos, que as julgavam efeminadas. Mas quem tira as sandálias? Quando o chefe de família chega em casa, cansado, um de seus empregados ou escravos é que as tira, curvando-se a seus pés.

A mensagem de João, portanto, é dupla: aquele que virá não se comporta como um poderoso; entretanto, é bem mais importante que eu, a quem vocês acorrem, eu que não sou digno nem de ser seu empregado ou escravo. Imagina-se a perplexidade dos ouvintes, pouco acostumados a ouvir palavras tão paradoxais.

No entanto, o próprio João Batista ainda não pode avaliar, mesmo que fale dessa forma, o destino completamente excepcional de Jesus. De fato, ao vê-lo se aproximar, teria dito, segundo João, o evangelista: "Eu não o conhecia". Dizendo de outro modo: eu não o conhecia verdadeiramente, não sabia de maneira alguma o que ele era.

João Batista não suspeita o alcance da mensagem que Jesus pregará. Para ele, a vinda do Messias se traduzirá em julgamentos e condenações severas. Ele afirma isso utilizando imagens do campo: Jesus "com a peneira na mão limpará sua eira e recolherá o trigo ao celeiro, queimando as palhas num fogo que não se apaga"[20]. Expliquemos, urbanos que somos: as palhas envolvem os grãos de cereal. O Salvador prometido por Deus é, portanto, aos olhos de João, alguém que queimará a palha que for separada do bom grão; a sociedade que ele anunciará será fundada na danação e no julgamento. Mas Jesus pregará um mundo fundado no amor e no perdão. E isso seus contemporâneos, e mesmo os homens de hoje, terão dificuldade em compreender. Não é portanto surpreendente que o Batista não tenha aberto de vez a nova etapa.

Só o fará quando Jesus chegar até ele e disser: "Eis o cordeiro de Deus que tira o pecado do mundo"[21]. Jesus não atingirá o mundo com condenações.

A expressão "cordeiro de Deus" suscitou muitos comentários e múltiplas interpretações. A mais corrente identifica Jesus com o cordeiro do sacrifício — e milhares de páginas foram escritas e milhares de sermões dados para explicar às massas que Deus enviou Jesus à terra para suportar os piores sofrimentos e a morte a fim de "apagar a mácula original e de seu pai apaziguar a ira", como diz um velho cântico, "Meia-noite Cristã", que desperta simpatias nostálgicas, mas difundiu amplamente esse absurdo. Pode-se de fato imaginar um Deus do amor — o Pai do filho pródigo, como na célebre parábola — que só consente em perdoar aos homens as tolices do primeiro casal enviando Seu Filho para se oferecer a Ele em sacrifício? É uma visão horrível de Deus, em apresentação bárbara, banhada em sangue e carregada de uma obsessão de vingança tal que Ele sacrificará a ela Seu próprio Filho. Nada tem a ver com a mensagem de Jesus, o qual jamais evocou o pecado original, e sim o mal do mundo, o que é totalmente diferente.

Como, então, interpretar esse "cordeiro de Deus"? De maneira muito simples. Israel sacrificava sem parar os animais, na maioria das vezes cordeiros, para manter o contato com o Senhor, restabelecer sempre sua ligação com Ele. A chegada de Jesus torna inúteis esses ritos: ele próprio estabelece o contato com Deus, com quem cria uma linha direta. É o cordeiro enviado por Deus com esse fim. Essa tese é notadamente defendida pelo exegeta jesuíta Xavier Léon-Dufour[22]. Podemos avançar essa interpretação: assim como o cordeiro pascal serviu à libertação dos judeus cativos no Egito, Jesus é o libertador do povo. Uma tradição judaica, de resto, comparava a história de Israel ao combate do cordeiro contra os lobos para proteger as ovelhas que lhe foram confiadas pelo Senhor.

Então Jesus decide seguir as pessoas que vão atrás de João Batista. Esse jovem do campo, de quem ninguém ainda ouvira falar, se encontrará com um pregador de grande renome. E, segundo o Evangelho de Mateus, este o reconhece e se espanta: "Eu é que devo ser batizado por ti e tu vens a mim?" E Jesus: "Deixa agora, pois convém que assim cumpramos toda a justiça"[23].

Não é só João que se espanta: por que Jesus, puro de todos os pecados, segundo os Evangelhos, quis ser batizado? Era o único a quem isso não era necessário.

Essa questão atormentou seus discípulos e os evangelistas. Alguns autores dos primeiros séculos citam às vezes um Evangelho dito "dos hebreus", um texto que circulou nas primeiras comunidades cristãs e no qual se vê o próprio Jesus se perguntando: "Eis que a mãe do Senhor e seus irmãos Lhe disseram: 'João Batista batiza para a remissão dos pecados, vamos e sejamos batizados por ele'. Mas Jesus lhes disse: 'Que pecado cometi, para ser batizado por ele?'"[24].

Os Evangelhos reconhecidos oficialmente não narram essa cena, mas o problema não lhes escapa. O texto de João, que descreve o encontro entre Jesus e João Batista, o resolve deixando de falar do batismo. Lucas fala, mas não cita quem o batiza; João Batista é simplesmente ignorado: "Ao ser batizado todo o povo e quando Jesus, depois de batizado"[25] — por quem? Mistério... E Mateus, por sua vez, se esquece de lembrar que João batizava para a remissão dos pecados.

Muitos especialistas pensam que Jesus, indo pedir pelo batismo, quis se associar ao movimento que levava multidões até João, fazer um primeiro gesto para afirmar a vinda de novos tempos.

Esse gesto, em todo caso, nos ensina sobre as intenções de seu autor: desde que Jesus aparece, se coloca do lado de João e ratifica seus atos, ou seja, seu rompimento com o Templo, com o poder econômico-religioso do Templo.

João não discute por muito tempo. Resolve agir e batiza Jesus imediatamente. É nesse momento, segundo os Evangelhos, que o Espírito Santo desce sobre Jesus "como uma pomba". Os quatro textos dizem o mesmo, mas, para dois deles, Mateus e Marcos, apenas Jesus viu a pomba, enquanto para João foi João Batista quem a viu.

As pombas apareciam com frequência na literatura judaica, desempenhando papéis diversos. Estes evidentemente intrigaram muito os especialistas. Segundo o padre Xavier Léon-Dufour, "sabe-se de pelo menos sete interpretações diferentes sobre a pomba no batismo de Jesus"[26]. Não vamos perder tempo nesse labirinto. Outro exegeta, Jacques Gillet, escreveu, com aprovação das autoridades religiosas (com o *imprimatur*), que os Evangelhos não estão descrevendo "um fenômeno exterior", mas "uma experiência espiritual, uma visão". Trata-se, insiste ele, "de uma experiência interior de Jesus, de uma percepção do Pai e do Espírito"[27]. E quando os Evangelhos acrescentam que "o céu se abriu", trata-se de uma belíssima imagem que significa que a ligação está restabelecida entre os céus — onde tradicionalmente os Antigos situavam a residência de Deus ou dos deuses — e a terra dos homens.

O céu se abre e o Senhor fala. Designa Jesus como Seu Filho. As versões dos Evangelhos diferem. O de João, por sinal, nem sequer menciona a abertura dos céus; é o Batista quem fala, que diz que "aquele que o enviou para ser batizado na água" (o Senhor) lhe fez reconhecer em Jesus "o eleito de Deus".

Segundo David Flusser, um judeu, professor na universidade hebraica de Jerusalém, "vozes desse gênero não eram raras no judaísmo da época (...). O dom do Espírito, acompanhado por uma experiência extática, estava longe de ser um fato isolado entre aqueles que recebiam o batismo no Jordão pelas mãos de João"[28]. Mas Flusser e muitos outros especialistas acreditam que as palavras relatadas pelos evangelistas não sejam totalmente exatas. Para eles, a "voz" teria retomado a palavra de Isaías: "Eis meu servo a quem apóio, meu eleito, ao qual quero bem! Pus nele meu espírito; ele levará o direito aos povos"[29].

Para complicar ainda mais a questão, o evangelista Lucas faz com que a voz diga: "Tu és meu filho, eu hoje te gerei". Uma frase retirada de um salmo[30] e que era aplicada séculos antes aos reis de Israel; ora, o Messias esperado pelos judeus no tempo de Jesus deveria precisamente se tornar seu rei.

O debate é fundamental. Trata-se de saber qual consciência Jesus tinha de si e de sua missão naquele momento. O que ele pensava ser? E o que lhe revela essa "experiência espiritual"? Se nos atemos à versão de David Flusser (que não duvida, como escreveu, da "realidade histórica da experiência vivida por Jesus quando de seu batismo no Jordão"), Jesus pode então se considerar apenas mais um profeta entre outros.

Acha, ao contrário, que é bem mais: o Filho de Deus? Pensava nisso antes de ir ver o Batista? Pensa a partir do momento em que ouve a voz? Ou percebe pouco a pouco que sua missão é universal? Essa questão provocou pesquisas e controvérsias múltiplas.

Uma conclusão se impõe, qualquer que seja a tese que se escolha: nesse momento, Jesus adquire uma consciência mais aguda de sua relação particular com Deus, do papel que deve desempenhar, ao menos entre os judeus (porque ele chegará a dizer, em seguida, que não foi enviado "senão para as ovelhas perdidas da casa de Israel")[31].

O que aconteceu, naquele dia, às margens do Jordão, é, portanto, o anúncio feito a Jesus. Ele foi julgado tão importante pela Igreja primitiva que no início do século 4, no dia 6 de janeiro, se celebrava ao mesmo tempo o nascimento e o batismo de Cristo[32]. Cantava-se um hino que unia estreitamente os dois acontecimentos:

"A Criação inteira o proclama,
Os magos o proclamam,
As estrelas o proclamam.
Vejais, eis o Filho do Rei,
Os céus se abrem,
As águas do Jordão espumam,
A pomba aparece:
Eis meu Filho bem-amado!"

Mais tarde, serão dissociadas as duas festas, a fim de evitar uma confusão considerada herética: alguns, sobretudo no Oriente, diziam que o próprio Deus não se fizera homem desde seu nascimento, mas se unira temporariamente à pessoa de Jesus a partir do batismo. Ou seja, Jesus antes era apenas um homem e Deus não tinha vestido seu envelope carnal, nem entrado em seu corpo, até o momento em que a pomba desceu sobre ele. No conselho de Nicéia, em 325, a Igreja condenou essa tese, pois afirmava que Jesus foi "Deus de verdade e homem de verdade" desde seu nascimento. Mas essa controvérsia basta para ressaltar a importância de que se reveste, a seus olhos, o episódio do batismo.

O evangelista Lucas dá algumas indicações sobre a data do acontecimento. "No ano 15 do principado de Tibério", diz, João havia começado a batizar. Como o antecessor de Tibério havia morrido em 19 de agosto do ano 14 d.C., o primeiro ano de Tibério começa em 20 de agosto. Os anos seguintes serão contados a partir de 10 de dezembro, data da renovação do poder "tribunício" dos imperadores. O 15º ano começa então em 10 de dezembro de 27.[33] Nascido entre 4 e 7, Jesus tinha, portanto, entre 31 e 34 anos quando João começou a batizar. E pode-se pensar que seu batismo foi mais tarde, que aquele movimento de massas (cuja amplitude havia provocado, antes mesmo da chegada de Jesus, o envio de uma comissão interrogadora por parte de Jerusalém) não estourou de imediato.

Eis Jesus pronto para partir em missão. Mas ainda faltava escolher uma estratégia, decidir as prioridades, e também receber outro anúncio.

6. O início: a escolha de estratégia e homens, a organização do movimento de Jesus

Pintura de Domenico Ghirlandaio. *A Santa Ceia*, 1480

JESUS ATRAVESSA o Jordão, parte para o Oriente. É o deserto. Uma planície de sal brilhante, cercada ou pontuada por rochas gredosas e picos calcários, freqüentada por águias e chacais. E por alguns homens: eremitas e ascetas que têm verdadeira predileção por esses lugares desolados. Os oponentes do poder buscam refúgio ali às vezes.

Para os judeus, o deserto tem duas caras. É um lugar vazio onde o homem, livre das distrações e obrigações do mundo, pode mais facilmente encontrar Deus — é o que ocorre a Moisés durante o Êxodo, o retorno do Egito do povo exilado. O Senhor, também nesse momento, manifesta sua bondade, sua boa vontade com o povo eleito, fazendo cair sobre ele o maná, "pequenos flocos, como cristais de gelo sobre a terra"[1], que eram alimento.

Mas o deserto também apresenta uma imagem sombria, de um lugar maldito onde "a terra está em luto"[2], onde "não há figueiras, vinhas, nem romãzeiras, e onde nem sequer água existe para beber"[3]. Os animais fogem dessas longas planícies. Deserto rima com morte, maldição. E com demônios. É o lugar da tentação, do combate espiritual.

Que Jesus, depois da experiência mística do batismo, da visão, do choque que experimentou, tenha sentido a necessidade de tomar alento, de se retirar para o deserto, é normal. Não há por que duvidar.

Mas o que então aconteceu, segundo os Evangelhos de Mateus e Lucas (como já vimos no capítulo sobre os Evangelhos de infância), é mais misterioso.

Jesus fica 40 dias e 40 noites naquele lugar, jejuando e rezando. 40 — eis outro número que não foi escolhido por acaso. Pode-se encontrá-lo em muitas lendas antigas, em ritos fúnebres de diversos povos africanos ou asiáticos; Buda e Maomé começaram a pregar aos 40 anos... Para os judeus, as águas do dilúvio recobriram a terra por 40 dias, Davi e Salomão reinaram cada um 40 anos, Moisés ficou 40 dias e 40 noites no monte Sinai... Tantos símbolos reunidos servem de alerta. Entramos num domínio mais literário que histórico. Estamos às voltas com mais um teologúmeno. O que não significa que absolutamente nada aconteceu por lá.

O relato das três tentações de Jesus no deserto é bem conhecido. O diabo começa lhe propondo que converta pedras em pão para provar sua origem divina. Ao que ele responde que "nem só de pão vive o homem mas de tudo que procede da boca do Senhor", o que é uma citação bíblica[4]. O diabo, sem se desencorajar — isto não faz seu gênero —, leva-o então ao cume do Templo (de onde se vê cerca de 150 metros ao fundo o vale do Cedron) e o desafia a pular, pois, como diz, está escrito que "ele (o Senhor) ordenará aos seus anjos que te guardem em todos os teus caminhos. Eles te levarão nas mãos, para que teu pé não tropece na pedra". O diabo conhecia as Escrituras, porque acaba de fazer referência a um salmo[5]. E Jesus lhe responde com outro trecho do Deuteronômio: "Não tenteis o Senhor vosso Deus"[6]. Terceira tentativa: o diabo, perseverante, eleva Jesus ao topo de uma montanha bem alta, lhe mostra "todos os reinos do mundo e sua glória" e os promete a Jesus sob a condição de que se prostre diante dele. Ao que Jesus responde com o célebre *Vade retro, Satanás* e nova citação do Deuteronômio em apoio: "Temerás o Senhor teu Deus, a ele servirás e pelo seu nome jurarás"[7].

A abundância de citações bíblicas confirma o que deixam pressentir os números: trata-se de uma espécie de parábola. De resto, como essa tripla tentação não teve, no deserto, nenhuma testemunha, seria preciso supor que Jesus a confidenciou em seguida. Ora, se esse fosse o caso, os evangelistas o contariam, colocariam essa confidência na boca dele. Nada disso ocorre.

Isso significa que esse relato, acrescentado posteriormente, assim como os Evangelhos da infância, seja totalmente desprovido de realidade histórica? Não se sabe ao certo. Pois isso mais incomoda aos discípulos de Jesus do que os ajuda — eles que, depois da Páscoa, querem converter à sua fé judeus e pagãos. Mostra na verdade um Deus sujeito à tentação do diabo, do primeiro incrédulo que aparece. Para os judeus, é um fato inaceitável, um escândalo. Se mesmo assim Mateus e Lucas falam dele, só pode ser porque alguma coisa realmente aconteceu, o que o Evangelho de Marcos confirma em uma frase ("E ele foi tentando pelo Satanás"), e porque queriam insistir na natureza humana de Jesus.

Desejavam também, ao que parece, responder às acusações dos fariseus, negando que ele fosse conivente com "Belzebu, chefe dos demônios"[8].

Enfim, trata-se, para eles, de esclarecer o que se seguirá, como num prefácio: eis o que Jesus não quer ser, não deve ser.

Primeiro, um mágico. Os fazedores de milagres, nessa época, tomam as ruas, se se pode dizer, de Israel. Jesus também fará milagres, a crer nos Evangelhos. Mas sempre com reticências. Não veio para isso. Não quer provar nada com os milagres, mesmo se é tentado a repeti-los e se as pessoas que o cercam vejam neles sinais e provas. Paulo, mais tarde, escreverá aos coríntios que é um traço permanente dos judeus "pedir sinais"[9]. Pode-se acrescentar: é um traço da maioria dos humanos, até hoje. Esse, portanto, é um ponto estabelecido, ainda que o tenha sido *a posteriori* por Mateus e Lucas, e não decidido antecipadamente por Jesus: sua estratégia não terá como prioridade o milagre, o maravilhamento, mas a palavra; é, portanto, à inteligência de seus interlocutores que ele se dirige em primeiro lugar.

Além disso, ele não quer ser um rei. O que era precisamente o que os judeus esperavam do Messias. Muitos dentre eles, repita-se, até esperavam que ele superasse o imperador romano, exercendo seu controle sobre o universo inteiro. A resposta negativa se torna mais fácil para Jesus se o reino universal que lhe foi oferecido implicar vassalagem, submissão ao diabo. (Isso significa que há, aos olhos dos evangelistas, uma coisa diabólica em todo poder terreno? É uma questão de que não se pode fugir.)

Pode-se, enfim, dar à tripla tentação uma interpretação diferente: não é Jesus quem decide, ao meditar e rezar no deserto, o que não quer ser, é o Senhor quem lhe revela o que deve ser e fazer. A passagem pelo deserto, nesse caso, constitui uma nova etapa depois da do batismo, do anúncio feito a Jesus; ela completa, mas sem concluir ainda, a revelação de sua personalidade real e dos meios para exercer sua missão. Mas essa missão Jesus não realizará sozinho.

Os quatro Evangelhos não dão a mesma versão a respeito do ínicio das pregações de Jesus. Mateus, Marcos e Lucas o mostram pregando na Galiléia, admoestando alguns agrupamentos: "Arrependei-vos, pois o Reino de Deus está próximo". Uma peregrinação o leva à margem do lago de Genesaré. Ali ele encontra pescadores, dois pares de irmãos: André e Simão, Tiago e João, filho de um sócio de Simão, Zebedeu. Chama-os a segui-lo, o que eles logo fazem. Isso se passa, asseguram os três textos, depois que João Batista foi "entregue", isto é, preso pelos homens de Herodes Antipas.

O Evangelho de João, normalmente disposto a firmar uma cronologia,[10] informa ao contrário que é no dia seguinte ao do batismo que Jesus, passando perto de Batista, que acompanhava dois de seus discípulos, André, já nomeado, e um desconhecido, é seguido por eles. Eles o seguiram a conselho de Batista, ao que parece, que lhes teria mostrado: "Eis o cordeiro de Deus". Ele se volta: "O que buscais?" Eles o chamam de imediato: *rabi*, "mestre". Perguntam, quando ele se volta: "Rabi, onde moras?" Ele os leva não se sabe para onde e passam o dia com ele. No dia seguinte, ou mesmo à noite, uma corrente se forma. André procura seu irmão Simão: "Nós encontramos o Messias". Depois o mesmo André recruta um de seus amigos (que veremos várias vezes agindo juntos)[11], um galileu como ele,

Filipe[12]. Por sua vez encontra Natanael, de início reticente — esse Jesus vem de Nazaré; ora, pode alguma coisa boa sair de Nazaré? — mas que se deixa convencer quando Jesus diz tê-lo visto "debaixo da figueira" antes que Filipe o chamasse. Segundo a tradição dos rabinos, a figueira era considerada a árvore do conhecimento, da bondade e da maldade. Essa estranha fala de Jesus parece significar, portanto, que estudando a Lei, Natanael se preparou para encontrá-lo[13]. Seja como for, ele logo aceita segui-lo. Não hesita — é de fato rápido, o primeiro a fazê-lo — em proclamar Jesus rei de Israel. Este o acalma: "Porque disse que te vi debaixo da figueira, crês? Verás coisas maiores do que esta". Ou seja, é apenas o começo[14].

As duas versões, a de João e a dos três outros Evangelhos, não são absolutamente contraditórias: pode-se pensar que, depois de ter tido um primeiro contato com esses homens que cercavam João Batista, Jesus os reencontra na Galiléia à margem do lago de Genesaré. É provável, em todo caso, que ele tenha recrutado seus companheiros entre os próximos de seu primo.

São homens simples, alguns sem dúvida não sabem ler nem escrever. Mas nem todos os discípulos de Jesus, inclusive os que ficarão mais próximos dele, os apóstolos, podem ser considerados como gente humilde. Os barcos dos pescadores não são canoas frágeis — no episódio da tempestade acalmada[15], Jesus está acompanhado de vários dos discípulos e consegue um meio de ir dormir à parte. Zebedeu, o pai de Tiago e João, pescador ele também, tem empregados. Pois o mar da Galiléia era repleto de peixes (um dos melhores era o *Zeus faber*, que se tornou o São Pedro), pescados com pequenas redes circulares ou dragas estendidas entre dois barcos. Entre os "terrestres", Mateus, um fiscal, certamente vive muito bem. Judas, por sua vez, não seria encarregado das economias comuns se não tivesse manifestado alguma experiência com assuntos financeiros.

No entanto, eles vão escolher a vida de errantes. Sem dúvida com interrupções, porque, se lemos direito o Evangelho, temos a sensação de que mesmo os apóstolos não acompanham Jesus sempre. Pedro, por exemplo, continua pescando às vezes, ao menos nos primeiros tempos, e o fará mesmo depois da ressurreição. Mas durante meses esses jovens homens, alguns dos quais são em suas aldeias pequenos nobres, deixam de ter domicílio fixo.

Não são os únicos. Essa época conturbada vê multiplicarem, como dissemos, os pregadores, os iluminados, os profetas menores que percorrem o país, seguidos de grupos de fiéis que esperam, cada um à sua maneira, o Messias e apostam nessa ocasião. O fenômeno, de resto, não é exclusivo de Israel. Em outras partes do império romano há mendigos, filósofos, cínicos (assim chamados em referência a Diógenes, apelidado de cão — *kuôn* em grego — por morar dentro de um barril) viajando barbudos e imundos como os hippies que querem viver à margem de todas as normas. Mas os desenraizados são mais numerosos na Judéia e Galiléia. O romano Plínio, o Velho, assinala que iam a Qumran, juntar-se aos essênios, "pessoas cansadas da vida, que o destino levava como marés até aqueles costumes"[16] e que, segundo Flávio Josefo, vinham tanto dentre os ricos como dentre os necessitados. Nos campos também se escondiam — um pouco mais tarde, ao que parece — os oponentes do império romano, os zelotes cujas tropas eram formadas sobretudo de camponeses endividados, arruinados, incapazes de pagar seus impostos. E, depois, os mendigos, os estropiados, os deficientes, os perturbados que diziam estar possuídos pelo demônio, os excluídos. Nós os reencontramos quase a cada página do Evangelho, inclusive na parábola do "administrador infiel" que o patrão queria demitir por ter dilapidado seus bens e que, não tendo força para enfrentar um trabalho manual, logo pensa em mendigar (mas, diz ele, "tenho vergonha"), como se não tivesse irmãos, uma família para lhe dar segurança, ajudá-lo[17], como se o fenômeno de ser posto de lado fosse freqüente, como se essa sociedade fosse pouco coesa.

Todo esse pequeno mundo — exceto os mendigos, que Jerusalém atrai, como todo lugar de peregrinação — vive à margem das cidades, centros de poder político-econômico-religioso. As cidades, de resto, desconfiam e se fecham. As pessoas da cidade e as do campo não se gostam. Quando Jesus chega a Jerusalém no episódio dito dos

Ramos, é aclamado por grupos de camponeses-peregrinos, mas quando é julgado são sobretudo, ao que parece, os citadinos que incitam a sua condenação e lhe fazem em seguida uma série de insultos.

Jesus e seu grupo, a maior parte do tempo, circulam apenas no campo — cidades como Séforis, Jatapata ou Gíscala, importantes na época, são ignoradas hoje em dia pela simples razão de que não são citadas nos Evangelhos. Eles, ao contrário, evocam localidades galiléias minúsculas da qual não se conhece traço. Ou melhor, Jesus e os seus se aproximam apenas dos subúrbios: o Evangelho de Marcos os mostra indo na direção das "aldeias vizinhas à Cesaréia de Filipe"[18] ou aos "confins de Tiro"[19]. É verdade, porém, que aquelas cidades eram muito marcadas pela influência grega, logo os judeus — minorias, em certas situações — se viam relegados aos arredores[20].

Essa vida de pregadores errantes era bastante miserável. Quando Jesus diz que não tem "uma pedra onde repousar" sua cabeça, não o diz simbolicamente. Quando interpela seus ouvintes sobre o tema: "Não vos preocupeis de vossa vida com o que haveis de comer, nem de vosso corpo, com o que haveis de vestir"[21], não são palavras à toa. Ele precisa reanimar o moral dos jovens que dormem no chão duro, enrolados em capas de lã, depois ter andado e andado por caminhos perigosos, atrapalhados pelo vento, queimados pelo sol ou molhados pela chuva. Ele precisa reaquecer os ardores dos discípulos, mais freqüentemente alimentados com pão e tâmaras do que com bolinhos fritos e mel. E que tiveram, além disso, de suportar a zombaria de céticos ou inimigos, retorquir a oponentes, desconfiar de salteadores, numerosos e sempre prontos — como todo meliante em toda sociedade — a pilhar os mais pobres que eles.

Pouco a pouco, entretanto, vai-se constituindo uma rede de suporte. Lendo certas passagens dos Evangelhos[22], vê-se que o grupo é mandado a fazer o porta a porta para pregar, mas também para pedir pousada e coberta. E também acontece que Jesus e seus companheiros sejam acolhidos nas casas de simpatizantes: na da família de um deles (na casa de Pedro, por exemplo, cuja sogra, segundo o Evangelho de Mateus, é curada por Jesus)[23], mas também na de Marta e

Maria[24], na de ricos publicanos e de outros ainda, como esse fariseu que lhes oferece uma grande refeição (para a qual esses vagabundos se estendem em leitos como se fossem bons burgueses) e é perturbado por uma mulher ("pecadora", assegura Lucas) que vem passar perfume em Jesus[25]. As mulheres, de resto, têm papel muito importante nessa rede de suporte. Lucas as cita: Maria Madalena, outras que "tinham sido curadas de espíritos malignos e enfermidades"[26], uma certa Suzana e, sobretudo, Joana, mulher de um alto funcionário — Cuza, administrador de Herodes — a quem não devia faltar nem recursos nem relações. Afinal, se cabe a Judas gerir as finanças do grupo, é porque elas existem, é porque eles recolheram esmolas e fizeram fundos, ganharam algum dinheiro trabalhando entre os turnos da pregação.

Esse grupo, Jesus bem cedo vai estruturá-lo. Entre os que o seguem, os mais importantes, aqueles cujos nomes vieram até os dias de hoje, foram escolhidos por ele. Isso vai contra a tradição judaica: em geral, um *rabi*, um mestre, é escolhido pelos jovens que se tornam seus alunos (que é o primeiro sentido da palavra "discípulos"), são iniciados por ele e se tornam *rabi* eles mesmos. Nada disso, para Jesus. É o mestre quem convoca: "Vinde comigo"[27]. E os convocados não devem alimentar ilusões: "O discípulo não está acima do mestre"[28]. Não o sucederão, não o superarão, não farão carreira. "Mas vós não vos deixeis chamar de rabi, porque um só é vosso mestre, e todos vós sois irmãos"[29]. Mas serão amplamente recompensados por isso: "Se permanecerdes na minha palavra, sereis na verdade meus discípulos e conhecereis a verdade e a verdade vos libertará"30. Nenhuma promoção, mas algo melhor: libertação.

Jesus apanha esses homens em todos os lugares: apanha camponeses conformistas e pecadores menos parcimoniosos, galileus e ao menos um judeu da Judéia (Judas), um publicano e um oponente declarado do poder (Simão). Nem sempre se entendem bem, sentem ciúme uns dos outros, desconfiam, e ele é com freqüência obrigado a chamá-los à ordem: "Vós sois todos irmãos".

Os mais próximos serão chamados de apóstolos. Mas a leitura dos Evangelhos mostra bem que o "movimento de Jesus" (outros dirão seu "partido") tem três estágios.

Na base, os simpatizantes, mais ou menos fiéis. Ficam em casa, no trabalho, com a família, e se pede asilo a eles de vez em quando. Aos olhos de Jesus, eles são muitos: "Quem não for contra nós, é a nosso favor"[31]. Alguns figuram mesmo entre seus amigos íntimos. O mais célebre é Lázaro.

Num nível superior, os discípulos. A esses ele pede muito. Primeiro, para segui-lo sem hesitar. Alguém deseja antes enterrar seu pai e ouve que é preciso "deixar os mortos enterrarem os mortos"[32]. Outro quer se despedir dos seus, mas Jesus o interrompe rudemente: "Ninguém que põe a mão no arado e olha para trás é apto para o reino de Deus"[33]. Regra geral: "Se alguém vem a mim e tem mais amor ao pai, à mãe, à mulher, aos filhos, aos irmãos, às irmãs e mesmo à própria vida, não pode ser meu discípulo"[34].

O que há de cortante, de quase inaceitável, nessa cláusula de ruptura total com a família, exigida como se fosse parte do contrato com ele, é Jesus dizer: "Doravante estarão cinco numa casa separados entre si, três contra dois e dois contra três"[35]. "Sereis odiados de todos por causa de meu nome"[36]. Frases sem dúvida adquiridas por experiência. Sua própria família, relata Marcos, queria mesmo "agarrá-lo, pois (os seus) diziam: Ele está louco"[37].

Esses discípulos podiam ser confiados para missões particulares. Lucas conta que Jesus, subindo a Jerusalém, se fez preceder de uma vanguarda de missionários encarregados de anunciar o reino de Deus: "Jesus designou outros 72 e os enviou dois a dois na frente a toda cidade e lugar aonde havia de chegar"[38]. O número 72 não deve ser tomado literalmente porque corresponde ao número de sábios anciãos de Israel reunidos por Moisés no deserto para ajudá-lo a governar o povo[39] e também ao número de nações do mundo, todas nascidas, segundo o Gênesis, de filhos de Noé[40]. Mas significa que os discípulos eram bastante numerosos.

Enfim, no topo da pirâmide, ou melhor, no centro dessa nebulosa, os apóstolos. A palavra grega *apostolos* é uma tradução do aramaico *chelilah*, que significa "enviado" e designava os encarregados de alguma missão que Jerusalém delegava ao interior. Os apóstolos não são chefes, um órgão de governo, um conselho diretivo, mas os companheiros mais próximos de Jesus, seus homens de confiança. Assim que ele os seleciona, é para "enviá-los a pregar, com o poder de expulsar os demônios"[41]. Exatamente a mesma missão e os mesmos poderes dos discípulos de que falamos. De resto, a distinção entre apóstolos e discípulos não é muito clara[42]. Esse colégio dos doze é sobretudo um símbolo, o das doze tribos de Israel nascidas de filhos de Jacó. Os Evangelhos de Marcos, Mateus e Lucas os chamam simplesmente assim: os doze. Foi apenas depois que foram enviados em missão às aldeias nos arredores que receberam o nome de apóstolos[43], enviados. E foi depois da morte de Jesus que eles assumiram novas funções.

Os Evangelhos não dão os mesmos nomes aos doze apóstolos. João jamais cita, por sinal, todos os doze nomes: omite, por exemplo, Mateus (também chamado de Levi), o Publicano, e Simão. Em compensação, é ele quem menciona Natanael, ignorado pelos três outros. Somente André, Pedro, João, Tiago, filho de Zebedeu, Tomé e Judas Iscariotes são unânimes nos quatro Evangelhos. Mas quem quiser fazer o total de 12 encontrará na verdade 14. Essas divergências deram lugar a discussões infinitas e múltiplas suposições. Explicam-se sem dúvida pelo número limitado de nomes usados entre os judeus na época, a freqüência de homônimos e, em conseqüência, a multiplicação de sobrenomes, tudo isso criando confusão. Resta, provável que Jesus se ateve ao número 12 devido ao seu forte valor simbólico; queria assim mostrar sua autoridade em Israel e restabelecer o povo de Deus em seu estado primitivo.

Gravura de Gustave Doré

7.

Caná: o sinal do vinho

QUE FESTA!

Eles partiam em cortejo, o noivo à frente, correndo em companhia de seus amigos e primos, munidos de tochas que formavam no crepúsculo uma guirlanda de luzes. O resto do grupo, os vizinhos e parentes mais velhos, se apressava o máximo possível para não perder a chegada à casa da noiva, o verdadeiro início dos festejos.

Ela esperava na casa dos pais, recatadamente, com algumas daminhas de honra, vestidas como ela com roupas bordadas, mantendo bem alto seu pequeno lampião de terracota (e, amarrado a um dedo, um pequeno frasco de óleo como reserva). A noiva trazia na testa pedras brilhantes, abaixo um véu. Escutava, nervosa e alegre, o barulho que vinha da rua, crescendo. Eram eles, era ele. Ele chegava, pedia a permissão de vê-la, levantava o véu, proclamava a todos sua felicidade. Então, uma ovação: entre gritos e risos, o cortejo partia de novo, levando a noiva em uma liteira, quebrava-se um vaso de perfume, os juramentos eram trocados à sombra do véu nupcial, a festa começava.

Que festa! Os camponeses galileus adoravam os casamentos, ocasião de juntar família e amigos, esquecer o trabalho de todo dia, as privações e preocupações. Em geral, esperavam para fazê-lo no fim da colheita, os sótãos ou os potes de trigo repletos, o trabalho cumprido, uma pequena comodidade que não duraria talvez até o próximo verão. Mas ao diabo a avareza, era muito cedo para se preocupar com o que viria; não é todo dia que um filho se casa; além disso, o pai do noivo, em cuja casa se celebra o casamento, está bem contente com ele: essa nora que chega não lhe saiu cara, ele fez um bom negócio com a outra família. Nada de se privar dos prazeres: os festejos irão até o shabat. E já que o casamento foi marcado para uma terça-feira[1], há três belos dias pela frente.

Na primeira noite, nada falta. Bebe-se muito depois de proceder aos ritos do vinho: "Bendito o Criador do fruto da vinha!" Não se dilui o vinho na água, ainda que ele tivesse alto teor de álcool — tudo, ou quase tudo, é permitido no dia do casamento. A água está lá, em talhas de pedra, apenas para os diversos ritos de purificação. Com o vinho se acompanharão e regarão as carnes, os peixes assados recheados com nozes e pistaches, o ensopado de frango com azeitonas pretas, o patê de fígado de ave e as tâmaras grelhadas.

E então, num desses três dias de casamento em Caná, uma grande aldeia numa encosta, ao que parece, faltou vinho. A aguardente de tâmara também, talvez. Maria, que está lá desde o início, que certamente já está mais refrescada que a maioria dos convidados, percebe primeiro — as mulheres têm esses dons. Previne Jesus, que chega com alguns de seus novos companheiros. Resposta literal: "Mulher, que há entre mim e ti?" O que parece estranho num primeiro momento e deu lugar a diversas interpretações. Por que Jesus não diz "mãe"? Porque, dali em diante, é preciso abstrair a ligação que tem com Maria. Diz "mulher" como dirá em outras circunstâncias a estranhas ou próximas. Sua missão passa para trás as relações familiares. Quanto a "que há entre mim e ti?", trata-se de uma expressão ainda corrente no aramaico de hoje e em diversas línguas africanas, que significa tão-somente: "Esse assunto nada tem a ver conosco"[2]. Ao que Jesus acrescenta, segundo o evangelista, que sua "hora ainda não chegou".

Maria não se deixa abater e manda aos empregados que façam o que ele lhes disser. Ele ordena primeiro que encham de água as seis talhas de pedra (vazias porque já se tinham feito algumas abluções purificadoras;

não era mais o primeiro dia; o casamento estava consumado e, segundo o costume, já se havia exibido aos convidados, sob aclamação, a roupa branca manchada de sangue que comprovava a virgindade da jovem noiva). O uso dessas talhas por Jesus é bizarro: em geral, utilizam-se ânforas para conservar o vinho. E essas talhas são enormes: podem caber em cada uma de 80 a 120 litros de água! O que logo se transforma em cerca de 600 litros de vinho. Do melhor.

A festa pode continuar. Ninguém percebeu nada. Rapazes e moças dançam, batendo os saltos no chão onde alguns dias antes se amassou trigo. Os mais velhos vêem seus copos se enchendo, sem dúvida muito embriagados para perceber a diferença entre esse vinho e o anterior. Apenas o copeiro, ou sommelier, ou mordomo — escolham a tradução que lhes agrada; seja como for, cada uma mostra que esse não é um casamento de pobres e que se fazem as coisas com gosto —, apenas esse personagem, portanto, percebe que ali está um "grand cru" e se mostra um pouco chateado porque o esconderam dele até então, pois senão ele o teria servido desde a primeira noite, enquanto os paladares desses camponeses ainda estavam frescos o bastante para distinguir néctar de tanino.

Assim termina o relato de João, o evangelista (nem Mateus, nem Marcos, nem Lucas mencionam esse episódio), que conclui: "Este foi o primeiro sinal que fez Jesus em Caná da Galiléia, manifestando a sua glória, e os discípulos creram nele"[3].

Resta-nos decifrá-lo.

Acabamos de ler: trata-se, segundo o autor do texto, de um "sinal". Para João, de fato, um milagre tem função demonstrativa. Escreve mais para o fim de seu Evangelho: "Muitos outros sinais ainda fez Jesus na presença dos discípulos mas não foram escritos neste livro. Estes porém foram escritos *para que creais*"[4].

Mas esse relato é diferente dos que vão segui-lo, das curas e exorcismos. Primeiro, quase não há testemunhas, salvo o noivo, Maria e os discípulos, de cuja fidelidade Jesus assim se assegurou. Depois, os beneficiários — os noivos e os pais a quem a escassez de vinho iria encabular bastante — não são descritos, ao contrário do que se pode ler na maioria dos relatos de milagres. A noiva não surge em momento algum ainda que seja a vedete do acontecimento, o noivo tem apenas uma passagem discreta no final do relato. Esses silêncios são ainda mais notáveis quando se considera que João não nos deixa ignorar alguns detalhes a respeito, por exemplo, das seis talhas de água e seu conteúdo.

De resto, nem os beneficiários do milagre, nem seus companheiros, perguntam o que é aquilo, ao contrário da viúva de Naim, do cego de Jericó, de Marta e Maria quando intercedem pelo irmão Lázaro. E, no estado em que estão, eles não devem inspirar compaixão. "É no interior da dor da Criação e do homem que se produz o milagre", escreve o padre Georges Chantraine, jesuíta, que não duvida nem dos milagres do Evangelho nem dos que podem se produzir hoje[5]. Ora, evidentemente não se pode falar aqui em dor da Criação ou da criatura. Se essas pessoas, que nada pediam, nem sequer viram que ganharam uma porção de vinho suplementar, é porque não estavam mal; sente-se a tentação de acrescentar: pelo contrário. Eis pois um milagre gratuito, um milagre-dom, sob iniciativa de Jesus e sua mãe, que é um sinal apenas para os íntimos e os empregados.

Também são de interesse esses empregados. Em geral, Jesus não utiliza intermediário algum. Age diretamente, seja, no mesmo Evangelho de João, quando da multiplicação dos pães ("Jesus, então, tomou os pães e, dando graças, deu aos que estavam sentados, e também os peixes, tanto quanto quiseram")[6], seja quando da cura de diversas doenças, seja quando da ressurreição de Lázaro. Por que Jesus, aqui, se estende sobre o papel dos empregados e de sua obediência? E por que não querem explicar ao copeiro (ou maître) como a água se tornou vinho? E por que não se faz nenhuma menção à sua admiração depois do milagre, ao contrário do que se faz nos outros relatos do mesmo tipo?

Tantas observações e perguntas mostram que esse relato de milagre merece tratamento especial. E, num livro já citado[7], que recebeu o *imprimatur*, o padre Léon-Dufour escreve tranqüilamente: "A conclusão se impõe, o relato de Caná não é do gênero biográfico". Que é a opinião da maioria dos especialistas.

Trata-se de um símbolo. Ou melhor, de diversos símbolos, às vezes misturados a elementos reais.

Comecemos por estes. Primeiro, o relato evidencia certa ruptura com o Batista. Ninguém imagina o eremita que prega às margens do Jordão indo a um casamento em Caná e lá ficando tempo suficiente para que se extinguam as provisões de vinho feitas pelos organizadores da festa. Realmente não faz seu gênero. Um pouco depois, contam Lucas e Mateus, o próprio Jesus assinalou isso ao censurar a incredulidade de alguns ouvintes seus: Quando veio João Batista, "que não comia nem bebia", disseram a ele: "Está possuído do demônio", mas quando veio o Filho do homem, "que come e bebe", disseram: "É um comilão e beberrão de vinho, amigo de publicanos e pecadores". E Jesus concluiu: "E no entanto a Sabedoria se justifica por suas obras"[8]. Ou seja: há diversos caminhos para fazer a vontade de Deus.

Não é esse o sentimento de todos: divergências parecem ter havido entre o grupo de João e o de Jesus. Essas palavras de Jesus, de fato, são precedidas, em Mateus e Lucas, por uma cena que indica bem isso. João Batista, que aparentemente se fizera outra imagem de Jesus, começa a duvidar. Os discípulos que ficaram com ele devem ter feito o mesmo. Esse Jesus estava fazendo concorrência com o mestre deles! Querem se convencer de que, ao contrário dos companheiros que os abandonaram para seguir Jesus, fizeram boa escolha. Precisam ter motivos. E ele, João, se deixa impressionar.

Se por um lado vai reconhecer oficialmente a supremacia de seu primo batizando-o, por outro envia até ele dois discípulos para perguntar: "És tu aquele que há de vir ou temos de esperar outro?"[9].

O evangelista João relata outra cena: enquanto o Batista está a trabalho "em Ainão, perto de Salim, onde havia muita água", Jesus está na Judéia. Os discípulos do Batista não apreciam: "Mestre, aquele que estava contigo do outro lado do Jordão, de quem deste testemunho, está agora batizando e todos vão para ele". Ele os acalma e se impacienta um pouco: "Vós mesmos sois testemunhas de que eu disse: eu não sou o

Cristo mas fui enviado à frente". E lhes faz um belo discurso, imaginoso e floreado, para fazê-los entender o que se recusam a entender: "Quem tem a esposa é o esposo. O amigo do esposo, que está presente e ouve, muito se alegra em ouvir a voz do esposo. Pois assim minha alegria ficou completa. É preciso que ela cresça e eu diminua"[10].

Então ele está animado. Mas nem todos partilham seu entusiasmo. E ele mesmo, como vimos, às vezes duvida, visto que mandou aqueles dois personagens obter certezas de Jesus. "Ide anunciar a João o que ouvis e vedes: os cegos vêem e os coxos andam, os leprosos ficam limpos e os surdos ouvem, os mortos ressuscitam e os pobres são evangelizados." É um belo acúmulo de milagres maravilhosos. O que parece ser necessário para convencê-los — "para que creais", como disse o evangelista. E Jesus, como João no relato anterior, canta a glória desse que o batizou. Ele é, diz, "mais que um profeta", e "dentre os nascidos de mulher nenhum foi maior que João Batista". Mas ele esclarece que João, por maior que seja, é apenas um precursor: "Pois este é de quem está escrito: 'Eis que envio meu mensageiro à tua frente; ele preparará o caminho diante de ti'".

Os líderes dos dois grupos, se é que podemos usar essa expressão, fazem o melhor que podem para definir suas respectivas posições, celebrar cada um os méritos do outro e persuadir seus discípulos e as massas de que não são rivais.

Um pouco depois, João é preso. O tetrarca da Galiléia, Herodes Antipas, filho do rei Herodes sob cujo reino Jesus nasceu, não tem mais valor do que seu pai. Pelo contrário. Ele multiplica os crimes, mostra-se um zeloso servidor dos romanos e, para terminar, se casa com uma neta de Herodes, ou seja, sua sobrinha, Herodíades, por quem está loucamente apaixonado. Isso é demais para João. Ele deixa o Jordão e vai se encontrar com o tetrarca para lhe dizer que, não, a lei não permitia esse casamento[11]. Herodes Antipas, furioso, pensa primeiro em lhe cortar o pescoço. Mas a popularidade de João é tal que o tetrarca desiste da idéia; apenas manda jogá-lo na prisão, numa fortaleza colossal chamada Maqueronte, segundo Flávio Josefo.

Ele só sairá de lá para morrer. Conhecemos bem a história que narram os evangelistas (mas é preciso tomar cuidado: os galileus odeiam Herodíades, e é possível que, no relato, os discípulos tenham exagerado): Herodíades, posta em má situação pelo Batista, quer sua morte. E eis que sua filha, Salomé, bela adolescente, dança para o tetrarca durante um jantar de aniversário. Depois de ter tido a mãe, este quer ter a filha. Esta faz provocações e se coloca em leilão. Ele, certamente bêbado, promete a ela tudo que quiser. Herodíades aproveita a ocasião: pede a cabeça de João numa bandeja, assoprando o pedido ao ouvido da jovem dançarina. "O rei entristeceu", conta Mateus, "mas devido ao juramento e à presença dos convidados ordenou que lhe dessem. Mandou, pois, degolar João na cadeia. Sua cabeça foi trazida numa bandeja e dada à jovem que levou à sua mãe. Vieram os discípulos de João, levaram o cadáver e o enterraram, indo depois anunciar a Jesus"[12]. Quando soube, Jesus se retirou para o deserto por um tempo.

O tetrarca, por sua vez, por mais duro que fosse, jamais se recupera desse assassinato. Tanto que, quando lhe falam de Jesus, ele pensa ser o Batista ressuscitado.

Os discípulos de João Batista, privados de seu mestre, não se aliaram a Jesus de imediato. Seu grupo continuou, segundo diversas indicações, a existir paralelamente ao movimento de Jesus. E quando o Evangelho de João, posterior aos fatos, assinala no prólogo: "(João Batista) não era a luz, mas veio para dar testemunho da luz"[13], é sem dúvida para dissipar uma confusão que sempre existiu. Alguns comentaristas vêem nessa frase mesmo um "ponto polêmico".

Voltemos a Caná e aos símbolos:

Participando desse casamento, Jesus não só rompeu com a tradição de João. Mas também se distinguiu mais ainda dos essênios, entre os quais alguns comentaristas, sobretudo depois da descoberta dos manuscritos do mar Morto, querem hoje em dia inseri-lo. Afinal, ele transgride alguns tabus alimentares. O Deuteronômio, livro da Bíblia que em certos aspectos é uma espécie de Código Civil, cita o caso de um filho "rebelde" que não se cansa de desobedecer aos pais: "É um devasso e bêbado"[14]. Palavras que serão repetidas quase literalmente pelos adversários de Jesus, segundo o que ele mesmo diz, como vimos: "É um comilão e beberrão de vinho".

Mas não age assim para provocar, e sim na ocasião de um casamento.

E o vinho é simbólico em diversos níveis. O historiador Jean-Paul Roux, diretor de pesquisas do CNRS [(N.T.) Trata-se do Centro Nacional de Pesquisas Científicas, órgão estatal francês], lembra que "a fabricação de vinho, descoberta recente da agricultura, tinha então alguma coisa de muito misteriosa e parecia inquietante sobretudo porque ele permite provocar a embriaguez. Havia já muito tempo a Antigüidade clássica (...) estabelecera uma equivalência entre o que ela chamava, como os judeus, o sangue da vinha e a seiva que corre nas veias dos homens e animais"[15]. As uvas são pisadas e esmagadas antes de se tornarem sangue escarlate. Passam por uma espécie de morte antes de renascerem *em outra forma*. Ora, quando o evangelista escreve a história de Caná, tem em mente dois acontecimentos: a última refeição feita por Jesus com os Doze, a Santa Ceia, durante a qual ele fez com que bebessem vinho dizendo que era seu sangue; e depois sua morte e ressurreição, *em outra forma*.

Outro símbolo do vinho: a alegria, claro. Certo, Jó, homem íntegro e direito, acha que seus filhos e filhas exageram em bebidas e festas com os outros; os filhos de Noé, igualmente, não se sentem muito orgulhosos de seu pai que, tendo sido o primeiro no mundo a plantar uma vinha, está tão embriagado que o encontram desfrutando a bebedeira nu. Isso não impediu, claro, o velho patriarca de viver, segundo o Gênesis, mais 350 anos. E o Eclesiastes diz que "o vinho alegra a vida"[16]. O salmo 104, que ele "alegra o coração dando mais brilho às faces que o óleo"[17]. Isso sob a condição, acrescenta outro texto bíblico, o Livro do Siracida (um nobre de Jerusalém) ou Eclesiástico, de ser consumido com moderação: "Júbilo do coração e alegria da alma é o vinho, tomado oportuna e moderadamente"[18].

Por fim, e mais importante, o vinho é, no Cântico dos Cânticos, o símbolo da união amorosa. E passará pela mão de todos quando do banquete celestial, do casamento entre Deus e a humanidade, no final dos tempos. Os profetas anunciam. Amós: "As montanhas destilarão mosto e todas as colinas se derreterão"[19]. Isaías: "O Senhor Todo-Poderoso prepara nesta montanha para todos os povos um festim de vinhos velhos"[20].

Em que casamentos pensa o autor do relato de Caná? Neste, já observamos, a noiva estranhamente não aparece: o papel principal é de Maria. A qual não é designada por seu nome mas por "mãe de Jesus". No entender da maioria dos críticos, essa mãe de Jesus representa aqui Israel (e também, para alguns, a Igreja).

O relato anuncia, portanto, os casamentos de Israel com Deus (o noivo) realizados graças a Jesus. Pode-se então lê-lo assim: Israel constata sua aflição (a escassez de vinho) mas Jesus se faz de rogado, pois sua missão é bem mais importante, universal. Israel não se desencoraja, confia nele sem se apropriar da situação (Maria não diz aos empregados: "Fazei tudo que *meu filho* vos disser", mas "tudo que *ele* vos disser"). Jesus então se vira para as talhas, onde estava guardada a água para as purificações, mas que estão vazias, já que os camponeses vinham praticando o rito ao longo da festa. Isso significa que Israel fez seu dever (não de modo perfeito, pois Jesus acha apenas seis talhas e não sete, número sagrado) e atendeu, como ele acreditava que devia atender, aos desejos de Deus. E é a partir daí, fundando-se nesse retorno, que Jesus agirá.

É preciso citar aqui Tomás de Aquino, dominicano italiano, para quem o uso da água põe à luz a perseverança de um Deus pedagogo que pacientemente preparou os homens, nos tempos bíblicos, para a mensagem que lhes traria Jesus. Este, diz Tomás de Aquino, "não quis fazer o vinho a partir do nada mas a partir da água, para mostrar que não queria estabelecer uma doutrina inteiramente nova nem reprovar a antiga, mas cumpri-la. Não vim abolir, mas consumar... O que a antiga Lei projetava e prometia o Cristo revelou e manifestou"[21].

Afinal, quando os empregados confiam nele e lhe obedecem (mais uma vez, nos Evangelhos, são os pobres que fazem a vontade de Deus: esses serão recompensados pela visão de um milagre), começa uma nova era. Ela é marcada por uma palavra: "agora". Quando os empregados enchem de água as talhas, Jesus lhes diz: "Tirai agora e levai ao mestre-sala". O autor do relato poderia ter dispensado esse "agora". Mas, em textos desse gênero, é preciso pesar cada palavra como se fosse moeda, com uma balança de precisão. Esse "agora" não está aí por acaso. Agora, graças à presença de Jesus, a nova Aliança entre Deus e os homens vai se realizar.

Todos os homens de boa vontade se tornarão os aliados de Deus, como os empregados nessa história foram aliados de Jesus. Sua missão será cumprida.

O relato de Caná é repleto de outros significados. Pode-se notar que esse primeiro "sinal", para retomar a expressão do evangelista João, é dado sob pedidos de uma mulher: quando Jesus responde à sua mãe, diz "mulher"; sua feminilidade, portanto, importa mais aqui do que sua maternidade.

Outra interpretação diz respeito à qualidade dos vinhos: o que foi servido primeiro representa a revelação progressiva da identidade do Deus único e de sua vontade, feita em Israel pelos profetas; mas Jesus traz uma revelação mais completa, total, daí a qualidade do vinho que manda servir, de uma safra infinitamente superior, que surpreende o sommelier e da qual os convidados não se dão conta no momento.

Enfim, claro, como já observamos, a transformação da água em vinho anuncia a eucaristia, a última Ceia.

Ainda que não fosse do gênero biográfico, o relato de Caná merecia uma análise detalhada. Podemos, de resto, considerá-lo um prefácio: João, que é o único a contar essa história, a coloca no início de seu Evangelho, de que é o segundo capítulo. Como se quisesse repetir em outra forma o que havia escrito no primeiro: "A Lei foi dada através de Moisés, a graça e a verdade vieram por Jesus Cristo. A Deus ninguém nunca viu. O Filho Unigênito que está no seio do Pai foi quem no-lo deu a conhecer"[22]. O relato de Caná diz o essencial. E, o que não pode ser menosprezado, coloca logo a missão de Jesus sob o signo da alegria. Renan escreve, com exagero: "Ele (Jesus) percorreu a Galiléia em meio a uma festa perpétua"[23]. Os que, ao longo dos séculos, têm se dito seus discípulos se esquecem disso com freqüência.

Hendrick de Clerck, Multiplicação de pães e peixes, século XVI-XVII

8.

Os milagres

Pintura de Geertgen tot Sint Jans. A Ressurreição de Lázado. c. 1480

OS EVANGELHOS relatam quatro dezenas de milagres realizados por Jesus: 22 em Mateus, 19 em Marcos, 14 em Lucas e 7 (número sagrado) em João. Eles não são sempre os mesmos: dos 7 que João narra, 6 não são encontrados nos três outros. Mas todos indicam que deve ter havido outras intervenções milagrosas, "muitas", segundo João[1]. Na maior parte do tempo, trata-se de curas de doenças: cegos, paralíticos, leprosos, surdos-mudos, uma mulher sofrendo de hemorragia crônica. Outros milagres trazem de novo à baila as leis naturais: Jesus acalma a tempestade, multiplica os pães no deserto, faz mortos ressuscitarem.

Os Evangelhos e os Atos dos Apóstolos[2] são nossas únicas fontes de informação sobre esses milagres. Um texto judeu, o *Talmud* babilônico[3], reporta entretanto que Jesus foi executado por praticar a "feitiçaria", o que poderia confirmar, ao menos, que ele exercia uma atividade semelhante à dos curandeiros e exorcistas.

Os evangelistas davam, se consideramos a extensão dos relatos consagrados ao assunto, certa importância aos milagres. Marcos sobretudo: excetuados os capítulos sobre a Paixão, as descrições dos milagres ocupam 47% de seu texto. No entanto, um detalhe interessante, os evangelistas jamais empregam para qualificá-los a palavra grega *terata*, que significa "prodígios espantosos", mas empregam, mais modestamente, *dunameis*, isto é, "atos de poder", ou no caso de João, *sêmeia*, "sinais".

Também há ocasiões, é verdade, em que complementam, ampliam e multiplicam esses atos de poder. A cura de um cego e de um possesso, em Marcos, se torna a de dois cegos e dois possessos em Mateus; as 4 mil pessoas alimentadas a pão no deserto, em um, se tornam 5 mil em outro, e os restantes a aumentam ainda mais; os pães enchem 7 cestas ou 12. Isso permite suspeitar que, quando esses textos foram escritos, outros acréscimos foram feitos por fiéis cuidadosos.

A própria atitude de Jesus quanto aos milagres era ambígua, a crer nos evangelhos. Por um lado, como vimos, ele responde aos enviados de João que é sim "aquele que há de vir" provando-o com uma lista de milagres (os coxos andam, os cegos vêem etc.) que é em parte uma citação de Isaías[4]. Por outro lado, faz esses milagres na maioria das vezes a contragosto, não os realiza por iniciativa própria. Jamais se comporta como mágico ou prestidigitador que arrebanha os transeuntes: aproximem-se! venham ver!

Ao contrário, se esconde. Levam-lhe "um surdo-mudo" e ele o leva "à parte da multidão"[5] para curá-lo. Apresentam-lhe em Betsaida um cego, suplicando-lhe "que o tocasse", ele o conduz para o campo, cura e o leva para casa com a seguinte recomendação: "Nem penses em entrar na aldeia"[6]. Quando um leproso se prostra diante dele, implorando uma cura, que obtém, Jesus lhe recomenda: "Não digas nada a ninguém"[7].

Com bastante freqüência, quando lhe pedem para fazer milagres como quem impõe a um embaixador que apresente cartas de confiança e a um suspeito que prove sua identidade, ele se impacienta. Marcos, logo depois do relato da multiplicação dos pães, conta que os fariseus reclamam a Jesus um sinal vindo do céu (como se aquele milagre não bastasse, como se não quisessem acreditar nele ou vissem naquela súbita abundância de pães um sinal vindo não do céu, mas de outra parte — por exemplo, de Satanás). Então ele, "com um profundo suspiro", diz: "Por que esta gente busca um sinal do céu?

Em verdade vos digo: não lhe será dado nenhum"[8]. O que também pode significar: já que vos obstinais a descrer, estejai certos de que não farei o milagre para vossos belos olhos; só me decido a fazê-los quando úteis. Uma linguagem que Jesus já tinha usado, como vimos, com o próprio diabo, quando este lhe pediu que convertesse as pedras do deserto em pães. Ele mostra a mesma irritação, no mesmo momento (depois da multiplicação dos pães) do Evangelho de Mateus, mas de maneira menos ameaçadora: "De tarde dizeis: 'Vai fazer bom tempo, pois o céu está avermelhado'. E pela manhã: 'Hoje vai trovejar, pois o céu está escuro'. Sabeis distinguir a fisionomia do céu mas não sabeis distinguir os sinais dos tempos. Esta gente perversa e adúltera busca um sinal mas não lhe será dado senão o sinal de Jonas"[9]. O sinal de Jonas é sem dúvida a destruição de Nínive e o desaparecimento de seus habitantes, que o homem que saiu da baleia não pára de anunciar. A resposta talvez faça alusão à destruição de Jerusalém.

Mas, para o filósofo René Girard, esse sinal é o do "bode expiatório, o sinal do infeliz lançado à baleia pelos marinheiros que o julgam responsável pela tempestade"[10]. Jesus faria então uma alusão à sua morte, ao seu tipo de bode expiatório, a quem é atribuído todo o mal do mundo.

Quanto ao milagre, nossa geração, por sua vez, se divide em duas reações. Uns se mostram ávidos, amam o mistério e o maravilhoso, que confortam sua crença no sobrenatural. Para outros, os milagres relatados pelos Evangelhos são antes obstáculos à fé do que estímulos à crença. Partilham o sentimento de Paul Valéry, para quem "o desprezo de Deus pelos humanos se exprime pelos milagres"[11]. A existência de Jesus, eles não a negam; o que ele disse é interessante, e eles se mostram dispostos, o quanto possível, a pôr seus ensinamentos em prática. Mas os milagres!

Vamos, portanto, tentar discernir, se é que é possível, do que se trata, o que realmente aconteceu e o que isso significa.

Que é um milagre? Todos os dicionários respondem associando duas definições:

1. É um fenômeno extraordinário.

2. Sua causa está, segundo os que crêem, em uma intervenção divina (o que distingue o milagre da magia, a qual utiliza "procedimentos ocultos" ou apela às "forças sobrenaturais imanentes à natureza").

O extraordinário varia com os tempos. O que assim parecia a um contemporâneo de Jesus pode nos parecer banal hoje. A psiquiatria moderna explica ou provoca curas que pareciam miraculosas outrora — o que se verifica sobretudo nos casos dos surdos, cegos, epilépticos ou paralíticos, freqüentemente citados nos Evangelhos. Mas ela se revelou impotente diante da lepra ou dos deficientes congênitos.

O extraordinário ainda existe. Muitos conhecem, por experiência ou através de amigos, os fenômenos de telepatia, curas inexplicadas, aparições estranhas, de que a maioria não ousa fazer confidência por medo de passarem por espíritos crédulos ou perturbados. E as explicações racionalistas desses fenômenos multiplicam a tal ponto as hipóteses e as coincidências do acaso, que as fazem parecer mais fantásticas que o próprio fato.

Os científicos admitem hoje, um pouco mais que no início do século, a existência de situações "paranormais" ou de "outras lógicas". Assim, as leis da geometria do grego Euclides, todas verificáveis num espaço restrito, se tornam caducas nas grandes distâncias, como mostrou o alemão Riemann, cujos trabalhos serviram de modelo à teoria da relatividade. As leis estabelecidas pela ciência e válidas no mundo cotidiano podem ser deformadas quando mudamos radicalmente a escala no tempo, no espaço, no infinitamente grande ou no infinitamente pequeno, no muito denso, nas altas energias, aqui incluídas — por que não? — as altas energias espirituais.

A atitude objetiva, em tal assunto, consiste em analisar com cuidado, precisão e sem a prioris, todos os relatos dos Evangelhos. Isso, claro, significa que não se deve considerá-los incontestáveis. Mas também que não se deve rejeitar de uma vez tudo que parecer maravilhoso ou imediatamente inatingível pela razão. "Quando um fato lhes parece estranho", escreveu Victor Hugo, "vocês concluem que não existiu. Correm a dizer: é pueril. Mas o que é pueril é achar que, fechando os olhos ao desconhecido, suprime-se o desconhecido."[12]

Renan, ao contrário, partia de pressuposições: o sobrenatural não existe, logo os milagres não existem, e, já que narram milagres, os Evangelhos são lendas. "Os milagres", escreveu, "são coisas que nunca acontecem; apenas os crédulos acreditam vê-los; não se sabe de um só milagre que tenha ocorrido diante de uma testemunha capaz de verificá-lo (...). Por isso, quando se admite o sobrenatural abandona-se a ciência, admite-se uma explicação que nada tem de científica, uma explicação que é dispensada pelo astrônomo, físico, químico, geólogo, fisiologista, que deve também ser dispensada pelo historiador. Repudiamos o sobrenatural pela mesma razão que nos faz repudiar a existência dos centauros e dos hipogrifos: essa razão é a de que jamais os vimos."[13]

Ernest Renan pertencia a um século que acreditava firmemente em todas as virtudes da ciência: como ela já explicou muito, acabará por explicar todo o resto. Hoje sabemos que a ciência dessa época ensinava, ao lado de verdades incontestáveis e desmitificadoras, alguns erros graves. E Jean Rostand, que não acreditava mais em Deus e no sobrenatural do que Renan, escreveria algumas décadas depois: "Que a insatisfação do espírito seja nosso destino, que seja preciso que nos resignemos a viver e morrer na ansiedade e no escuro, é uma de minhas certezas. Quando, depois de milhares e milhões de anos, nossa espécie se extinguir da terra, o homem continuará limitado a ruminar sua ignorância e a repisar sua incompreensão. Uma ignorância mais ornamentada do que a nossa — mas ignorância"[14].

Abandonaremos então o a priori segundo o qual, não existindo o sobrenatural, todo milagre é apenas lenda.

Outra atitude, mais atual (e bastante propagada entre os que crêem), consiste em pensar que, sendo o milagre "inaceitável para o homem moderno"[15], convém fazer poucas referências a ele, ou seja, silenciar sobre ele quando se evocarem os ditos e feitos de Jesus. Ao que se pode responder, primeiro, que se houver uma verdade ali ela continuará uma verdade, mesmo que "inaceitável para o homem moderno", e que se houver dúvida continuará dúvida, se houver erro continuará erro... O importante, o essencial, não é saber o que é "aceitável" mas o que é verdadeiro.

E pode-se acrescentar que o discurso sobre "homem moderno" peca por excesso de globalismo, que o retrato robótico do homem moderno, senhor de si e do universo e certo de sua vitória, é bastante enganador. Corresponde talvez a certa realidade pós-Segunda Guerra, a uma imagem que em seguida se desmantelou. Mas esta é outra história.

Afinal, quem quer que acredite na existência de Deus não pode imaginar que ele nunca, em nenhum momento, em nenhum lugar, não intervenha, diretamente ou por delegação, nas coisas do mundo e dos homens. O teólogo protestante alemão Gunther Bornkamm, de grande reputação no além-Reno e que foi íntimo de um exegeta muito crítico, Rudolf Bultmann, escreve: "Ter fé é confiar no fato de que o poder de Deus não se torna um fim em si mesmo quando as possibilidades humanas estiverem extintas"[16]. Em linguagem publicitária, pode-se dizer que existe um "plus" em Deus, um "plus" de dimensões infinitas.

O milagre, ou o que assim chamamos, não tinha nada de muito surpreendente no mundo antigo. O homem, que não tinha vindo para controlar a natureza, tentava lisonjeá-la para obter seus benefícios, domesticá-la pela magia, negociar com as forças ocultas que a regiam oferecendo-lhes sacrifícios em troca de curas, chuva ou bom tempo. Mágicos, feiticeiros e sacerdotes ligados ao culto de ídolos lutavam muito para dominar essas forças ocultas, conjurar a sorte, ler o futuro.

Os judeus, de fato, se distinguiam dos outros povos da bacia mediterrânea por acreditarem num Deus único e não em dezenas de ídolos. Portanto, não havia por que, para eles, ao menos em princípio, questionar as entranhas do frango, lançar pedras sobre a água, ou se entregar a qualquer outra prática de magia. Estas eram punidas com morte pela *Torá*, assim como todas as formas de espiritismo ou adivinhação. Mas só em princípio, porque o Velho Testamento conta, entre outras, a história de Saul, primeiro rei de Israel, que, desesperado da má sorte, vai implorar, disfarçado, a uma feiticeira que consulte um espectro. Sem chance: é o profeta Samuel quem aparece e anuncia que Saul, sua dinastia e o exército de Israel estão condenados a desaparecer — o que se verificará no dia seguinte.

Assim, a história religiosa dos judeus é feita de um longo esforço por parte de profetas e sacerdotes para purgar a natureza das forças ocultas que, segundo os primitivos, a habitavam, para explicar a seu povo que as práticas de magia não podiam embotar o Deus único. Esse esforço deu alguns frutos. Mas as mentalidades primitivas, nunca abolidas de vez, ressurgiam à menor infelicidade. Mágicos e videntes (os *rohé*) ainda percorriam o campo. Exorcistas tentavam caçar o demônio. Ou seja, estavam sempre acalmando os energúmenos e os perturbados. Os doentes se agrupavam, na esperança de cura, ao redor de fontes de água ou piscinas miraculosas. Tal qual a de Betesda, célebre piscina com cinco pórticos[17] de Jerusalém, da qual fala o Evangelho de João: o primeiro coxo, cego ou impotente que mergulhasse nela quando, de repente, o "anjo do Senhor" agitasse suas águas, se livraria de sua doença[18]. Tais piscinas, prestando mais ou menos os mesmos serviços, existiam em todo o mundo influenciado pelos gregos. Em Corinto, no Templo de Esculápio, deus da medicina, encontrou-se uma inscrição, assinada por Hermodikos, que diz: "Em agradecimento por todas as tuas bondades, ó Esculápio, eu te dedico essa rocha que ergui apenas com a força de meus braços e que permanecerá, aos olhos de todos, como o testemunho de teus poderes. Pois, antes de me dispor às tuas mãos e às de teus filhos médicos em teu templo, eu sofria de uma doença terrível: eu tinha um abscesso no pulmão e meus dois braços estavam paralisados. Tu me hás convencido de que eu poderia erguer essa rocha; a ti obedeci e me curei"[19]. Os discípulos de Esculápio tratavam os doentes da mesma maneira que Jesus, colocando as mãos neles, rezando ou pronunciando fórmulas misteriosas. Era a medicina da época.

Os milagres atribuídos a Jesus, em tal contexto, surpreendiam menos do que nos surpreendem. Os homens e mulheres a quem se dirigem ouviam falar regularmente, na sinagoga, do mar Vermelho separado em dois, do fogo descido do céu, do desmoronamento dos muros de Jericó. A cura de um surdo e o desaparecimento da febre da sogra de Pedro não estavam, se se pode dizer, "à altura", não os transtornavam nem um pouco. Se Jesus quis provar com eles o que quer que seja, não conseguiu.

Os evangelistas, entretanto, não cansam de relatar curas (e um ou outro ignoram, ao mesmo tempo, milagres mais importantes, como a ressurreição do filho da viúva de Naim, que só Lucas relata, ou a de Lázaro, que só está em João).

As comunidades cristãs primitivas também lhes davam muita importância. Desde o dia de Pentecostes, segundo os Atos dos Apóstolos[20], Pedro, que estava em apuros algumas semanas antes, declara aos judeus que Deus "deu testemunho" de Jesus, o Nazareno, diante deles "com milagres, prodígios e sinais".

Paremos na expressão "deu testemunho". Para os homens e mulheres a quem Pedro se dirige nesse dia, ninguém pode ser considerado profeta se não é, ao mesmo tempo, um fazedor de milagres. As duas atividades estão ligadas, mesmo para os maus profetas. O próprio Jesus, quando prediz a ruína do Templo, as piores calamidades para a Judéia, mais uma chuva de infelicidades sobre seus discípulos, anuncia a aparição de "falsos cristos e falsos profetas, que farão sinais e prodígios, para seduzirem, se possível, até os escolhidos"[21].

Os evangelhos relatam então as atividades miraculosas de Jesus para que, num primeiro momento, seja reconhecido, "testemunhado", como profeta. E às vezes insistem fortemente: Mateus assegura que Jesus curava "toda enfermidade e doença"[22]. Depois, compreendido seu motivo, fazem com que Jesus apareça como um profeta único em seu gênero. É uma pedagogia que se dirige especialmente aos gregos, os quais dispõem de uma pequena multidão de deuses que curam e salvam.

Resta saber que relações têm esses relatos com a realidade.

Surpresa: nenhum, ou quase, dos especialistas nessas questões coloca em dúvida a realidade da maioria das curas. O historiador e teólogo protestante Etienne Trocmé, presidente da Sociedade Internacional para Estudo do Novo Testamento, parece resumir uma opinião quase geral quando escreve em "História das Religiões": "É impossível afirmar com certeza como as coisas se passavam quando uma doença se apresentava. Mas é evidente que Jesus tinha dons excepcionais de curandeiro e fazia uso desinteressado deles"[23].

Como os especialistas chegam a essas conclusões? Primeiro tentam encontrar, através dos Evangelhos escritos em grego, o que é mais antigo, o que se repetiu de boca em boca, o que chamamos de "tradição oral". Em seguida se perguntam qual crédito dar àquela tradição. Chocando-se sempre com o mesmo problema: aqueles que transmitiram, oralmente ou por escrito, os ditos e feitos de Jesus sabiam como havia terminado sua passagem pela terra; mas não se escreve da mesma maneira uma história que está acontecendo e outra da qual se sabe a conclusão; os fatos têm outra ordenação e eventualmente ganham, ao cabo, um sentido que não se havia percebido até então.

Primeira tarefa: a comparação dos quatro Evangelhos. Ela permite debulhar os exageros, as deturpações de um e outro.

Segunda tarefa: a pesquisa das formas de linguagem mais arcaicas. Assim, quando Jesus faz levantar-se a filha do chefe da sinagoga Jairo, que diziam morta, ele diz: "*Tallitha Koum*", em aramaico, e o evangelista Marcos tem o cuidado de dizer que aquilo se traduz como: "Garota, ordeno, levanta-te!"[24]. Como escreveu Charles Perrot, cuja interpretação seguimos aqui, "tais palavras possuem um 'efeito de realidade' dos mais consideráveis"[25], mas ele logo acrescenta que relatos comparáveis e não-cristãos, como alguns de origem grega, "apreciam muito relatar as palavras quase mágicas do curandeiro numa língua estranha".

Outros detalhes possuem "efeito de realidade". Quando mostra Jesus acalmando a tempestade que assusta seus companheiros, Marcos explica que ele estava na popa, "deitado num travesseiro"[26]. Mas os que conhecem bem Marcos dirão que é preciso desconfiar, pois o autor do texto é um literato, que gosta de arquitetar cenas com seus personagens.

Mais persuasivos, talvez, são os detalhes que os evangelistas teriam se sentido tentados a "esquecer" porque eram mais problemáticos para eles mesmos. Por exemplo, quando Jesus usa sua saliva para curar um cego e um surdo-mudo. Como o cego de nascença que ele encontra perto do Templo de Jerusalém: "Jesus cuspiu no chão, fez um pouco de lodo com a saliva e ungiu os olhos do cego, dizendo: 'Vai lavar-te na piscina de Siloé' (...). O cego foi, lavou-se e voltou vendo"[27]. Usar a saliva desse modo, todos os curandeiros usavam. A crer em Plínio em sua "História Natural" e Suetônio em "Vespasiano", as pessoas da época julgavam a saliva eficaz no tratamento de doenças oculares. Evocar o detalhe da saliva, portanto, é alinhar Jesus entre os meros curandeiros.

Pior ainda, essas práticas não são sempre imediatamente eficazes. Assim, em Betsaida, quando Jesus coloca saliva nos olhos de um cego e o toca com as mãos, ele se inquieta: "Vês alguma coisa?" O outro não se mostra entusiasmado: "Olho os homens e vejo como árvores que andam". Então Jesus o toca de novo e o homem, enfim, vê "tudo distintamente, mesmo de longe"[28].

O auge é atingido quando Marcos conta que, de volta à sua terra, a Nazaré, Jesus, não muito bem acolhido pelos seus antigos vizinhos, "ali não pôde fazer nenhum milagre. Curou apenas alguns poucos doentes, impondo-lhes as mãos"[29].

Um propagandista zeloso que quisesse provar a seus contemporâneos a onipotência e divindade de Jesus esqueceria de bom grado esses fracassos (devidos, como assinalam a maior parte do tempo os evangelistas, à falta de fé desses que pediam os milagres). A recorrência insistente do uso da saliva e a descrição dessas dificuldades, portanto, constituem exceções de verdade.

Os especialistas usam, para separar joio de trigo nos milagres, outro critério: o da originalidade. Alguns relatos, de fato, remetem a outros que nada têm a ver com Jesus. Por exemplo, quando ele diz a Pedro, a respeito da coleta de imposto pelo Templo, que vá pescar um peixe: "Ali acharás uma moeda (de ouro, que valia quatro dracmas, e todo judeu acima de 20 anos devia pagar anualmente dois dracmas ao Templo).

Retira e dá por mim e por ti"[30]. Histórias de peixes com moedas ou anéis de ouro na boca eram contadas naquele tempo em todas as margens do Mediterrâneo. Esta deve então ser vista com prudência.

Da mesma forma, a cura do filho do centurião em Caná, relatada por João, Mateus e Lucas[31]. O centurião, que é um oficial em Cafarnaum e cujo filho está doente, vem atrás de Jesus e lhe suplica para acompanhá-lo até sua casa para curar o menino. Jesus, sempre reticente: "Se não virdes sinais e prodígios, não credes". O outro insiste. Jesus o assegura: "Vai, teu filho está passando bem". O centurião, confiante, vai, e seus empregados vêm a seu encontro no caminho e lhe confirmam a boa notícia; a febre "deixou" seu filho, à uma da tarde, hora exata em que Jesus havia assegurado ao pai: "Teu filho está passando bem". Ora, encontra-se no *Talmud* um relato da mesma época[32] que tem algumas semelhanças com este: o filho do *rabi* Gamaliel fica doente; envia dois de seus discípulos à casa de um certo Hamina Ben Dosa, o qual, assim que informado, se põe a rezar e depois lhes diz: "Ide, a febre o deixou". Estes, não se sabe por que, antes de sair observam que horas eram. Isso lhes permite constatar, ao retornarem a Gamaliel, que exatamente à mesma hora o menino havia pedido algo para beber e a febre o deixava.

A semelhança é evidente. Mas é difícil tirar conclusão dela. Um relato influenciou o outro e, nesse caso, qual? Ninguém sabe. Mas o que o evangelista quer dizer está claro: se confiamos em Jesus, se cremos nele, temos a vida. Para João, e também sem dúvida para os outros, isso importava bem mais que a realidade histórica dos fatos.

Alguns, de resto, se perguntaram se diversos relatos de milagres não eram, originalmente, parábolas pouco a pouco transformadas, de boca em boca, antes da redação dos Evangelhos, em relatos de fatos reais. No episódio da figueira, Jesus, que está com fome, a encontra sem frutos, quando se dirige a Jerusalém, às vésperas da Páscoa — logo, na estação das primeiras flores. Não há nada surpreendente em que ele a encontre assim. O evangelista Marcos acrescenta com simplicidade: "Pois não era tempo de figos". Mas Jesus condena a figueira: "Nunca jamais alguém coma fruto de ti!" No dia seguinte, quando passa por lá com os apóstolos, a figueira maldita está seca[33]. Pobre figueira. Como escrevem os comentaristas da "Bíblia do Povo de Deus", publicada com o *imprimatur*[34], "o gesto de Jesus seria um gesto bem arbitrário se não pretendesse ser um símbolo". É Israel que aqui é condenada por não ter dado os frutos esperados. E o evangelista, depois de citar a condenação — "Nunca jamais alguém coma fruto de ti" —, ainda acrescenta: "E os discípulos (de Jesus) ouviram". Não vemos por que Marcos se sentiria obrigado a acrescentar isso — pois é evidente que os discípulos não tinham de repente se tornado surdos — se não fosse para dizer que eles compreenderam.

Da mesma forma, em Gérasa, aonde Jesus chega depois de ter acalmado uma tempestade, um possesso sai do cemitério onde vagabundeava, repudiando a todos, "gritando e se ferindo com pedras". Jesus caça os demônios, pois parecem alojados em bando num só homem, e que no entanto lhe pedem educadamente que não os "expulse da região" (região que, na verdade, não está submetida à Lei de Moisés; é a única incursão de Jesus em território pagão). Por acaso, havia ali uma grande vara de porcos, e os demônios negociaram: que Jesus os transferisse para esses animais. O que ele faz, compactuando. Resultado: assim que operada a transferência, "a manada, de uns dois mil, precipitou-se ao mar pelo barranco abaixo e se afogou nas águas"[35]. Como dizem os mesmos comentaristas do Evangelho, encontra-se "tratamento lendário" nessa história e, sobretudo, muito humor, num relato em que um grupo de maus espíritos quer apenas encontrar refúgio em corpos de porco, animais impuros no entender dos judeus (o episódio, já dissemos, não se desenrola na Palestina, onde não se criavam animais). Os judeus que ouviam esse relato compreendiam mais rapidamente do que nós que Jesus, que tinha humor, queria ridicularizar os maus espíritos e mostrar que tinham perdido o poder.

É impossível, e seria cansativo, fazer aqui a triagem entre todos os milagres relatados pelos evangelistas e analisá-los. É interessante, porém, se deter um pouco no que chamamos de "milagres sobre a natureza". Os especialistas católicos, de fato, assinalam que "o milagre não se opõe às leis naturais (*contra naturam*); justapõem-se a elas (*praeter naturam*)"[36]. É a doença que vai contra as leis naturais, não a cura. O padre Georges Chantraine, jesuíta, escreve: "Deus pode o impossível, mas o Criador não se contradiz; renova sua Criação se reconciliando com ele"[37].

Contam-se nos Evangelhos quatro grandes milagres sobre a natureza: a tempestade acalmada, a caminhada de Jesus sobre as águas, a multiplicação dos pães e as ressurreições de mortos.

A maioria desses milagres apresenta analogias com cenas do Velho Testamento. Deus, no salmo 65, aplacou "o rugido do mar, o estrondo das vagas e o tumulto das nações"[38]. No Livro de Jó, "caminha sobre as ondas do mar"[39]. No relato do Êxodo, alimenta os hebreus no deserto derramando maná. No Primeiro Livro dos Reis, Elias ressuscita a filha de uma viúva e, no Segundo, Eliseu faz o mesmo com um filho de uma nobre israelita, a sunamita (a qual já tinha se beneficiado de um milagre já que lhe havia permitido gerar esse menino ainda que, como Isabel, a prima de Maria, tivesse se desesperado de engravidar, de tão idoso que seu marido era)[40]. O mesmo Eliseu, de resto, miraculosamente enche de óleo talhas vazias[41] e multiplica vinte pães de cevada para alimentar cem pessoas: "Assim fala o senhor", diz ele, "eles comerão e ainda deixarão sobras".

De todas essas semelhanças alguns concluíram que os evangelistas quiseram, ao contar esses "milagres sobre a natureza", mostrar que Jesus agia como os maiores profetas e possuía os poderes atribuídos a Deus no Velho Testamento. O que não podemos ignorar.

Mas também não podemos concluir em definitivo que esses relatos sejam puramente lendários e menos ainda deixá-los de lado como se não tivessem sentido.

Vamos então nos ater a dois dos milagres mais importantes entre esses. Primeiro, a multiplicação dos pães, que marca uma guinada na história do movimento de Jesus e que é o único episódio de sua vida — entre o batismo e a última entrada em Jerusalém — que é contado pelos quatro evangelistas, e até duas vezes por Mateus e Marcos, de modo que dispomos de seis relatos. Depois, a ressurreição de Lázaro, que apenas João narra, mas cuja implicação é grande.

O sucesso tem sempre outra face, bem conhecida: lhe traz inimigos. Jesus, naquele tempo, via sua audiência crescer e seus discípulos se firmarem. Certo, em Nazaré, sua aldeia, o receberam com frieza quando ensinou na sinagoga — "Um profeta só é desprezado em sua terra, entre seus parentes e em sua própria casa"[42], concluiu ele — e, como vimos, nenhum milagre pôde fazer, segundo o evangelista Marcos, que logo acrescenta, como se tratasse de uma informação dispensável, que ele mesmo assim curou "alguns poucos doentes, impondo-lhes as mãos"[43]. Mas, exceto em Nazaré, ele reuniu grupos, "multidões" e curou muita gente[44]. Também estruturou sua equipe constituindo os Doze[45] e os enviou em missões, aos pares[46]. Eles em geral venceram, a crer em Lucas e Marcos: "Percorreram as aldeias anunciando o Evangelho e curando por toda parte"[47].

O sucesso do movimento de Jesus é tal que Herodes Antipas, o homem que mandou decapitar João Batista, se inquieta. Contam-lhe que esse homem que atrai multidões não é outro senão o decapitado, ele próprio, ressuscitado dos mortos, ou o profeta Elias, subitamente reaparecido. E o tetrarca deseja vê-lo. Isso não quer dizer que, tocado por uma graça repentina, ele queira receber lições desse novo profeta. Pelo contrário. Se era João Batista ressuscitado, ele acabaria por mandar degolá-lo de novo.[48]

Jesus, nesse momento, vê a necessidade de se afastar. Para descansar? É o que sugere Marcos[49]. Para escapar das buscas de Herodes? É o que dá a entender Mateus[50]. Mas os dois motivos podem se conjugar. Então ele vai "para o outro lado do mar", isto é, do lago de Tiberíades.

Não se foge tão facilmente das massas. O rumor funciona bem. O tempo está bom, a Páscoa está próxima — informa João, que como já dissemos gostava das anotações cronológicas; e esta anotação parece se verificar por outro fato: naquele lugar quase desértico, a multidão poderá se sentar na grama. Pois a multidão o seguiu, não se sabe como. E que o tenha seguido naquela data levanta um problema: era a rota de Jerusalém que ela deveria ter seguido na Páscoa, não a da região de Betsaida, segundo Lucas[51], ou de Tiberíades, segundo as interpretações mais sérias do texto de João[52].

Isso não vai ajudar nas relações de Jesus com o Templo. Claro, ele não quis atrair a multidão. Mas os homens do Templo, que deviam observar de perto os deslocamentos de um tal personagem, poderiam admitir que ele dissesse a seus companheiros mais próximos: "Não vamos a Jerusalém, temos mais o que fazer"? Não mais do que poderiam aceitar que, em vez de repelir os que o seguiram contra sua vontade, em vez de lembrá-los de seu dever pascal, ele se ocupasse em alimentá-los[53].

Pouco importa que sejam 4 ou 5 mil homens. Em proporção ao país, é um número considerável. É um conjunto variado de famílias que choram e trazem um doente, um deficiente ou um débil, na esperança de cura ou exorcismo, de voluntários atarracados e devotos, como os padioleiros de Lurdes, carregando paralíticos e febris, de simples curiosos, de agentes de todas as forças políticas ou religiosas que tentavam controlar esse país incontrolável, de discípulos fervorosos, de outros que querem entender a mensagem de Jesus ou que talvez desejem pará-lo — como o que se segue permite supor. E ele logo está inquieto. Por causa deles. Como vão se alimentar? São, como dissemos, 4 ou 5 mil — sem contar as mulheres e crianças, observa Mateus, como se estas somassem uma quantia negligenciável[54]. João acrescenta mais à frente que os homens se sentaram para fazer a refeição[55]. Não elas... Assim caminhava a humanidade.

A noite chega. Os discípulos, talvez cansados, talvez frustrados por não terem tido um momento de intimidade com seu mestre, veriam de bom grado toda essa gente indo se alimentar em outro lugar[56]. Não se trata apenas de comer: para os judeus, a refeição noturna é a mais importante. Jesus pergunta a Filipe: como comprar pães — o principal alimento, como dissemos, que serve às vezes até como prato — para dar de comer a todos? Filipe, que o Evangelho em geral apresenta como um indivíduo prático e às vezes reflexivo:

"Nem 200 moedas de prata dariam o pão suficiente para cada um receber um pedacinho"[57]. Por que 200 moedas de prata? É uma soma insuficiente mas não desprezível: quase sete vezes o preço da traição de Judas, seis meses de salário de um trabalhador agrícola. E, segundo Marcos, o grupo dispõe disso naquele dia: "Vamos, então, gastar 200 moedas de prata para comprar pão e dar-lhes de comer?"[58]. O que confirma uma observação anterior: o movimento de Jesus dispunha de uma pequena organização financeira.

Mas, se lemos direito esses relatos, percebemos uma absoluta oposição entre a lógica de Jesus e a dos discípulos: eles lhe falam em comprar, ele lhes responde para dar o que tiverem. Quando ele evoca mais tarde o dinheiro, é como um recurso para a dádiva. Assim, aconselha ao velho rico que o segue de vender o que possui e dar aos pobres.

Voltemos à multiplicação dos pães. André (o irmão de Simão Pedro), que está sempre próximo de Filipe, observa que um rapaz levou com ele cinco pães de cevada e dois peixes. É evidentemente ridículo, visto que há tantas bocas para alimentar. Como André reparou no rapaz em meio à tal multidão? Talvez contasse com ele para servir, à noite, Jesus e seus companheiros. Mas por que eles não fazem um apelo ao povo para saber se outros não levaram nada em alforjes e cestas? Perguntas sem respostas. Jesus não presta atenção. Pega os cinco pães e, "dando graças"[59], os distribui, como faz todo bom pai judeu que, presidindo a mesa de jantar, agradece ao Senhor antes de partilhar o alimento. E quando todos se sentam novamente, ordena que se juntem as sobras, importantes (e que se encham 12 cestos com elas — 12, um por apóstolo, como por acaso). Uma regra judaica, na verdade banal, de fato prescreve que não se desperdice comida. Mas os evangelistas insistem nisso a fim de mostrar a superabundância de pães e peixes.

Então sucede o mais importante, o grande mal-entendido. A multidão, que até então pouco tinha se manifestado, aclama Jesus. Aquele homem, diz ela, segundo João, é "o profeta que há de vir ao mundo"[60]. *O* profeta e não *um* profeta. Desta vez, ele é identificado como o Messias. E o Messias, no seu entender, será o rei de Israel, um soberano político. Jesus, que não pode aceitar isso, se retira para uma montanha, sozinho.

Que podemos reter e compreender desses relatos?

Segundo todas as evidências, eles receberam o esmalte de acréscimos literários e números-símbolos. Os evangelistas, que gostam de colocar Jesus no rastro dos grandes profetas, ainda que para mostrar que ele os superou, enfeitam seus textos com citações bíblicas, nem sempre apontando-as, como piscadelas para os ouvintes ou leitores judeus.

A respeito da multiplicação dos pães, já evocamos o maná caído do céu para alimentar os hebreus durante o Êxodo, assim como Eliseu, que alimentou uma centena de pessoas com vinte pãezinhos.

A respeito das "sobras" dessa refeição no deserto, poderíamos citar Rute, a moabita, uma "estrangeira" portanto, que se integrara por casamento ao povo judeu. O velho Booz, um nobre sortudo (que se tornará seu marido), lhe dá grão tostado: "Ela comeu", diz a Bíblia, "até saciar-se, e ainda lhe sobrou"[61]. A "sobra" manifesta sempre a generosidade superabundante de Deus.

A grama verde lembra, por sua vez, o salmo 23: "O Senhor é meu pastor: nada me falta. Em verdes pastagens me faz repousar"[62]. Trata-se de apresentar Deus como pastor desse povo; por sinal, algumas linhas antes de dar a informação sobre a grama, Marcos tinha escrito: "Ao desembarcar, Jesus viu grande multidão e deles se compadeceu, pois eram como ovelhas sem pastor"[63].

Os números de cinco pães e dois peixes tampouco são dados por acaso. Existem cinco livros da Lei, completados pelos "Livros" (de Samuel, dos Reis, das Crônicas etc) e "profetas" que são representados pelos dois peixes. Os quais já não bastam para "saciar a fome de sabedoria do povo de Deus. Para que seja possível passar da Páscoa dos judeus para a Páscoa dos discípulos, será preciso que Jesus ofereça uma sabedoria mais rica e um maná mais fortalecedor que os de Moisés"[64]. Afinal, a partição da multidão em blocos de 50 e 100 pessoas é freqüente no Velho Testamento, para a organização de combates e também para as grandes refeições.

Tais são as referências ao que se havia produzido, ou escrito, antes de Jesus Cristo. Mas os Evangelhos — é preciso voltar sempre a esse ponto — foram transmitidos, redigidos, depois de sua passagem sobre a terra, por pessoas que conheciam toda sua história, especialmente a última refeição que ele faz com os Doze, a última Ceia. Ao narrarem a multiplicação dos pães, eles evidentemente fazem alusão a esta.

Relato da multiplicação dos pães por Marcos: "Tomando os cinco pães e os dois peixes, levantou os olhos para os céus, rezou a bênção e partiu os pães e deu aos discípulos para distribuí-los"[65].

Relato da Ceia pelo mesmo Marcos: "Enquanto comiam, Jesus tomou o pão e, tendo pronunciado a bênção, partiu e deu-lhes"[66].

Exceto pelos peixes, a semelhança é evidente. O que aconteceu no deserto foi interpretado como uma prefiguração da última Ceia.

Mas que aconteceu de fato?

Um fato considerável, por certo. Os quatro Evangelhos o mencionam; ora, como veremos, eles não tinham todos as mesmas fontes. E mesmo se se referem todos, por vozes diversas, à crença da primeira comunidade cristã, aquela que nasceu em Jerusalém logo depois da ressurreição, devemos admitir que essa crença — embora dotada de um grande apetite pelo maravilhoso — não tenha tirado a história do nada, tão pouco tempo depois. De resto, não é como algo maravilhoso e prodigioso que os Evangelhos tratam essa história. Não zombam dela, geralmente não consagram a ela mais do que uma dezena de versículos e estão mais interessados em sua continuação e conseqüência.

Certamente, alguns tentaram dar explicações "racionais" para esses assuntos. Sobretudo a seguinte: na realidade, as pessoas que lá estavam não tinham deixado suas casas sem reservas; muitos possuíam provisões, outras, mais passionais ou menos precavidas, nada tinham trazido; vendo que Jesus e seus discípulos davam exemplos de partilha fraternal, os corações dos primeiros se abriram, se puseram a fazer o mesmo e todos puderam matar a fome. Esse milagre de corações que se abrem de repente é tão simpático quanto o da multiplicação dos pães, mas não passa de hipótese, baseada em palavra alguma, em fato algum[67]. Parece, além disso, contradizer as reações da multidão: se esta dividiu as provisões trazidas, não tinha motivo algum para fazer disso um acontecimento e menos ainda para ver nele um sinal (indicado por João) de que Jesus era o Messias esperado e querer fazer dele o rei.

Poderíamos, no mesmo registro, levantar outra hipótese: como toda multidão, essa era seguida por comerciantes — como esses que nos agrupamentos populares de hoje vendem trecos e enfeites —, os quais, tocados pelo discurso e exemplo de Jesus, de repente doaram seus estoques, talvez dissimulados até então para fazer os preços subirem... Essa conversão de especuladores seria igualmente simpática. Mas também hipotética.

Outra explicação foi cogitada, em formato prudentemente romanceado, pelo alemão Gerd Theissen, historiador, especialista no Novo Testamento, professor em Heidelberg. Ele mostra interesse por Joana, a mulher do administrador de Herodes, Cuza, que Lucas[68] cita entre as mulheres que serviam a Jesus e discípulos "com seus bens". Foi ela, sugere Theissen, quem enviou as provisões: "Quando meus empregados, diz ela, de repente trazem até ele (Jesus) tudo aquilo, a multidão vê aquela aparição de comida como um milagre. Essa pobre gente nunca tinham visto tanta comida junta"[69]. Ao que Theissen acrescenta também que, a partir de então, as pessoas "não tiveram mais medo de passar fome. Então tiraram as provisões que traziam escondidas para não ter de partilhar". Mas, por prudência ou convicção, o mesmo autor faz com que dois personagens tenham em seguida o seguinte diálogo:

"— Você quer dizer que podemos explicar assim a história da multiplicação milagrosa dos pães?

— Não diretamente. Não se pode dizer que isso tenha acontecido aqui ou acolá. Com Jesus, as pessoas sempre descobriam que dispunham de recursos extraordinários sem trabalhar, sem mendigar e mesmo sem se organizar."

A palavra não é pronunciada, mas eis que a hipótese do milagre reaparece.

Na realidade, bastantes especialistas consideram que não é possível reconstituir os fatos. "Certamente deve haver um acontecimento real na base desse relato", escreve A.-G. Herbert[70], "mas ele foi tão transformado que hoje nos é impossível dizer o que realmente aconteceu."

Entretanto, para a grande maioria deles, o que aconteceu permanece importante: "Qualquer que tenha sido sua natureza", escreve H. Clavier[71], "ocorreu um fato extraordinário — um ato de Jesus que transtornou profundamente os espíritos, mas de modo diferente do que ele desejava. Foi, por assim dizer, contra a sua vontade que esse gesto provocou um ataque de messianismo político e materialista".

Os relatos não são escritos com simplicidade, mas nos conduzem ao seu sentido. Seus sentidos diferem, mas não se contradizem, se seguimos o texto de João ou o dos outros três evangelistas.

Comecemos por João, que usa essa história para fazer teologia, como sempre. Depois da multiplicação dos pães, explica ele, os discípulos — que Jesus deixou sozinhos — sobem a uma barca para atravessar de novo o lago, desta vez na direção de Cafarnaum. Ocorre uma tempestade, eles remam com toda a força, não muito confiantes, mas Jesus aparece, caminhando sobre as águas, e arruma tudo.

Vamos abrir um parêntese sobre essa caminhada sobre as águas. Certamente, muitos especialistas contestaram sua realidade histórica. Outros discutiram problemas de tradução: seria possível interpretar o texto grego do Evangelho dizendo que Jesus caminhou não sobre o mar mas "sobre a praia"... O que sem dúvida é mais banal, mas contestado[72]. A maioria dá apenas uma importância limitada a esse debate: o autor, dizem, quer sobretudo mostrar que vamos entrar agora no mistério da missão de Jesus; essa caminhada sobre as águas é mais uma revelação de sua natureza divina (Deus, no Velho Testamento, triunfa sobre o mar, que sempre amedrontou os judeus, que é o domínio de poderes malignos) e também uma promessa feita aos discípulos de que Ele jamais os deixará sozinhos, a segurança dada às primeiras comunidades cristãs (e à Igreja, em seguida) de que Ele estará sempre com eles, mesmo nas piores dificuldades. Estamos, portanto, no nível dos símbolos.

Voltemos ao relato. A multidão, diz João, continua a procurar por Jesus. Sobe às barcas para se juntar a ele. Essa "multidão" já deve então estar bem reduzida, pois é difícil imaginar que se achasse em Tiberíades, naquela manhã, a quantidade de barcas suficiente para transportar 4 ou 5 mil homens, mais as mulheres e crianças. Então, Jesus: "Em verdade, em verdade vos digo: vós me procurais, não por terdes visto os sinais mas por terdes comido o pão e vos haverdes saciado. Esforçai-vos, não pelo alimento que perece, e sim pelo que permanece até (até ser) a vida eterna, o alimento que o Filho do homem vos dará, porque Deus Pai o marcou com seu selo"[73]. Ou seja, Jesus, sempre um pouco provocador (mas não desdenhoso: ele provoca por pedagogia, para levantar questões), responde aos galileus que eles nada entenderam. Multiplicar os pães, ele pode, mas isso não é o essencial; o importante é que eles lhe dêem outro pão, que é imperecível e vivifica; o importante é que Deus o enviou para isso, a ele, "Filho do homem".

Encontra ouvidos atentos. "Senhor", dizem essas corajosas pessoas, "dá-nos sempre deste pão."[74] Ao desembarcar no rio, eles o haviam chamado de *rabi*, apenas; agora eis que ele é "Senhor". Parecem ter sido esclarecidos. Então ele faz um discurso bem longo em que explica que foi enviado pelo Pai, que é o pão da vida, que garante vida eterna aos que nele acreditam[75].

Anuncia assim a instituição da eucaristia? Em seu livro, devidamente timbrado por todas as autorizações oficiais, o padre Xavier Léon-Dufour considera que só um "leitor ingênuo" pode acreditar nisso[76]. Não são as palavras exatas de Jesus que são transmitidas aqui, mas palavras como interpretadas pelo autor do texto à luz do que havia visto, ouvido e compreendido *depois*.

O que quer que ele seja, desta vez o discurso não funciona. Os galileus conhecem bem Jesus, Maria e José e agora ele diz descender dos céus! Alguns devem pensar que o sucesso ocorrido às vésperas o perturbou um pouco. Mas o evangelista o faz manter a afirmação de sua origem divina. Jesus explica em novo discurso sobre o símbolo do pão que este representa sua carne e que é promessa de vida eterna[77]. Eles murmuram. Ele insiste: "Minha carne é verdadeiramente comida e meu sangue verdadeiramente bebida"[78].

Está claro para qualquer um que leia essa passagem que João está fazendo teologia e não história, que não registrou as palavras de Jesus mas que — fundando-se sobre dizeres deste — elaborou todo um discurso sobre a eucaristia, que faz, se quiserem, catecismo para explicar às comunidades cristãs de seu tempo do que se trata. E cada vez que vemos os judeus murmurarem, rirem ou se indignarem, não se trata dos galileus da época de Jesus: as objeções que eles levantam no texto são em realidade as dos contemporâneos de João.

As comunidades cristãs da época de João, que sofrem com essas objeções, que as vêem jogadas em sua cara por seus adversários e mais tarde por seus carrascos, são ainda muito reduzidas. Poucas. Mesmo assim, na cena que ele narra, o diálogo se limita a um fracasso de Jesus: "Desde então muitos dos discípulos se retiraram e já não o seguiam"[79]. Restam apenas os Doze e Pedro, que pronuncia um ato de fé: "Senhor, para quem iríamos? Tu tens palavras de vida eterna. Nós temos fé e sabemos que és o Santo de Deus"[80]. E João, que não teme misturar os episódios, já anuncia o fim próximo da traição de Judas.

O relato de João tem, portanto, duplo sentido. Biográfico: é a caminhada de Jesus em direção a um aparente fracasso. A multidão de galileus se reduz de uma hora para outra para se limitar, no fim das contas, aos Doze, entre os quais — para arrematar — se encontra um traidor. Simbólico: o pão distribuído é o próprio Jesus se entregando; mas, à diferença do maná que cai miraculosamente do céu para alimentar diariamente, por 40 anos, os hebreus no deserto, esse pão assegura a vida eterna. Além disso, Jesus jamais abandonará os que confiam nele — a prova: ele triunfa sobre as águas malignas para acompanhá-los.

Mateus, Marcos e Lucas insistem menos que João no aspecto simbólico do pão; não encontramos neles, depois do relato do milagre, nenhum longo discurso sobre a eucaristia. Eles então nos permitem insistir sobre outro sentido do relato.

Voltemos ao deserto onde a multidão acaba de se saciar com pães e peixes. São milhares aclamando Jesus. Desta vez, não há dúvida: o dia D é chegado, o momento que seus pais, os pais de seus pais e os pais dos pais de seus pais haviam esperado. Conheciam todos a história do maná. Para a maioria dos judeus, é o maior milagre dos tempos do Êxodo, bem mais importante que a passagem pelo mar Vermelho a pé entre duas muralhas de águas em cascata. Os que sabem ler repetiram aos que não sabem, dez vezes, cem vezes, nas sinagogas ou em outros lugares, os diversos textos que asseguram que na chegada do Messias o maná cairá de novo. E esses pães infinitamente multiplicados, não caídos do céu, mas que aparecem em cestas que jamais ficam vazias, esses pães são o maná de seu tempo, de sua época. Eis, portanto, o Messias.

Os discípulos deviam partilhar seu entusiasmo. Pois, explicam Mateus e Marcos, quando Jesus foge para escapar da multidão, obrigou seus discípulos a "subirem à barca" de novo[81].

Se precisa obrigá-los, é porque relutam. Ficariam bem lá. Ainda não entenderam direito e achariam bem agradável serem promovidos, do mesmo modo, ao nível dos companheiros mais próximos do Messias. Marcos, que não perde uma ocasião de diminui-los, explica que "suas mentes estavam obcecadas"[82]. E, para mostrar a que ponto, depois do relato de algumas novas curas — pois em seu texto, à diferença do de João, Jesus, depois desse episódio, continua a atrair as massas —, ele os faz assistir a uma nova multiplicação dos pães[83] e os descreve em seguida numa barca onde esses tolos se queixam de novo, pois não levaram alimentos com eles. Desta vez, Jesus está irritado. Nunca vão compreender? "Ainda tendes a mente obcecada? Tendo olhos, não vedes e, tendo ouvidos, não ouvis?"[84]. A primeira frase é de Marcos, que não se incomoda de emprestar a Jesus seus próprios sentimentos; a segunda, uma citação do Velho Testamento[85].

Marcos (como Mateus, que conta a mesma história) é bem mais severo porque os discípulos são desculpáveis. Diante do acontecimento, puderam crer no nascimento de um mundo inteiramente novo, diferente. Assim como a samaritana, a mulher que encontra

Jesus junto a uma fonte aonde vem diariamente encher seu cântaro; um diálogo é travado, durante o qual Jesus se apresenta como "uma fonte que jorra para a vida eterna"[86], o que ela evidentemente não compreende; toda alegre, ela diz a si mesma somente que dali em diante escapará a seu fardo cotidiano: "Dá-me dessa água (...) para não precisar vir aqui buscá-la"[87].

Os discípulos e a multidão, se nos atemos aos relatos dos Evangelhos, têm mais ou menos a mesma atitude, parecem acreditar que os pães cairão diariamente, assados, dos céus. Mas não. O mundo continuará como antes. Os padeiros e as donas-de-casa deverão todo dia fabricar o pão. Os médicos deverão sempre curar as doenças. Os pescadores deverão sempre pescar os peixes.

A respeito de um dos principais personagens de seu romance "A Peste", o doutor Rieux, Albert Camus escreveu: "Se ele acreditasse num Deus todo-poderoso, pararia de curar os homens, deixando para ele esse cuidado (...). Nesse sentido, ao menos, ele, Rieux, acredita estar no caminho da verdade, lutando contra a criação tal como ela é"[88].

Ele ignorava a lição dos Evangelhos: os milagres que estes narram respeitam a independência, a autonomia, a liberdade dos homens, a quem Deus propõe, de resto, consumar uma "Aliança" com ele, para terminar a Criação e não lutar contra ela. Os milagres contados pelo Evangelho são apenas gestos de compaixão que Jesus se resigna a fazer, no espaço de um instante.

O milagre dos pães, como vimos, tem outro sentido capital: dali em diante os judeus sabem que não podem contar com Jesus para resolver por eles problemas cotidianos nem tomar a frente de uma guerra de libertação para estabelecer a sociedade de paz, prosperidade e justiça com a qual sonham. Se bem que muitos o abandonam; e seu movimento está em crise.

Três ressurreições são atribuídas a Jesus pelos Evangelhos: a de uma menina, cujo pai, Jairo, era chefe de sinagoga e que acabara de morrer; a de um rapaz, filho de uma viúva com quem havia cruzado à entrada de Naim e que o cortejo fúnebre já levava ao som do *shofar* (uma corneta de carneiro furada dos dois lados) para o cemitério; e a de Lázaro, a mais espetacular porque ocorre, segundo João, quatro dias depois da morte, quando o cadáver já começava a apodrecer: "Ele (Jesus) sentiu".

A maioria dos comentários católicos sublinha hoje que, nesses três casos, a palavra "ressurreição" é imprópria. A respeito da filha de Jairo, Anne Reboux-Caubel escreve: "Podemos apenas falar em 'reanimação' — de fato, ela revive, mas não escapa, como conseqüência, à lei humana da mortalidade. Um dia terá de morrer. Ao passo que a ressurreição (...) supõe que vá haver outra espécie de vida"[89]. Uma vida que jamais termina.

Apenas João, o apaixonado por teologia, narra a ressurreição de Lázaro. Situa-a num momento difícil da vida de Jesus. Os habitantes da Judéia, ao menos alguns dentre eles, querem apedrejá-lo. O que ele faz conserta uns e outros talvez, mas o que diz desconcerta. Eles fazem com que saiba, cruamente: "Por nenhuma obra boa te apedrejamos mas sim pela blasfêmia, pois sendo homem te fazes Deus"[90]. Ao que ele responde: "Crede nas obras para saberdes e reconhecerdes que o Pai está em mim e eu no Pai"[91]. E ele escapa deles; parte de novo para o outro lado do Jordão, perto do lugar onde seu primo João batizava.

Os habitantes da Judéia vão bem cedo reencontrá-lo justamente pelas obras. Pois ele é procurado: em Betânia, portanto a dois passos de Jerusalém, seu amigo Lázaro está muito doente. Esse Lázaro é citado desde o início do longo relato de João[92] e é amigo de Maria, uma mulher que ungira com perfume os pés de Jesus, para grande escândalo de alguns discípulos.

Logo Jesus anuncia o que se segue: o milagre. "Esta doença", diz, "não causará a morte"; ela se destina à glória de Deus para que ao final, por ela, seu Filho seja "glorificado". Mas ele não se mexe. Espera dois dias até se decidir a ir para lá. Os discípulos tentam dissuadi-lo: retornar bem ao coração da Judéia seria uma loucura, pois os habitantes querem apedrejá-lo. Claro, ele não se rende às suas razões. "Lázaro morreu", diz, "por vós eu me alegro de não terdes estado lá, para crerdes." A intenção é clara: vou fazer um milagre — João escreveria mais tarde: vou dar um sinal a vós — a fim de abrir vossos olhos. Inquietos, mas agora corajosos, eles o seguem: "Vamos também nós para morrer com ele", diz Tomé Dídimo. Com a devida reverência, poderíamos pensar que estamos lendo Corneille ou ouvindo alguns coros de ópera.

Chegamos a Betânia. Jesus não estava enganado: Lázaro está morto e enterrado, há quatro dias já. Marta, a outra irmã do morto, corre a seu encontro e lhe diz, em resumo: "Se tivesses estado aqui, isto não teria ocorrido, mas tudo ainda é possível já que estás aqui". Segue-se um diálogo fundamental. Ela começa evocando a "ressurreição do último dia", ao final dos tempos, no que acreditavam quase todos os judeus. Mas ele responde: "Eu sou a ressurreição e a vida. Quem crer em mim, ainda que esteja morto, viverá. E quem vive e crê em mim, jamais morrerá. Crês nisto?" E Marta: "Sim, Senhor, creio que és o Cristo, o Filho de Deus, que veio a este mundo".

Tem-se vontade de escrever que tudo está dito e que o resto — um resto que no entanto impressiona tantos espíritos — é apenas uma anedota. Mas continuemos o relato. Marta vai procurar sua irmã, que chora muito, assim como os visitantes que vêm consolar a família, como de hábito. Isso "comove" Jesus e o deixa "tomado de emoção" como se a segurança que ele antes manifestara aos discípulos de repente o tivesse abandonado — muitos especialistas acreditam que há aí uma referência literária ao salmo 42 e aos sentimentos de Jesus quando de sua própria agonia[93].

Jesus vai ao sepulcro, manda tirar a pedra que o fecha. Marta recua um pouco: "Senhor, já cheira mal, pois há quatro dias que está aí". Ele a reassegura lembrando sua promessa: "Se creres, verás a glória de Deus". E já nesse momento, enquanto tiram a pedra, ele agradece a Deus por lhe ter atendido. Chama Lázaro e este sai, ainda com faixas e o rosto envolto num sudário — alusão evidente às faixas e ao sudário que, nos relatos da ressurreição de Jesus, são encontrados no sepulcro; pois Jesus se despojou deles sozinho; não se trata da mesma ressurreição... A cena então termina com a seguinte ordem:

"Desatai-o e deixai-o ir". Lázaro não diz palavra. Não foi, se podemos dizer, mais que um figurante.

Esse relato tem realidade histórica?

Certo número de detalhes dá, como dizem os especialistas, um "efeito de realidade": a menção ao quarto dia (que era o intervalo de tempo exigido para o registro de um óbito), a pedra que é tirada do sepulcro, as pessoas que vão prestar condolências a Marta e Maria, etc. Podemos acrescentar as faixas e o sudário se estes não dessem uma imagem paralela e invertida do que se vai encontrar no sepulcro de Jesus. Além disso, ainda que a única fonte desse relato seja o Evangelho de João, os outros textos ao menos confirmam suas circunstâncias. Marcos assinala a passagem de Jesus por Betânia mais para o final de sua vida[94] e Lucas destaca (sem evocar Lázaro) uma refeição feita na casa de Marta e Maria — o célebre episódio em que Marta, a ativa, reclama de cuidar sozinha do serviço de mesa, enquanto Maria, a contemplativa, "sentada aos pés do Senhor, lhe escutava a palavra"[95].

Essas correlações e esses indícios não bastam, evidentemente, para estabelecer a realidade histórica dessa ressurreição. Então Renan imaginou, na primeira edição de sua "Vida de Jesus", que Lázaro tivesse sido vítima de uma síncope passageira. Essa hipótese foi recentemente retomada numa forma mais científica por Gérald Messadié, que fala em catalepsia ou cataplexia[96]. Na 13ª edição de seu best seller, Renan apresentou uma tese algo diferente: "Em alguns momentos nos sentimos tentados a supor", escreveu, "que a família de Betânia (as duas irmãs de Lázaro) (...) caiu em certo excesso de zelo"[97]. Para ajudar Jesus em sua missão, ela teria inventado esse golpe publicitário: "Uma ressurreição deve ter lhe parecido o que havia de mais convincente. Podemos supor que Marta e Maria se abriram com Jesus"[98]. Eis um bocado de suposições, que nos levam a perguntar o porquê do sucesso de tal livro junto a espíritos que se diziam racionais e científicos.

Os especialistas de hoje, inclusive os católicos, não fazem suposições. Simplesmente reconhecem, como o padre Léon-Dufour: "O historiador de hoje está pouco à vontade, e no entanto deve esboçar uma resposta"[99].

Alguns aproximam o texto de João de uma história contada por Jesus no Evangelho de Lucas[100]. Ela põe em cena um rico anônimo e um pobre chamado Lázaro, que vivia à sua porta e de quem "os cães vinham lamber as chagas". O pobre morre e é levado pelos anjos a Abraão; tudo vai bem para ele. O rico, que se mostrara indiferente a seus sofrimentos, também morre e se acha no inferno, de onde vê, "levantando os olhos", a felicidade do pobre sujeito que ele desprezara. Suplica consolo a Abraão, mas é tarde demais. Pede-lhe então que envie Lázaro à casa de seus cinco irmãos ainda vivos: que ele os advirta, com seu testemunho, para que não venham também para "este lugar de sofrimento". Abraão: "eles só precisam escutar Moisés e os profetas." O rico anônimo não tem ilusões sobre a fé de seus irmãos: "Não é isso, pai, é que se algum dos mortos fosse até lá, eles se converteriam". E Abraão: "Se não ouvem Moisés e os profetas, tampouco se deixarão persuadir se um morto ressuscitar".

Essa parábola, para alguns, teria sido transformada por João em relato — mas só o nome Lázaro e o final da parábola autorizam essa hipótese, inverificável.

Para outros, a parábola de Lucas e o relato de João se baseariam num mesmo relato de cura, transformado em relato de ressurreição[101].

A maioria dos especialistas atuais, inclusive os católicos, considera em todo caso que a história da ressurreição de Lázaro tem como fonte distante "uma tradição oriunda da Judéia sobre um retorno à vida"[102] na qual João teria se baseado, ao mesmo tempo que em um fato real mais impreciso, provavelmente uma cura espetacular, para desenvolver seu ensinamento teológico. Este tem várias etapas. A prefiguração da ressurreição de Jesus, de sua vitória sobre a morte, é evidente. Além disso, Santo Irineu já notava, no ano 202: "O morto sai, pés e mãos ligados com faixas: era o símbolo do homem atado a seus pecados"[103]. E Jesus faz com que ele se solte; é o libertador.

O essencial, certamente, está no diálogo de Jesus e Marta, na palavra de Jesus: "Quem crer em mim, ainda que esteja morto, viverá", e na resposta de Marta: "Sim, Senhor, creio que és o Cristo, o Filho de Deus".

O Sermão da Montanha – Gravura de Gustave Doré

9.
A mensagem

CHAMAVAM-NO, quase sempre, de *rabi*. Quer dizer "mestre". Esse título nada tinha de oficial na época de Jesus, mas era atribuído pelo povo aos que ensinavam e agrupavam discípulos ao seu redor.

Esse *rabi* fazia campanha, não parava de dar lições, de explicar, de anunciar. Visto que tinha passado os 30 primeiros anos de sua vida numa pequena aldeia, tomava seus exemplos e referências do meio rural, jamais da vida cotidiana das pessoas das cidades. Exprimia-se em estilo muito popular, às vezes poético, e sempre muito concreto. Para explicar que a caridade não devia ser ostentatória, dizia: "Quando deres esmola, não vás tocando trombeta diante de ti"[1]. Oriental, não detestava desmedidamente, falava em "doença" nos olhos, em "fé que pode mover montanhas", de camelos que tentariam passar pelo buraco de uma agulha, e assim por diante. Afinal, não se privava de zombar gentilmente. Discutindo com o fariseu Nicodemos, um nobre, simpatizante de seu movimento, lhe dizia: "Tu és mestre em Israel e não compreendes? (...) Nós falamos do que sabemos"[2]. E quando a samaritana lhe assegurou que não tinha marido, ele respondeu: "Disseste bem: 'não tenho marido', porque tiveste cinco"[3].

Esse estilo fazia sucesso, a crer em Marcos: "Admiravam-se da doutrina, pois ele os ensinava como quem possui autoridade e não como os escribas"[4]. Os escribas, ao que parece, produziam tanta dialética e argumentos doutrinários que a maioria dos habitantes da Galiléia e Judéia não compreendia nada.

Jesus falava muito por parábolas. Os Evangelhos citam cerca de 50 delas[5], João se distinguindo, como sempre, por relatar apenas cinco (todas elas diferentes das relatadas pelos outros).

"Parábola", em grego, significa "comparação". Uma parábola é um relato curto, com muitas imagens e imaginação, que apela constantemente à experiência cotidiana dos ouvintes, o que permite compreender mais facilmente uma grande verdade, assim como uma pequena lâmpada elétrica ajuda a descobrir um objeto precioso. Os rabinos utilizam muito a parábola (chamada de *machal*); o jovem Jesus certamente ouviu diversas na sinagoga, e se lembrava de algumas, que o inspiraram[6].

Por mais claro que seu sentido freqüentemente pareça, as parábolas levantam dois problemas de interpretação.

Exemplo: a história do administrador infiel, que dilapidou os bens de seu patrão[7]. Quando está com a corda no pescoço, porque o haviam denunciado, esse traficante convoca os clientes da região e lhes pede para falsificar as notas promissórias deles, reduzindo o montante da dívida inscrita nelas. Um bom meio, pensa ele, de fazer amigos, relações úteis, para o dia em que for despedido. Essa atitude nada tem de recomendável e, no entanto, Jesus conclui: "O patrão louvou o administrador desonesto por ter procedido com tino, pois os filhos deste século são mais avisados no trato com os semelhantes do que os filhos da luz. E eu vos digo: fazei-vos amigos com as riquezas injustas, para que, no dia em que estas vos faltarem, vos recebam eles nas moradas eternas".

Eis uma parábola que deu dor de cabeça em muitos pregadores e que muitos dos leitores do Evangelho preferem esquecer. Como? Jesus não tem uma palavra de reprovação para dizer sobre esse ladrão que, sentindo-se desmascarado, ainda assim rouba por conta! Parece que o próprio autor do Evangelho se fez a pergunta. De imediato, juntou e acrescentou à própria parábola diversas frases de Jesus — por exemplo: "Não podeis servir a Deus e às riquezas"[8] — para evitar qualquer erro de interpretação.

Ora, o que Jesus queria dizer é que é preciso — como o administrador — preparar-se sempre para enfrentar as crises da vida e até da morte: fazei-vos amigos com os bens deste mundo para serem consolados no além. Ele louva a prudência e habilidade do ladrão, não o roubo.

Ou seja, nem todos os personagens das parábolas são modelos a imitar, nem todos os detalhes escondem um sentido, mas com freqüência servem para enfeitá-los a fim de tornar a história mais concreta e interessante. Não é sempre o caso: podem existir detalhes importantes. Mas, para uma boa interpretação das parábolas, é preciso sempre procurar o "cerne", o essencial da mensagem, que, felizmente, é na maioria das vezes evidente. Pois a parábola foi criada para esclarecer, não para encobrir.

Uma passagem do Evangelho de Marcos, no entanto, dá a entender o contrário. E este é o segundo problema. Jesus acaba de contar a famosa parábola do semeador[9] cujo grão se espalha pelo caminho (os pássaros então desfrutam dele), pelo cascalho (onde não pode ganhar raízes), entre os espinhos (que o sufocam) e, enfim, na terra boa (onde dá fruto). Em seguida, sozinho com os discípulos, ele lhes dá a chave da interpretação da história: o grão é a palavra de Deus; os pássaros, Satanás; o cascalho, os inconstantes, "que não têm raízes em si mesmos", que mudam de opinião à menor contrariedade; os espinhos, as preocupações e a fascinação das riquezas e as cobiças[10]. A parábola está clara.

Mas os discípulos, como nós, se inquietam: por que falar em parábolas se é necessário decifrá-las em seguida? Resposta de Jesus: "A vós foi confiado o mistério do reino de Deus mas aos que são de fora tudo se lhes propõe em parábolas, para que, olhando, olhem e não vejam; ouvindo, ouçam e não entendam, a fim de não suceder que se convertam e sejam perdoados"[11]. A parábola já não está clara. E se há uma passagem do Evangelho que deu tanto pano para manga quanto a anterior para muitos comentaristas, pregadores e exegetas, é essa.

Jesus se esgotaria falando e falando em parábolas com o fim de não ser compreendido, ou compreendido apenas por uma minoria? Tal atitude revelaria uma lógica estranha. Estaria em contradição com outra passagem do mesmo evangelista: "E com muitas parábolas, como esta, anunciava-lhes (à multidão) a palavra segundo podiam entender"[12].

Como entender essas contradições?

Três explicações foram aventadas:

1. Mateus (no capítulo 13) dá uma formulação completamente outra à fala de Jesus. Quando os discípulos lhe perguntam por que utiliza parábolas, ele responde: "A vós foi dado conhecer os mistérios do reino dos céus mas a esses não é dado (...). Eis por que lhes falo em parábolas: para que, vendo, não vejam e, ouvindo, não ouçam nem compreendam". Ou seja: a parábola é feita para ajudá-los. Aqui estamos reassegurados.

2. Jesus utiliza um texto de Isaías, o qual se queixava no século 8 a.C. de pregar no deserto, de não ser entendido pelos compatriotas. E o profeta, em exagero, diz a Deus, por ironia ou provocação, a fim de suscitar, se possível, uma reação sadia de seus ouvintes: "Vai e fala ao povo para que não compreenda e assim não possa converter-se". Jesus, que tem a sensação de não ser suficientemente compreendido, retoma a fórmula de Isaías para as pessoas que conhecem o sentido e contexto dela. É uma provocação em forma de piscadela, um convite para ser melhor escutado e compreendido.[13]

3. As parábolas só são acessíveis a quem as queira acolher, a quem esteja aberto à Palavra, não feche os olhos e tape os ouvidos. Pressupõem certo engajamento pessoal para ser compreendidas. Uma história que se parece com uma fábula simpática pode se tornar um ensinamento sobre Deus e Seu reino, se quem a ouve estiver um pouco disposto a interpretá-la tal como ela é.

Passemos agora ao essencial. O que Jesus diz, por parábolas ou por discursos como o Sermão da Montanha?

Anuncia uma nova sociedade. Mais ainda: um novo mundo.

Os que o escutavam esperavam justamente isso. Esse povo dividido em seitas e partidos, ricos e pobres, resistentes e colaboradores do ocupante, esse pequeno mundo, roído pelos arrependimentos e rancores, repetia para si mesmo os anúncios luminosos dos profetas, esperava o amanhã glorioso, o cumprimento de todas as promessas, o advento do rei de Israel, que seria o de todas as nações. "Grita de alegria, filha de Jerusalém! Eis que o teu rei vem a ti", dizia o profeta Zacarias[14], "ele é justo e vitorioso, humilde, montado sobre um jumento, sobre um jumentinho (...). O arco de guerra será eliminado. Ele anunciará a paz às nações. Seu domínio irá de mar a mar." Eles conheciam também um retrato do Messias esboçado pelo salmo 72: "Todos os reis se prostrem diante dele, e o sirvam todas as nações! Ele libertará o pobre que pede auxílio, e o desvalido, privado de ajuda. Ele terá compaixão do fraco e do indefeso e salvará a vida dos pobres. Da opressão e da violência lhes resgatará a vida"[15].

Eles esperavam e se irritavam um pouco, se impacientavam: Deus já se manifestara como Rei, uma vez, livrando seu povo da escravidão egípcia, permitindo-lhe, a golpes de milagres, escapar da cavalaria do faraó e, depois, da fome do deserto — e agora tolerava que os seus fossem humilhados, oprimidos, maltratados? Isso não poderia durar. E eis Jesus anunciando: "Completaram-se os tempos, está próximo o reino de Deus, arrependei-vos"[16] — uma formulação da qual, diga-se de passagem, gerações de pregadores iriam tirar partido para culpar suas ovelhas, sem saber que "arrepender-se", segundo a verdadeira tradução da palavra grega do Evangelho, não significa "cobrir a cabeça de cinzas", mas mudar de idéia, de espírito, para adotar uma nova maneira de viver[17]. E eis Jesus, afirmando que o reino de Deus estava próximo.

Como, próximo? Mas a injustiça reinava por todo lado, os pobres estavam oprimidos como sempre, os humildes não tinham apoio, e o ocupante romano fazia soar sua bota nas ruas de Jerusalém e da Judéia!

(N.T.) "Converter-se" é o verbo usado na tradução brasileira da Bíblia que adotamos para este livro

Compreende-se que os ouvintes de Jesus estivessem desorientados, pasmos, desiludidos. Um reino, para eles, como para a maioria de nossos contemporâneos, é um território ou Estado governado por um rei. E, nesse caso, só importa um rei: Deus. Mas Jesus dizia: "O reino de Deus não vem ostensivamente (...). Está no meio de vós"[18]. E também: "Quem não receber o reino de Deus como uma criança, não entrará nele"[19]. Tais frases, evidentemente, não podem ser aplicadas a um Estado ou território. Nada a ver com política ou poder. Nada a ver com um rei de Israel cujo domínio se estenderia "de mar a mar" e diante de quem todos os outros soberanos se prostrariam.

Mas, e então? Primeiro elemento de resposta, fundamental: o reino de Deus está aí porque Jesus é chegado. "Desde os dias de João Batista até agora, o reino dos céus sofre violência e os violentos são os que o conquistam", diz Jesus, segundo Mateus[20]. Uma alusão aos "violentos" que suscitou interpretações e traduções diversas, mas que manifesta, em todo caso, a presença do reino.

Segundo elemento de resposta: o reino de Deus, a nova sociedade, existe mas não está pronto. É uma história em desenvolvimento. "O reino dos céus é semelhante ao fermento que a mulher toma e mistura com três medidas de farinha até que tudo esteja fermentado."[21] Ou ainda: "O reino de Deus é semelhante a um grãozinho de mostarda que um homem tomou e jogou em sua horta. Ele cresceu e se converteu numa grande árvore, em cujos ramos as aves do céu vieram aninhar-se."[22] A nova sociedade deveria se formar entre os homens, crescer entre eles. É por isso que, quando seus companheiros lhe pedem, "Ensina-nos a rezar", e ele lhes ensina o Pai Nosso — em duas versões muito ligeiramente diferentes em Mateus e Lucas, os únicos evangelistas a evocá-lo[23] —, ele faz com que peçam a Deus, ao Pai, "que venha a nós o vosso reino". Ele começou o trabalho, inaugurou os bons tempos, mas os homens devem prosseguir, com ele, a construção do reino. É com esse fim que Jesus recruta os Doze e outros discípulos, é com esse fim que lança o movimento, que pede para "arrepender-se", ou seja, não bater no peito, se flagelar ou se considerar sempre culpado, mas mudar sua maneira de viver.

Como? Lançando-se de coração, sempre. Nessa nova sociedade, é preciso agir com o coração livre. Fazer tudo pelo amor. Tudo mesmo, sem limites. Eis o que é exigido dos filhos de Deus. E se eles o executarem, não terão cumprido senão o mínimo, seu simples dever. "Quando fizerdes tudo que vos for ordenado, dizei: 'Somos criados inúteis. Fizemos apenas o que devíamos fazer'"[24].

Mais ainda, o amor não deve ser partilhado apenas entre os membros da nova sociedade, mas entre todos, inclusive os que a ignoram, não querem entrar nela ou mesmo a rejeitam. O doutor Freud um dia notou que grupos humanos em que reinava uma verdadeira harmonia, em que cada um amava a todos os outros, descarregavam no exterior o excesso de agressividade que não tinham como exprimir no interior: "Não é possível", escreveu ele, "suscitar sentimentos de amor recíproco num grupo humano tão importante que, como outros grupos permanecem exteriores, permita que a agressividade se exprima"[25]. A lei da nova sociedade vai bem além disso. É preciso amar a todo mundo. O habitante da Judéia tem de amar o da Samaria, seu inimigo hereditário, inveterado. E o da Samaria o da Judéia. E não somente nutrindo sentimentos bons, gentis: "Amai os inimigos, fazei bem aos que vos odeiam, falai bem dos que vos maldizem, orai por quem vos calunia"[26].

Tarefa dura! Que os homens devem se amar, outros disseram antes de Jesus, e os rabinos repetiam. Ele mesmo, perguntado pelos fariseus ávidos por esclarecimentos e querendo conhecer o maior dos mandamentos, tinha citado primeiro o Deuteronômio: "Amarás o Senhor teu Deus, com todo o coração, toda a alma e todas as forças"[27]. Depois outro texto bíblico, o Levítico: "Amarás a teu próximo como a ti mesmo"[28]. Mas ninguém foi tão longe quanto ele. "O mandamento do amor aos inimigos resta como propriedade exclusiva de Jesus", escreveu David Flusser, professor na universidade hebraica de Jerusalém[29]. E mais adiante: "Jesus estava (...) certamente muito próximo dos fariseus saídos da escola de Hillel que amavam Deus mais do que o temiam. Mas Jesus ia além no caminho que eles prepararam. Apenas ele pregava o amor incondicional, especialmente o amor ao inimigo e ao pecador. E não se tratava de um amor sentimental"[30].

Certamente não. Esse amor, de fato, levava Jesus a atacar as regras religiosas, o dinheiro e o poder.

As regras religiosas, Jesus não as desprezava. Melhor, ele as observava. Mas eram, para ele, subordinadas ao essencial. A respeito do imposto eclesiástico, o dízimo, ele exclamava: "Ai de vós, escribas e fariseus hipócritas, que pagais o dízimo da hortelã, da erva-doce e do cominho mas não vos preocupais do mais importante da Lei: a justiça, a misericórdia e a fidelidade! É isso o que importa fazer, sem contudo omitir aquilo. Guias cegos, que filtrais um mosquito e engolis um camelo!"[31].

Igualmente, como se sabe, quanto ao shabat. Jesus respeitava o shabat, participava do culto na sinagoga, observava suas regras. Mas repetia que "o sábado foi feito para o homem e não o homem para o sábado"[32]. Outros rabinos o haviam dito. Por exemplo, Simão Menasha (comentando a passagem do livro do Êxodo em que o Senhor fala do shabat a Moisés): "O shabat vos foi 'remetido'", disse esse *rabi*, "mas vós não fostes 'remetidos' ao shabat". Os que falavam assim, claro, não iam às últimas conseqüências, por respeito ao formalismo religioso. Jesus foi até o final; cuidou, no dia do shabat, de doentes que não estavam em perigo de morte, que poderiam sem dúvida ter esperado até amanhã, mas teriam sofrido até amanhã.

Ao longo dos séculos, como sempre acontece, a Lei de Moisés tinha sido sobrecarregada de uma seqüência de tradições que, um dia, por um tempo, tinham tido sua razão de ser, sua justificação plena. Algumas, certamente, tinham sido introduzidas pelos rabinos para atenuar suas proibições, tornar mais fácil o respeito da Lei. Mas ele, Jesus, ia bem mais longe. Apelava, por sobre as tradições e as regras, à consciência de cada um.

Não construiu um sistema elaborado de regras de vida. Isso não significa que tenha sido permissivo ou excessivamente tolerante. Pelo contrário: "Amai aos inimigos, fazei bem aos que vos odeiam, falai bem dos que vos maldizem, orai pelos que vos caluniam". Mas dava essa dura tarefa — o amor a todo homem implicando a renúncia a si mesmo — antes de qualquer regra, mesmo religiosa.

A renúncia a si mesmo levanta a questão do dinheiro, da riqueza. A história é bem conhecida, do jovem rico que se ajoelhou diante de Jesus pedindo-lhe conselho: "O que devo fazer para alcançar a vida eterna?" Resposta: "Deve-se observar a Lei. O jovem: "Tudo isso tenho observado dentro de minha juventude". Então era um bom rapaz e Jesus, diz Marcos[33], simpatizava com ele. Resta um problema: "Só te falta uma coisa: vai, vende tudo que tens (...) então vem e segue-me". O homem foi embora, entristecido, "pois tinha muitas propriedades". Jesus, ao contrário do que normalmente se escreve, não o condenou. Simplesmente constatou, triste: "Como será difícil entrarem no reino de Deus os que possuem propriedades". Segue-se a famosa comparação com o camelo que tem de passar no buraco de uma agulha. Mas os discípulos, que sem dúvida não desprezam o dinheiro tão radicalmente, se perguntam uns aos outros: "Então, quem é que pode salvar-se?" Jesus responde: "A Deus tudo é possível". Mesmo passar um camelo pelo buraco de uma agulha.

O dinheiro sempre teve má reputação entre os profetas. Renan nota que eles haviam estabelecido "uma estreita relação, de um lado, entre as palavras 'rico', 'ímpio', 'violento' e 'maldoso', e de outro, entre 'pobre', 'doce', 'humilde' e 'devoto'"[34]. E o salmo 69, entre vários outros, diz: "O Senhor atende os pobres"[35].

Jesus adere completamente a esse ensinamento. Observa, como vimos, que ninguém pode servir ao mesmo tempo a Deus e ao dinheiro. Ressalta sem parar sua predileção pelos destituídos e menosprezados. Mas, à diferença, por exemplo, dos essênios, não amaldiçoa os ricos em compensação. Acolhe-os e os escuta, inclui-os entre seus amigos. A renúncia à riqueza não é indispensável à entrada na nova sociedade, mesmo que seja em certos casos. O dinheiro, as propriedades, os bens são instrumentos. Resta saber o que fazer deles. Como diz a conclusão da história do administrador infiel: "Fazei-vos amigos com as riquezas injustas". Ou seja: eis um obstáculo sério, mas seja um bom poupador, hábil o bastante para usar judiciosamente seus fundos, a fim de um dia receber seus dividendos sob a forma de vida eterna; e eu, Jesus, desejo que tenha coragem, pois não será fácil. O dinheiro sempre tentará possui-lo, tirá-lo de si mesmo; sua arte é representar-se como indispensável, com muitos atrativos e belas cores, mas observe os pássaros do céu que vivem bem e não produzem nem acumulam.

O outro elemento sedutor que desvia os homens da entrada da nova sociedade é o gosto pelo poder. Assim são Tiago e João, filhos de Zebedeu, a quem o sucesso de Jesus dá dores de cabeça (deviam desconfiar dele, no entanto, pois a cena seguinte se passa, segundo Marcos, quando sobem a Jerusalém, e as coisas ali começavam a ficar ruins). Tiago e João, tolamente, pedem por lugares de honra, "um à tua direita, outro à tua esquerda". Jesus aproveita a ocasião para dar uma lição à sua pequena tropa: "Sabeis que entre as nações quem tem poder manda (...). Assim, porém, não há de ser entre vós; ao contrário, se algum de vós quiser ser grande, seja vosso servidor; e quem dentre vós quiser ser o primeiro, seja escravo de todos"[36]. Palavras que Lucas põe na Ceia, em que faz Jesus dizer que "o maior é o que serve"[37], enquanto João as usa para explicar a cena da lavagem dos pés[38].

O que quiser ser o primeiro será o escravo de todos! É difícil encontrar nos textos dos profetas ou nos salmos palavras tão revolucionárias. O gosto pelo poder seria então mais condenável do que o gosto pelo dinheiro, ainda que eles estejam tão ligados? A lição, em todo caso, é clara: na nova sociedade cada um deve ser o servo de todos. E essa lição, as palavras que acabamos de citar, talvez mereça mais atenção do que o célebre debate sobre o imposto devido a César, que provocou diversos comentários.

Conhecemos a história: Jesus evoca o reino de Deus, tem portanto o olhar voltado ao essencial, e algumas pessoas chegam para lhe falar do que é transitório — importante, certamente, para os judeus que suportam mal seu destino, a ocupação de seu país, como bem se sabe — e de um aspecto particular do transitório: "É lícito pagar imposto a César ou não?"[39]. Uma pergunta-cilada, como se sabe.

Responder que deve-se pagar o imposto é se deixar ver como um sujeito dócil ao ocupante, até mesmo um colaborador ativo. Responder o contrário é se incluir no grupo dos hereges de Judas, o Galileu, que recomendara não pagar o imposto. Jesus se safa mostrando uma moeda:

"— De quem é esta imagem?

— De César.

— Então dai a César o que é de César e a Deus o que é de Deus."

Pirueta verbal? Em parte. Esses homens nunca se perguntaram quando deviam fazer negócios com aquela moeda — então por que manifestariam escrúpulos agora? Por que sua fé lhes proíbe de utilizar a moeda com a efígie de César quando se trata de pagar o imposto, mas não quando compram, vendem, emprestam? Eis que Jesus os colocou no devido lugar.

É uma pirueta, mas também uma lição. Não é para, em primeiro lugar, estabelecer uma fronteira bem definida entre os assuntos do Estado e os de Deus, dando ao Estado uma autonomia absoluta. Esta idéia, que alguns retiraram daquela frase, pode ter tido conseqüências boas ao evitar muita confusão entre política e religião, ao mostrar que Deus respeita, nesse domínio como nos outros, a liberdade dos homens. Mas ela não é o essencial. Pois Jesus não pode comparar o que é de César e o que é de Deus. Tudo é de Deus! Jesus, aí, restabelece a antiga hierarquia. César é honrado como um deus, se faz venerar como a um deus, mas Jesus reafirma que Deus está acima de todos os Césares, acima de todos os poderes, acima de todos os Estados. Entre as principais vítimas dessa resposta de Jesus, portanto, está o Estado totalitário, que pretende a primazia.

Atenção: Deus não está acima de todos os Césares e todos os reis porque seria mais César que eles, porque teria os mesmos poderes que eles em maior quantidade. Essa visão de um Deus mais poderoso que os poderosos porque dotado de recursos mágicos é justamente a que Jesus quis denunciar. Mas ela floresce e refloresce sempre, ao longo dos séculos, inclusive entre os que se dizem seus discípulos.

O verdadeiro Deus anunciado por Jesus é antes o Pai da parábola do filho pródigo[40]. Um dos Seus filhos O abandona, valendo-se de sua liberdade. Isso é compreensível, pois Deus exige — como então pretendiam alguns de seus intérpretes (com herdeiros ainda hoje) — o respeito a centenas de prescrições e mandamentos, e a centenas de comentários e deduções dessas prescrições e mandamentos. Ser homem é escapar a um pai desses. Mas o filho, quando retorna, desiludido e sem dinheiro, nem sempre compreendeu quem é verdadeiramente seu Pai, Deus: pensa ainda ser necessário apaziguar o ressentimento dele, servindo-lhe. O outro filho também não compreendeu: seu Pai, julga, deveria recompensá-lo, a ele, e punir o infiel. Ora, o Pai abraça o primeiro e reconforta o segundo: façamos uma festa, diz a ele, pois seu irmão voltou!

Esse Deus nada tem a ver com a apresentação que ganhou de certo cristianismo e que podemos resumir da seguinte maneira: no começo, Deus confiara nos homens; mas os primeiros traíram essa confiança, que foi o pecado original; Deus, furioso, os puniu e à sua descendência; para reconciliar a humanidade com Ele, seria preciso um sacrifício; mas como Ele é bastante bondoso, decidiu sacrificar seu próprio filho, isto é, um outro Ele; Jesus então veio "apagar a mácula original" e acalmar com seu sacrifício a cólera de seu Pai, como repetiam sob formas diversas tantos manuais e sermões.

O ensinamento de Jesus é justamente o contrário. Em nenhum momento ele fala em pecado original. Tudo que ele diz vai contra a idéia de uma culpa coletiva que desabaria de geração em geração.

Em nenhum momento ele apresentou a expiação dos pecados como condição da entrada na nova sociedade, no reino de Deus. Ao contrário, é porque entramos no reino que somos limpos de nossos pecados. Isso não significa que Jesus subestima a importância deles: as regras da nova sociedade, como vimos, são muito exigentes.

Em nenhum momento Jesus apresentou Deus como um contador que anotaria num grande livro de registros ou na memória de um supercomputador as falhas de cada um, consideradas equivalentes às dívidas para com Ele. O que importa aos olhos de Deus, como mostram todas as parábolas, é que cada um *é* aquilo que se tornou.

Em nenhum momento Jesus explica que deve morrer para "remir" os pecados dos homens. Isso significaria que um Deus que pede, através da voz de seu filho, para perdoar "77 vezes 7", isto é, sempre, seria Ele mesmo incapaz de fazer o mesmo. Significaria também que o Pai do filho pródigo deseja a morte de um filho inocente ou se resigna a ela em virtude de não sei qual regra ou fatalidade. O que seria absolutamente desprovido de sentido.

Jesus, em compensação, apelou à alegria e à renovação da Aliança entre Deus e os homens.

Nos Evangelhos, os apelos à alegria são múltiplos: "O reino dos céus é semelhante a um rei que preparou a festa para o casamento de seu filho"[41]. "Disponho o reino em vosso favor para que comais e bebais em minha casa."[42] "Alegrai-vos comigo, achei a moeda que tinha perdido."[43] "O reino dos céus é semelhante a um tesouro escondido num campo. E quem o encontra, o encobre e, cheio de alegria, vai vender tudo que possui, para comprar o campo."[44] E assim por diante.

Certo, encontra-se no texto de Mateus a seguinte frase de Jesus: "Se alguém me quiser seguir, renuncie a si mesmo, tome sua cruz e me siga". Mas essa frase está num contexto em que Jesus anuncia sua Paixão, "começa a mostrar a seus discípulos" que tem de ir a Jerusalém, sofrer muito, ser morto e "ao terceiro dia ressuscitar"[45]. Muitos especialistas estimam que uma predição tão precisa é um texto acrescentado. A alusão ao terceiro dia e a menção à cruz teriam sido postas na boca de Jesus, por alguém que conhecia o fim da sua história. É difícil imaginar, além disso, que Jesus, que só sentiu a cruz nas costas no momento de sua morte, tenha pedido a seus discípulos que fizessem o mesmo antes de provas aparecerem.

No mesmo Evangelho de Mateus, de fato, Jesus diz: "Tomai sobre os ombros meu jugo", mas acrescenta: "Pois meu jugo é suave e meu peso é leve"46. E o historiador Jean-Paul Roux explica a respeito do jugo: "Essa peça se tornou um símbolo de dominação (o 'jugo romano') mas, originalmente, exprimia apenas a reintegração na sociedade"[47].

O jugo seria então outro signo da Aliança renovada, a aliança de que Jesus falará na última Ceia: "Este cálice é a nova aliança em meu sangue"[48], a aliança entre Deus e os homens para terminar a Criação. Pois o mundo não foi feito de uma vez por todas. O Gênesis, à sua maneira, narra a história da Criação como um sequência de intervenções divinas para reduzir o caos inicial, estabelecer um mundo habitável pelo homem[49]. Depois, diz ele, Deus parou de criar. É o "sétimo dia". Ele depois "despertou" um parceiro, o homem. Com ele, Ele prossegue o trabalho, a luta contra o mal. É a primeira Aliança, a do Criador e de toda a humanidade, para terminar este mundo, Aliança que Jesus veio, segundo os Evangelhos, renovar, depois que os homens — por tolice, gosto por dinheiro e poder e também pelo egoísmo — a romperam.

No entender dos que crêem, estamos sempre no sétimo dia[50].

Jesus expulsa os vendilhões do Templo – Gravura de Gustave Doré

10.
A escalada das oposições

À MEDIDA QUE ELE FALA, as ameaças se multiplicam. Um dia, janta na casa de um fariseu e uma disputa logo irrompe porque Jesus não começou pelas abluções rituais. Seu anfitrião se espanta, assim como os doutores da Lei (os intérpretes titulares da Lei). Resposta de Jesus aos fariseus: "Ora, vós os fariseus limpais a taça e o prato por fora mas o vosso interior está cheio de roubo e maldade". Depois aos legistas: "Vós lançais pesadas cargas sobre os homens enquanto vós mesmos nem com um dedo as tocais!".

A refeição, segundo todas as evidências, termina mal. Jesus sai. Os outros, segundo o Evangelho de Lucas, "começaram a importuná-lo fortemente" e a armar ciladas "procurando surpreendê-lo em alguma palavra de sua boca", ridicularizá-lo, levá-lo a se contradizer ou a blasfemar[1].

Pouco depois, segundo o mesmo Evangelista, quando Jesus está a caminho de Jerusalém, alguns fariseus se aproximam e o advertem: "Sai e vai embora daqui porque Herodes deseja matar-te"[2]. Fazem isso talvez com boas intenções. Mas estrategistas poderiam dizer também que eles praticam a dissuasão. O que quer que seja, não podemos deixar de constatar a escalada do conflito.

Por que tais ameaças contra um homem que repete de variadas formas, de aldeia em aldeia, a mesma mensagem de amor total?

Existem diversas respostas a essa pergunta. A primeira diz respeito à atitude de Jesus no entender da Lei de Moisés, a *Torá*. Ela é, aparentemente, contraditória.

Por um lado, Jesus diz: "Não credes que vim abolir a lei ou os profetas; não vim abolir a lei mas consumá-la"[3]. E freqüentemente se comporta, como vimos, como um bom judeu: cita as Escrituras, observa a maioria dos costumes (ainda que tome algumas liberdades em relação ao shabat), pratica quase sempre as abluções rituais de purificação (caso contrário, os fariseus, rigorosos, jamais o teriam convidado para jantar), carrega franjas em sua roupa. Podemos, certamente, apontar nele algumas distorções no cumprimento da Lei e sobretudo das regras editadas pelos escribas ou legistas, mas ele está longe de ser o único: para citar um único exemplo, certos judeus da época julgam "intolerável" carregar franjas na roupa. Esse mundo, não é preciso esquecer, está um pouco dividido, inclusive quanto à observação das regras religiosas.

Mas eis a contradição; no famoso Sermão da Montanha, Jesus proclama: "Ouviste o que foi dito aos antigos: amarás teu próximo e odiarás teu inimigo. Pois eu vos digo: amai vossos inimigos e orai pelos que vos perseguem". Por cinco vezes, repete esse "Pois eu vos digo". [4] Logo, opõe sua autoridade à da Lei e à dos profetas. Ora, Moisés não se pretendia o autor da Lei: ela lhe fora transmitida por Deus no monte Sinai. Os profetas não se pretendiam autores de suas falas e imprecações; quando enunciavam regras ou denunciavam abusos, não deixavam de acrescentar: "Assim fala Javé", ou: "Oráculo de Javé". Jesus fala em seu prório nome.

Da mesma maneira, faz a remissão dos pecados: nenhum profeta se permitiria tal audácia porque, a seu ver, essa era uma prerrogativa de Deus; eles somente aconselhavam aos que os ouviam que fizessem penitência para receber o perdão de Deus. Jesus, por sua vez, afirma que estão redimidos os pecados da mulher que lava seus pés com os cabelos durante uma refeição na casa de Simão, o fariseu, que se escandaliza. E ele não pede a ela penitência alguma: "Perdoados lhe são os muitos pecados, porque muito amou". E acrescenta a ela: "A fé te salvou, vai em paz". É a fé que salva, não a penitência ou o sacrifício. Mas os convivas dessa refeição se perguntam: "Quem é este para perdoar até os pecados?"[5].

Ele se atribui poderes divinos. E se diz portador de uma nova revelação, de nova mensagem de Deus aos homens. "Minha doutrina não é minha mas daquele que me enviou."[6] Isso, a rigor, pode ocorrer: assim falavam os profetas. Mas ele acrescenta: "Eu e meu Pai somos um". E o evangelista João, sempre pronto a agarrar a oportunidade de fazer teologia, explica: "Não só violava o sábado como também afirmava que Deus era seu Pai, fazendo-se assim igual a Deus"[7].

A contradição que acabamos de destacar importa pouco, na verdade. De fato, se Jesus diz que veio "consumar a Lei", isso significa que ela ainda não atingiu sua forma definitiva, que ela era um esboço, um rascunho, um grão de mostarda — para retomar uma expressão evangélica — chamado a se desenvolver. Como escreve Gérard Israël, "se, desde a origem, o cristianismo é consumação do judaísmo, mesmo que não haja ruptura, a religião judaica não é mais válida, está obsoleta, ultrapassada"[8]. O Sermão da Montanha, com seu "Ouviste o que foi dito... Pois eu vos digo" repetido cinco vezes, manifesta, por sua vez, uma oposição mais absoluta. Mas o resultado é o mesmo: se a Lei está ultrapassada ou foi diretamente contestada, se perdeu a autoridade, a *Torá* foi abalada. E se a *Torá* foi abalada, é uma nova imagem de Deus que surge, é também — menos importante, é claro, exceto para os contemporâneos judeus de Jesus — o poder político-religioso do Templo podendo ser ameaçado. A curto prazo, mas os ouvintes de Jesus não tomarão consciência disso logo, a identidade de Israel será posta em questão por essa obsolescência da Lei.

A imagem que então reinava, e que ainda tem vasto domínio hoje, é a de um Deus juiz e legislador, que recompensa cada um de acordo com seus méritos, ou a de um poderoso comerciante com quem se barganha uma oração contra um benefício, como essas máquinas que nos soltam automaticamente um café expresso ou uma Coca-cola pondo-se a moeda adequada: em troca de um sacrifício ou lamentação,

Ele atende automaticamente seu pedido, uma cura, uma conquista, uma reconciliação. A parábola dos trabalhadores da 11ª hora, tão bem pagos quanto o da 1ª hora, demonstra que o Deus anunciado por Jesus não contabiliza os méritos, que não está reduzido a uma mecânica pré-programada: a recompensa se seguiria automaticamente à boa ação e a punição à má. Como escreveu Eduard Schweizer, protestante especialista no Novo Testamento, professor em Zurique, "assim que o homem acredita que pode pretender uma recompensa, suprime Deus"[9] pois limita Sua liberdade. É impossível ter dele uma segurança plena ou um tratamento na base da troca.

O verdadeiro semblante do Deus de Jesus é o do Pai, como já observamos a respeito da parábola do filho pródigo. Quando ele ensina seus companheiros a rezar, faz com que rezem o "Pai Nosso". Essa oração, cuja autenticidade raramente foi contestada e cujo original, segundo todos os especialistas, foi escrito em aramaico[10], exibe analogias com o *kaddish*, uma das raras orações judaicas em aramaico. É a oração do Jesus judeu[11]. E acontece também que textos bíblicos falam de Deus como Pai, assim como os de Qumran. Mas, escreve o padre Refoulé, dominicano, "a paternidade de Deus não é um tema predominante no Velho Testamento nem do judaísmo do século I"[12].

Sobretudo, a palavra "Pai" suscita muitas imagens diferentes. Ora, os melhores especialistas consideram que Jesus utilizava muito mais a palavra aramaica *Abba*, que significa "Papai". O "Pai" do Evangelho de Lucas seria então a tradução grega de *Abba*. Na noite do Getsêmani, depois da Ceia, quando Jesus é invadido pelo medo da morte e pelo sentimento do fracasso, Marcos faz com que ele diga *Abba* antes de colocar a tradução grega[13]. *Abba* é uma palavra infantil. "Certamente isso constitui", escreve J. Jeremias, "uma maneira de falar própria de Jesus e da expressão de sua onipotência e sua consciência de ser o enviado do Pai"[14]. "Ora, ensinando a oração aos homens, Jesus os elevou, com ele, à condição dos que podem chamar Deus de 'Pai'."15

Para abordar esse Deus, portanto, é preciso se comportar como criança. O evangelista Marcos narra uma cena que diz, sobre esse aspecto, o essencial. Jesus, como de hábito, está pescando. Então levam até ele crianças para que as toque com as mãos. Seus companheiros se opõem a isso, tentando afastar as mães com seus garotos debaixo do braço, que talvez berrassem e chorassem. E ele, Jesus, se aborrece. Fica colérico. "Deixai vir a mim as criancinhas e não as impeçais, porque dela é o reino de Deus. Em verdade vos digo: quem não receber o reino de Deus como uma criança, não entrará nele."[16] Então ele abraça os garotos e os abençoa, pondo a mão sobre eles.

É preciso compreender os discípulos. A criança, nessa época e em toda essa sociedade, não é rainha, cercada de atenções como hoje. Tem mais deveres que direitos: deve honrar seu pai e sua mãe, temer pai e mãe. "O filho sábio é a alegria do pai, mas o filho insensato é a tristeza da mãe"[17], diz a Bíblia. E também: "Vara e correção dão sabedoria, mas o menino abandonado a si mesmo causa vergonha à sua mãe"[18]. Poderíamos multiplicar as citações. É preciso acrescentar que em matéria de religião as crianças ocupam apenas um pequeno lugar já que não podem respeitar a Lei. Ora, é a elas que Jesus atribui a primazia, são elas que devem imediatamente entrar na nova sociedade, no reino de Deus. Também têm prioridade os cegos, coxos, paralíticos, leprosos, rameiras, todos que forem, nos diversos graus, marginalizados, até mesmo excluídos. Sob a condição de que tenham uma alma de criança, ou seja, de que sejam capazes de acolher o dom de Deus, o amor do seu Papai.

O Pai do filho pródigo não espera que este se arrependa, se ponha a seu serviço, se ajoelhe a seus pés e implore perdão. E não lhe faz discursos: "Viu, você tinha enfiado na cabeça que faria o que quisesse... Mas eu lhe avisei". Chora de alegria e abraça seu filho retornado. A única coisa que espera dele é que encontre sua felicidade na bondade seu Papai. E que a festa comece!

Eis então nosso personagem, Jesus, que observa a exigência de Deus — uma exigência difícil, a do amor, a de se dar, com todas as conseqüências —, pondo abaixo a idéia de um Deus juiz e legislador, tão útil para manter a ordem nesta terra. O mesmo Jesus, além disso, ousa dizer, "Antes que Abrãao fosse, eu sou", ousa se pretender, como sublinha João, "igual a Deus", ousa reclamar para si o mesmo tratamento que para o Pai[19]. O espantoso, como escreveu o alemão Rudolf Augstein, que vê nisso um argumento para julgar os Evangelhos inverossímeis, é que ele não tenha sido imediatamente linchado ao pronunciar essas palavras, "linchado e apedrejado pelos judeus revoltados, sem outra forma de processo"[20]. Mas, se lemos direito os Evangelhos, parece que em diversas ocasiões Jesus escapou disso por pouco.

Tal imagem de Deus e a afirmação da relação íntima de Jesus com Deus não pareciam simplesmente blasfematórias a muitos ouvintes, mas também tinham conseqüências práticas para o poder político-religioso do Templo. Tal Deus, de fato, não precisa que se façam sacrifícios a Ele — esta será, muito depois, uma das grandes objeções que Nietzsche fará ao cristianismo[21]. Já a tradição judaica tinha suprimido o sacrifício humano, ao mostrar Deus segurando o braço de Abraão quando ia Lhe sacrificar seu filho Isaac. Mas João Batista, como vimos, inaugurou uma etapa: nem mesmo os sacrifícios dos animais são necessários, e Jesus confirmou isso várias vezes. No seu entender, os sacrifícios são idólatras. O Evangelho dito "dos ebionitas", de uma seita judaico-cristã[22] que negava a filiação divina de Jesus, faz com que este até declare: "Vim abolir os sacrifícios, e se vós não vos afastardes dos sacrifícios, a ira não se afastará de vós". Muitos especialistas julgam que é preciso situar essa frase no contexto de uma polêmica entre os judeus e as primeiras comunidades cristãs, mas a própria existência dessas polêmicas mostra a importância do assunto dos sacrifícios. Ao atacá-los, João Batista e Jesus não estão sendo originais. O profeta Oséias, antes deles, dissera: "Porque eu quero amor e não sacrifícios"[23]. E os essênios — aqui está pelo menos um ponto em que Jesus se aproxima deles — pensavam da mesma forma, ao menos quanto aos sacrifícios rituais cometidos no Templo, afinal praticavam os seus próprios, entre si.

A condenação de Jesus, por sua vez, é radical. Ela coloca em questão as finanças do Templo[24] e suas práticas religiosas, logo, sua autoridade. Provoca a hostilidade de todos os que vivem do Templo: desde o sumo sacerdote até os levitas, vendedores de pombas e habitantes de Jerusalém. É bastante gente. Sem contar os romanos que achavam cômodo apoiar-se no Templo. E quando Jesus passa à ação, quando persegue os comerciantes do Templo, um incidente menor, como veremos, mas significativo, quando anuncia sua destruição, provoca o ódio absoluto.

Outros judeus, menos ligados ao Templo e até críticos dele, rapidamente se colocam no grupo de adversários de Jesus. Pois sua predição, transtornando a religião de Israel, põe em perigo, pensam eles, a própria existência dessa nação pequena, ocupada pelos romanos, isolada num mundo mediterrâneo dominado pela cultura grega. Esses fiéis e obstinados mantiveram contra tudo e todos a fé num Deus único, se recusaram a ajoelhar diante dos ídolos que eram citados e cultuados por todos os lugares, inclusive entre os invasores. E se puderam fazer isso, foi em parte graças a uma fornalha complexa de crenças, ritos e obrigações. Se essas obrigações não são mais respeitadas ou são consideradas apenas secundárias, é o todo da fornalha que corre risco de romper.

No entender desses homens, tudo se sustenta. É por isso que eles impunham aos pagãos que entravam nas comunidades judaicas — sobretudo as dispersas no Egito, Síria e outros — que aceitassem todas as obrigações da Lei, sem exceção. Ao contrário do que acreditamos em geral, Israel não queria ter seu Deus como propriedade exclusiva. Pois Ele não havia prometido a Abraão de abençoar nele "todas as famílias da terra"? E conhecemos a história de Jonas, punido por não haver ido anunciar o Deus único aos pagãos de Nínive. Mas nem todos os judeus aprenderam a lição. Alguns retinham mais da Bíblia aquelas palavras do Eclesiástico, de que já falamos e que se tornaram um dos textos preferidos do judaísmo: "Ao fazeres o bem, vê a quem o fazes e receberás gratidão por teus benefícios. Faze o bem ao homem piedoso e serás recompensado: senão por ele mesmo, certamente pelo Altíssimo (...). Pois o Altíssimo detesta os pecadores e aos ímpios aplicará sua punição. Dá, pois, a quem é bom, mas não prestes ajuda ao pecador"[25].

Precisamente o contrário do ensinamento de Jesus. Mas essa rigidez pode se explicar pela consciência de quem guarda em depósito uma verdade absoluta, de quem protege valores cuja qualidade e importância contam bem mais que a própria existência das doze tribos de Israel. É para preservar esse depósito que esse povo havia sido eleito, que havia feito, ele e só ele, alianças e alianças com Deus. E eis que Jesus compromete tudo isso lançando o povo numa aventura. Podia-se, certamente, admitir muitas de suas idéias, admirar muitos de seus atos, mas ele era um idealista, um utópico, inconsciente dos riscos e perigos corridos pela nação e por seu depósito sagrado. Se o deixassem continuar, ele terminaria levando os corajosos, os pagãos e os camponeses sem cultura e iletrados, os *am-ha-arez*, que estavam meio perdidos, a abandonarem a Lei e suas regras.

Era isso, especialmente, que pensavam os fariseus. Pois se sentiam investidos de uma dupla missão: purificar o judaísmo de todas as escórias, dos desvios introduzidos pela casta sacerdotal corrupta que colaborava com os romanos, dos saduceus; e também preservar sua integridade. Esses fariseus, recrutados sobretudo do meio de comerciantes e artesãos (às vezes, mais raramente, de sacerdotes que hoje diríamos de vanguarda), eram em torno de 6 mil, segundo o historiador Flávio Josefo, mas detinham as sinagogas, como vimos, e, como atacassem os costumes dissolutos dos saduceus, alcançavam os oprimidos, frustrados e invejosos. Tanto que militavam por uma participação maior dos leigos no ritual do Templo (por exemplo, o acesso de não-sacerdotes aos adros interiores do prédio, onde haveria novos tipos de celebração popular). E acabaram por impor aos sacerdotes algumas de suas vontades: "A opinião dos saduceus é (...) a de que a única coisa que somos obrigados a fazer é observar a Lei", escreveu Flávio Josefo. "Mas quando eles sobem aos cargos mais honrados, são forçados, contra seu desejo, a se conformar às condutas dos fariseus, porque o povo não agüentaria que eles ressistissem a elas."[26] Que essa influência tenha dado aos fariseus certa arrogância, não há dúvida: eles pretendiam ser os verdadeiros herdeiros dos profetas, encarregados de transmitir a revelação divina, e até excluíam dessa função os sacerdotes[27].

Obcecados pela necessidade de preservar essa revelação feita por Deus a seu povo, consideravam que, para todo judeu, o estudo da

Lei e dos diversos comentários que lhes foram transmitidos de século em século era o dever mais estrito e a ocupação mais nobre, mais ainda que a construção do Templo. E como tinham o sentimento de que todo o universo era sagrado, de que, portanto, cada gesto realizado e cada palavra pronunciada tocava o sagrado de algum modo, não paravam de multiplicar as regras. Até naufragar no derrisório e no ridículo. Nem sempre, no entanto: como procuravam evoluir, adaptar às vezes os ritos e regras aos movimentos da sociedade, os essênios, mais intransigentes ainda, os chamavam de "caçadores de alívios". Mas a maioria desses essênios (ainda que alguns, como vimos, habitassem na cidade, se rendessem até a Jerusalém) ficava no seu canto, em Qumran, ao passo que, indo de sinagoga em sinagoga, Jesus teve relações diretas com os fariseus.

Que ele tenha se seduzido pelo zelo religioso deles, não há dúvida. Os fariseus, além disso, acreditavam na ressurreição dos mortos, como ele anunciava, insistiam no papel da providência divina, como ele, e atacavam a aristocracia do Templo, como ele. Suas opiniões freqüentemente coincidiam. No entanto, uma leitura rápida dos Evangelhos faz com que eles pareçam os mais ardentes adversários de Jesus.

É que todo movimento, toda organização é sensível sobretudo à concorrência do movimento ou organização que lhe é mais próximo, já que deve se diferenciar dele. Isso se vê bem nas campanhas eleitorais. É provável então que as primeiras comunidades cristãs, cujas crenças e opiniões necessariamente influenciaram a transmissão dos fatos e dos gestos de Jesus e o texto dos Evangelhos, tenham acrescentado a isso sua oposição aos fariseus. É possível também que certas traduções tenham deformado as palavras de Jesus: Claude Tresmontant[28], para quem os Evangelhos foram escritos primeiro em hebraico, considera, a respeito da famosa imprecação de Jesus, "fariseus hipócritas" (que nos parece uma redundância de tanto que, de século em século, acabamos por dar à primeira palavra o sentido da segunda), que os tradutores erraram ao traduzir para o grego *hypokritês*, "hipócrita", e sugere, sem esclarecer muito, que se deva ler, remetendo ao original hebraico, "fariseus infiéis". Ou seja, que não teriam sido fiéis a suas próprias recomendações, adeptos do "faça o que eu digo mas não faça o que eu faço".

Quer traduzamos por "hipócritas" quer por "infiéis", Jesus se mostra em relação a alguns deles de uma rara severidade: "Vós, por fora, pareceis justos aos outros mas por dentro estais cheios de hipocrisia (infidelidade) e iniqüidade"[29].

Trata-se de uma condenação geral?

Os essênios colocam os fariseus todos no mesmo saco: "Eles seguiram falsos profetas e vacilam, insensatos, porque suas obras são apenas mensagens"[30]. Mas esse não era o pensamento de Jesus. Apenas acha que eles são pessoas que dizem e não fazem. Tem, entre os amigos, fariseus que o convidam à mesa[31]. Um dos mais poderosos dentre eles, Nicodemos, que pertence a uma grande família de Jerusalém, que hoje seria algo como um assessor do prefeito daquela capital, lhe diz o seguinte: "Sabemos que vieste como mestre da parte de Deus, pois ninguém poderá fazer os sinais que fazes, se Deus não estiver com ele"[32]. Mas é à noite que Jesus encontra Nicodemos: nunca se é prudente demais e isso dá uma idéia dos riscos que correm o galileu e seus seguidores.

Em suma, não há unanimidade entre os fariseus quanto a Jesus, mas sim "desacordo", como diz João ao relatar uma discussão entre eles depois que Jesus cura um cego de nascença. Um caso que mostra quanto o clima se tornava pesado ao redor de Jesus. Esses fariseus, de fato, tendo falado muito daquele milagre, decidem descobrir a verdade; ora, quando interrogam os pais do cego de nascença, estes fogem: perguntem a nosso filho, ele é crescido o bastante para responder por conta própria. Pergunta-se então ao filho, o que apenas pode repetir a evidência: ele não via e agora vê. Sim, mas por quê? Então ele responde: "Jamais se ouviu dizer que alguém haja aberto os olhos a um cego de nascença. Se este homem não fosse de Deus, não poderia fazer nada". Em seguida, furiosos, eles o expulsaram[33].

Cena fundamental. Porque é aí que o sapato aperta para os fariseus. Que Jesus discorde de sua carolice, de seu respeito ultraformal às regras menos justificáveis, tudo bem — não é o primeiro nem será o último. Que acuse alguns deles de ter o coração duro como pedra e uma cabeça de abóbora quanto à louvação humilde de Deus e ao respeito pelo mandamento do amor, são obrigados a admitir, porque todo mundo sabe que é verdade. Mas que ele pretenda "vir de Deus" a tal ponto que mesmo um tipo como esse cego de nascença (e se é cego de nascença, o é para expiação dos pecados de seus pais; estas pessoas não são das mais recomendáveis) o repete, isso é inaceitável. Eles dizem isso a esse infeliz que, até sua cura, passava os dias mendigando ao lado do Templo: que são os discípulos de Moisés, que foi a Moisés que Deus falou, e ponto final. Ora, Jesus pretende que seu poder tenha vindo diretamente de Deus, por sobre a cabeça de Moisés, portanto. Pretende remir os pecados, o que só Deus pode fazer. Faz uma injúria a Deus tomando-Lhe o lugar. Intolerável.

Os fariseus sem dúvida estão, em Israel, entre os povos mais vivos e abertos, mas isso, não, não podem acreditar. E é exatamente o que Jesus, na seqüência da cena, censura neles. Alguns, de fato, estavam perto dele quando o ex-cego lhe veio contar da expulsão. E esses fariseus perguntam a Jesus (se com deboche ou boa fé, é difícil distinguir): "Por acaso também nós somos cegos?" Resposta: "Se fôsseis cegos, não teríeis pecado, mas agora dizeis: 'vemos', e o pecado subsiste"[34]. Vocês acreditam ter a sabedoria, estão fechados em suas certezas, acreditam tanto no Deus de Moisés que não podem aceitar a nova mensagem nem sobretudo o novo mensageiro que Ele enviou e que não é outro senão Ele próprio.

Jesus conclui: esse é seu pecado.

Eles concluem: se ele se diz Deus, se se considera Deus, comete blasfêmia.

O judaísmo proscreve as representações de Deus por imagens ou estátuas, por temor de que apenas o celebrem como a um ídolo; e recomenda que não se pronuncie o nome de Deus, por respeito à sua majestade. E eis que se propõe a esses fariseus que reconheçam Deus em um homem! Como escreve Charles Guignebert, um crítico racionalista muito influente no início do século: "O simples enunciado de uma hipótese tão monstruosa constituía uma dessas blasfêmias que inevitavelmente levavam (os judeus) a atirar pedras vingativas"[35]. Não poderia haver blasfêmia maior.

Por essa razão religiosa, os fariseus acabam se aliando aos saduceus e herodianos que detestam, a essas pessoas do Templo que se opõem a Jesus por razões políticas, pois temem por seu poder. Vão se aliar ou, então, deixá-los agir, ficando neutros. O que levará Jesus à morte.

11.
Em Jerusalém

Jesus diante de Caifás – Gravura de Albrecht Durer

ESSA CIDADE O ODEIA E ELE SABE.

Ainda que viva em grande parte do turismo religioso, Jerusalém é uma cidade fechada em si mesma, protegida. As grandes rotas comerciais passam ao longo da costa ou a leste do Jordão. A Judéia, nas cercanias, é mais pobre. O grande comércio e o "tráfico que se mescla a ele", como diz Flávio Josefo, são desconhecidos; os contatos com o exterior são limitados. Os ofícios vinculados ao comércio são menosprezados e, por razões religiosas, algumas importações (gêneros alimentícios de luxo de origem pagã, diversos produtos agrícolas) são proibidas ou reduzidas[1].

Os serviços administrativos do Estado foram, na maioria, deslocados, depois da ocupação romana, para Cesaréia.

Persiste o Templo, e isso é bastante, é enorme. O Templo é o maior empregador da cidade. Os artesãos da cidade baixa, oleiros, pisoeiros, tecelões, cortadores de pedra, trabalham apenas para os nobres e a casta sacerdotal da cidade alta — e os invejam, sentem ciúme deles, nada podem esperar senão terminar debaixo da terra que roerá sua carne, em vez de terminar nos ricos sarcófagos que eles esculpem e decoram para os poderosos em blocos de peça única. Mas se essa casta não existisse, não teriam nem mesmo a esperança de comer no dia seguinte. Se o Templo não existisse, os pequenos comerciantes e artesãos que vendem lembranças aos peregrinos não estariam melhor. Se o Templo não existisse, todos seus assalariados, seus guardiões, seus levitas, estariam desempregados. Só poderiam se juntar aos mendigos, estropiados e cegos que cercam o prédio soberbo construído por Herodes ou partir, pela colônia, a procurar meios de subsistência em outros lugares.

Tensões sociais vivas afligem Jerusalém. Mas Jerusalém obtém coesão ao redor do Templo, pois o Templo é a razão de viver dos mais religiosos e a única maneira de viver de todos.

Quem tentasse reduzir a influência do Templo seria, portanto, inimigo de Jerusalém, de todos os habitantes de Jerusalém.

Assim, os essênios pouco vinham à capital.

Assim, os oponentes declarados do poder romano, exceto alguns clandestinos, preferiam ficar no campo.

Assim, Jesus.

Os quatro evangelistas não concordam em nada sobre os deslocamentos dele através da Galiléia e da Judéia; seguindo-os ao pé da letra, traçam-se itinerários diferentes. Isso nada os interessa, claro; o que os fascina é o que ele disse e fez. Divergem especialmente sobre suas passagens por Jerusalém. Mateus, Marcos e Lucas passam a sensação de que ele foi lá apenas uma vez, para morrer. João, por sua vez, fala em cinco estadas em Jerusalém.

A maioria dos especialistas está inclinada a confiar mais em João nesse ponto. Mateus e Lucas, de fato, citam falas de Jesus que deixam subentendidas diversas passagens pela capital: "Jerusalém, Jerusalém, que matas os profetas e apedrejas os que te são enviados! Quantas vezes quis juntar teus filhos..."[2]. Lucas, além disso, repete várias vezes, como um refrão, que Jesus "subia a Jerusalém", sem jamais fazê-lo chegar lá antes do episódio dito dos Ramos.

Certos especialistas supuseram, é verdade, que João houvesse intercalado ao longo de seu texto cenas diferentes de uma mesma estada em Jerusalém. Mas dá datas e detalhes precisos nessas passagens. Por exemplo, numa delas, muito interessante, que coincide com a festa dos Tabernáculos, ou *Soukkot*, celebrada na semana que começam em 15 de *tichri* (setembro-outubro).

Soukkot, como dissemos, é uma das três festas de peregrinação para as quais os judeus subiam a Jerusalém. Construíam cabanas ou montavam tendas para comemorar a travessia do povo hebreu pelo deserto entre a partida do Egito e o retorno à terra prometida. E como essa celebração se seguia ao final das colheitas, era uma verdadeira festa, muito alegre, salvo se as safras e vendas tivessem sido calamitosas.

A festa foi, daquela vez, algo tumultuada.

Jesus, explica João[3], não queria ficar na Judéia, onde os judeus "queriam matá-lo". Seus irmãos, que não podiam ignorá-lo, o incitaram a tanto. Decididamente, as relações de Jesus com a família não são simples, e Maria não aparece nesse episódio. "Ninguém faz tais coisas em segredo, se deseja ser conhecido do público", dizem os irmãos, como se suspeitassem Jesus de covardia, quisessem levá-lo ao fracasso ou, na melhor das hipóteses, esperassem que ele manifestasse enfim seu poder.

Resposta clássica: "Este não é o momento". Jesus sempre toma essa atitude quando o desafiam, quando lhe pedem sinais. Vale-se de sua liberdade. Mas depois da partida deles, ainda assim vai a Jerusalém. Em segredo. Dispunha na cidade, segundo todas as evidências, de uma espécie de rede de suporte.

Desde sua chegada, descobre que estão muito interessados nele. Os habitantes da Galiléia, que vieram para a festa, são muitos e tagarelas. Os da Judéia, que tiveram menos oportunidades de vê-lo e ouvi-lo, lhes fazem perguntas. O que ele diz? Quem é de verdade? Ele virá? Tudo isso, murmurando: "Ninguém falava abertamente por medo dos judeus" (como estamos em Jerusalém, é preciso sem dúvida entender por essa palavra "autoridades judaicas" e mesmo "adversários").

Então ele aparece. Não tem muita escolha — seu movimento está em crise. Pouco tempo antes, no dia seguinte ao do episódio da multiplicação dos pães, ele pregou na sinagoga de Cafarnaum, erguida em meio a casas de basalto graças a uma iniciativa de que participaram Herodes Antipas[4] e até o centurião da guarnição romana[5]. Em geral, Jesus era bem melhor acolhido naquela cidade. Mas daquela vez causou escândalo com frases do tipo: "Eu sou o pão vivo descido do céu. Se alguém comer deste pão, viverá para sempre"[6]. Afirmações inaceitáveis para a maioria dos ouvintes. De repente, como vimos, muitos de seus discípulos o deixaram. Uma crise aguda. A tal ponto que Jesus perguntou a seus próximos, os Doze, se queriam fazer o mesmo. A resposta de Pedro é conhecida: "Senhor, a quem iríamos? Tu tens palavras de vida eterna"[7].

Não são então mais que a sobra. À medida que Jesus explica melhor quem é e qual o sentido de sua missão, sua audiência diminui. Então é preciso falar a ela mais e mais, com todos os riscos, para esclarecer e convencer. É por isso que vai ao Templo. À boca do lobo, talvez. Mas e daí? É lá que estão os peregrinos. É lá que bate o coração de Israel.

Ele vai ao Templo e ensina sem parar. Impressiona, num primeiro momento, seus ouvintes: como esse nazareno, já que se diz que os galileus são ricos mas sobretudo rústicos, pode se mostrar tão sábio? De resto, ao que se sabe, ele não foi discípulo de nenhum *rabi*. Onde aprendeu tudo aquilo? Resposta: "Foi Deus quem me fez dizer essas coisas."

Essa resposta é ainda suportável: os profetas assim falavam em nome de Deus. Desde que não se pretenda o Filho de Deus, não há escândalo. Mesmo assim, a multidão lhe faz perguntas. Os que o escutam já não sabem muito bem onde estão. Ele afirma falar em nome de Deus, mas transgrediu ao shabat; que profeta esquisito! Não seria um demônio que o inspira? Alguns o apresentam como um *Machiah*, palavra que seria traduzida em grego por *Kristos* e cujo sentido literal é "Ungido", "Consagrado" (o figurado é: "o Messias", "o Salvador"). Mas é impossível, aos olhos da maioria, porque ele vem de Nazaré; ora, "o Cristo, quando chegar, ninguém saberá de onde veio"[8].

Assim são ditas as palavras. E logo os ouvintes se espantam. Estranhamente, os "chefes" deixam-no livre para pregar. Talvez tenham reconhecido nele o Cristo.

Os "chefes", informados bem cedo dessa figura, que parece chamar a atenção, provocar adesão das massas, decidem logo pôr um paradeiro nisso. Enviam seus policiais. Que não se apressam em intervir. Nunca se sabe, com pessoas desse tipo. E se os que o ouvem tomarem sua defesa? Este trabalho, às vezes, é realmente perigoso. Então os policiais, prudentes, começam a escutar o galileu sobre quem correm tantos boatos, aguardam talvez uma ocasião, uma palavra escandalosa que justifique sua intervenção aos olhos da multidão. E se deixam seduzir.

É o último dia da festa, e continua em torno desse Jesus a mesma bagunça. Ele aproveita: "Quem tiver sede, venha a mim e beberá". A sede, seus ouvintes a conhecem. O símbolo da água, também: os rabinos da sinagoga não param de repetir, de shabat em shabat, que ela simboliza o Espírito que virá ao final dos tempos.

As frases de Jesus não podem, portanto, produzir a unanimidade, bem pelo contrário. Os policiais poderiam aproveitar, agarrar esse criador de encrencas, explicar que agem assim para o bem de todos, para evitar a intervenção dos romanos, sempre atentos e em guarda quando se fazem festas, como se sabe. Mas não. Preferem se retirar. E são severamente censurados pelos patrões. Ao estilo de sempre: bando de ignaros, se conhecessem a Lei não se deixariam enrolar, e nem a multidão! "Essa multidão que não conhece a Lei são os malditos." Aí está. Surge a eterna distinção entre os que sabem ou acreditam saber, porque leram os livros e ouviram os mestres, que se fecham em seu conhecimento e desprezam os outros, ou até os amaldiçoam, e os que não sabem mas têm olhos e ouvidos prontos a se abrir.

A voz de um justo, no entanto, se eleva. É a de Nicodemos, a quem já encontramos. Já que eles invocam a Lei, ele lhes lembra que a Lei, "nossa Lei", deve ser respeitada em primeiro lugar pelos que ela privilegia; ora, a Lei proíbe que se julgue um homem sem compreendê-lo. Mas Nicodemos é suspeito; e chegam a tratá-lo por "galileu", ele, um nobre, uma das maiores fortunas de Jerusalém. Os outros então lhe respondem que é melhor escutar a Escritura — ele veria que a Galiléia não fornece profetas. Esses homens preferem os textos e conceitos aos fatos. As idéias lhes escondem a verdade, como sempre.

Mas, desta vez, eles nada decidem. E se dividem.

Sem dúvida pensam que, se os policiais foram seduzidos, a multidão também deveria estar, e que uma prisão faria muita confusão. Cada um espera sua vez. Ela não demorará muito.

Três meses depois, de acordo com o Evangelho de João, Jesus está de novo em Jerusalém, para a festa da Dedicação. Ela comemora a nova consagração (em 164 a.C.) do altar do santuário que fora profanado três anos antes. Estamos no inverno. Jesus passa e repassa pelo pórtico de Salomão, uma galeria situada no lado leste do Templo, que tem a vantagem de ser protegida do vento por uma muralha. Os apóstolos, mais tarde, irão bastante a esse local. Mas quem interpela Jesus ali são inimigos. Eles o cercam, ameaçam: vamos acabar com esses mistérios, "Se tu és o Cristo, dize-nos abertamente"[9]. Jesus: "Já vos disse e não credes (...). Eu e o Pai somos um". Eis a blasfêmia. É demais. Eles pegam pedras para atirar nele. Ainda hesitam, dando tempo para que Jesus se refira a um salmo[10] em que Deus se dirige aos juízes, a quem maltrata ("Até quando dareis sentenças injustas, favorecendo os culpados?"), mas acrescenta: "Eu te disse: 'Todos vós sois deuses (esta é a única frase que Jesus cita) e filhos do Altíssimo. Todavia morrereis como qualquer homem'". Ou seja, se os juízes nomeados por Deus e que não são nada brilhantes podem ser considerados deuses, por que aquele "que o Pai santificou e enviou ao mundo" seria acusado de blasfêmia quando se diz Filho de Deus? Jesus decididamente sabe rebater. O argumento pesa. Ao menos por alguns segundos. Tempo suficiente para escapar daqueles violentos.

Ele vai para um lugar que conhece bem e de que gosta: do outro lado do Jordão, "onde João batizava". Ali começou o que chamamos de sua "vida pública". Seu movimento, naquele lado, ainda é sólido e tem boa audiência. Cercam-no, escutam-no. Última e breve repetição: nesse momento, vêm buscá-lo da parte de Maria e Marta para curar Lázaro. Lázaro que, lhe dizem, está morrendo em Betânia, a alguns quilômetros de Jerusalém, na Judéia. E o que então acontece vai deixar exasperados os inimigos de Jesus.

Fazem uma reunião decisiva. A autoridade suprema do Templo, o Sinédrio, espécie de Senado e Suprema Corte de justiça, é presidido pelo sumo sacerdote mas vigiado de perto pelos romanos. O sumo sacerdote da época, José Caifás, pertencia, certamente, à família de seu antecessor, Anás (que era seu sogro), mas também devia seu cargo aos romanos. Caifás, nesta ocasião, reúne apenas, ao que parece, parte do Sinédrio, que tinha ao todo 70 membros, os homens mais firmes, os líderes da maioria, como se diria hoje num parlamento.

É um hábil político esse Caifás. A prova: manterá seu cargo por 19 anos, como se considera hoje (11, segundo Renan, único a dar o número). Uma conquista, em todo caso. Pois, depois da chegada dos romanos, o cargo de sumo sacerdote deixou de ser vitalício. Então ele sabe agradá-los. Também chama à reunião Anás, seu velho sogro, chefe da tribo, que é experiente, conhece todas as tradições e também as torpezas e trapaças dos membros, aos quais discursa na reunião e sobre quem sua influência continua grande, ainda que não desempenhe funções oficiais. Caifás juntou bastante dinheiro e mora, na cidade alta, numa soberba residência de mármore branco, madeiras de lei e estuques, onde a água canta nas fontes e os pássaros nas árvores de um vasto jardim. É talvez lá que tenha reunido os colegas.

A razão da iniciativa de Caifás é simples: a festa da Páscoa se aproxima, com sua multidão de peregrinos que tem o dom de deixar nervosos os romanos; pode-se esperar que Jesus, esse agitador, que teve a sorte de escapar quando da festa da Dedicação, vá ficar na Galiléia, às margens do Jordão; mas eis que o caso Lázaro o colocou de novo em destaque; pode-se, portanto, temer tudo; é a autoridade do Templo que está em jogo, assim como o interesse nacional; logo, é preciso dar um jeito nisso o quanto antes, se possível antes da Páscoa, para evitar problemas que trariam represálias romanas.

Caifás não poupa ênfase: "Vós não entendeis de nada. Não compreendeis que convém um homem morrer pelo povo para que a nação toda não pereça?" Concordam com ele. Tanto que lhe reconhecem, como sumo sacerdote, um certo dom profético[11]. A Lei, claro, dispõe que todo acusado deva ser ouvido antes de ser julgado. Mas desde que seja do interesse da nação... A razão do Estado sempre prevaleceu sobre a Lei e a justiça. A razão da Igreja também, de vez em quando.

Pronto. O Templo decidiu que Jesus morra. E também Lázaro, diz João, porque era uma testemunha incômoda.

Jesus, prevenido (também tem seus informantes), logo se retira. Não busca a morte. Fará o que tem de fazer, com todos os riscos, mas não busca a morte. A crer em João (os outros três evangelistas não falam uma palavra sobre isso, assim como não mencionam essa reunião na bela residência de Caifás), retira-se para Efraim, um lugarejo perto do deserto e da Samaria, a nordeste de Jerusalém.

Seus discípulos estão talvez revigorados pelo acontecido em Betânia, mas é preciso imaginar a lassidão de todos esses homens. Havia meses erravam pela Galiléia, mais raramente na Judéia, de aldeia a aldeia, às vezes recebidos com respeito, às vezes rejeitados, cercados de uma multidão entusiástica e maravilhada ou perseguidos por grupos hostis, e sempre espionados por agentes dos poderes.

Que trajetória longa e dura! Faz sentido que queiram ir para suas casas, na Galiléia. Mesmo Judas, o único que não é do país, aprecia as sombras de nogueiras no caminho, os mosaicos das pradarias e as flores de figueiras e silvas, a paz dos grandes vales onde pastam cabritos e carneiros. E sempre há, claro, um primo aqui, um irmão ali, uma mulher acolá, para lhes dizer que há uma criança doente, que seu pai está com sinais de fadiga, ou mesmo que vai bem mal, e que os braços e cabeças e corações deles fazem falta em suas casas — por quanto tempo durará essa história? até quando e onde seguirão esse *rabi* Jesus? Ele vale a pena de sua ausência? Alguns não dizem que ele não passa de um charlatão, contador de fábulas, um perturbado que se acha profeta? E André, Pedro, Filipe provavelmente se justificavam, explicavam, prometiam — sim, voltarei para as colheitas; se o pai passar mal, me avisem, eu virei sem falta, mesmo que por alguns dias. Chateações e preocupações, portanto, não faltavam, mas estar em casa, na Galiléia, e calorosamente recebido, era uma atração mais forte.

Mas a Samaria! Não falem na Samaria. Um país de pó, plantas espinhosas e sol, que é preciso atravessar com provisões. A terra dos inimigos hereditários, que ousaram erigir sobre o monte Garizim um templo rival ao de Jerusalém, rival àquele do verdadeiro Deus, um templo que os judeus, felizmente, conseguiram depois de muito tempo destruir. Esses samaritanos têm o ódio no coração e os outros lhes querem bem. Tratam-se uns aos outros de renegados, de traidores da *Torá*, e às vezes acrescentam pedras aos insultos. A maioria dos judeus evita passar por ali, os galileus dão qualquer volta para evitar a Samaria quando se põem em peregrinação para Jerusalém. Mas Jesus, não se sabe por que razão, escolheu um dia atravessar esse país de infiéis e ousou pedir de beber para uma camponesa que vinha buscar água num velho poço. Os rabinos asseguram, no entanto, que a água dos samaritanos é mais impura que o sangue de um porco. Todo mundo sabe disso, os samaritanos assim como os judeus. A mulher ficou estupefata, a princípio. Aquele era um mau começo. E depois ele explicou, como fazia aos outros, que era ele mesmo a "água viva". E como ela lhe lembrasse tudo que os separava — "Nossos pais adoraram a Deus neste monte (o monte Garizim, redondo e cabeludo) e vós dizeis que é em Jerusalém onde se deve adorar" —, ele anunciou a ela os novos tempos: "Vem a hora em que nem neste monte nem em Jerusalém adorareis o Pai (...) mas em que os verdadeiros adoradores hão de adorar o Pai em espírito e verdade"[12]. Assim recebeu ela a revelação de sua missão universal. Deixou-se convencer bem mais rapidamente do que os outros. Era uma mulher qualquer, no entanto, que tivera cinco maridos e vivia com o amante. O diálogo termina bem, no fim das contas. Essa boa mulher sabia se fazer entender, conseguiu até arrebatar pessoas de sua aldeia; eles vieram ouvir Jesus, levaram para ele alfaces, bolinhos, doces. Foi como sempre, como na Galiléia, como na Judéia, as mesmas perguntas, os mesmos debates: Quem és? Como é teu reino? Onde ele se encontra? Assim foi na Samaria. Uma boa lembrança, ainda assim, mas só uma boa lembrança. Nos outros países houve ameaças, brigas, insultos, reações agressivas.

Enfim, a Judéia. Pouco melhor, senão pior. Salteadores escondidos em grutas à margem da estrada para Jerusalém. O desprezo aos galileus. E logo o ódio de muitos contra Jesus e seus companheiros. Em Jerusalém, espiões ao redor do Templo. Em todo lugar, caras amarradas, provocadores, chicanistas, trapaceiros, que deformam e deturpam qualquer frase. É preciso estar sempre precavido, zelar também pela segurança de Jesus, quando ele se misturar à multidão hostil — um golpe baixo sempre pode acontecer. Ele mesmo, normalmente tão paciente, viria a tratar esses homens e mulheres por "gente incrédula e perversa"[13]. Ele está fatigado; eles não podem mais, ainda que se aproxime a prova suprema.

Ainda não é *Pessach*, a festa da Passagem, da partida dos judeus do Egito, que é também a festa dos Ázimos (pães sem levedura, porque eles estavam com tanta pressa para deixar o país do faraó que não tiveram tempo de deixar a massa fermentar), que é igualmente a festa da primavera, pois marca o início da safra da cevada; ainda não é *Pessach*, portanto, mas já há uma multidão em Jerusalém. Judeus vindos de todos os lugares, de toda a Palestina mas também de Alexandria ou da Síria. Os "tementes a Deus", isto é, os não-judeus, os ainda não circuncidados, mas a quem seduz a fé em um Deus único. E os turistas, como os que virão mais tarde a Fátima, Lurdes ou Roma, interessados em se misturar às multidões, curiosos em assistir a essas cerimônias. Nessa massa, alguns gregos, que ouviram falar em Jesus, querem encontrá-lo e por isso se dirigem a Filipe, um de seus companheiros, que tem nome grego e mora em Betsaida, cidade fronteiriça e de comércio, onde se deve falar a língua. E também, claro, como sempre, os camponeses da Galiléia e Judéia.

Eles se perguntam, sobretudo os da Galiléia, se Jesus virá. Massas às vezes têm um instinto, uma espécie de faro que as faz pressentir um acontecimento importante, uma tempestade. E ele virá. Não quer nem pode fugir à confrontação decisiva.

Não quer, entretanto, se fazer notar. A crer em Mateus, Marcos e Lucas, ele antes envia dois emissários: vão à cidade e encontrarão um jumentinho amarrado no qual ninguém se sentou ainda, livrem-no e me tragam. Duas interpretações são possíveis: esse é o comportamento de um homem que se apóia numa rede de colaboradores, como um clandestino que sabe que à entrada da cidade lhe prepararam um carro. A segunda interpretação diz respeito ao jumento. Esse animal infeliz é frequentemente considerado, hoje em dia, um imbecil por saber o que quer e o que não quer. Mas, nos tempos antigos, ele era a montaria dos deuses: na Índia, na China, na Mesopotâmia[14]. Um dos textos mais antigos da Bíblia, o Cântico de Débora[15], se dirige aos "comandantes de Israel" nos seguintes termos: "Louvai ao Senhor! Vós que montais mulas baias, que tomais assento nos tribunais!" O cavalo se tornou a mais bela conquista do homem muito antes da era cristã, mas o jumento por muito tempo manteve, se se pode dizer, uma boa imagem. No tempo de Jesus, admira-se ainda sua prudência e resistência. Mateus, além disso, sempre ansioso por convencer os judeus de que o que se passou foi conforme as Escrituras, acrescenta logo depois: "Isto aconteceu para que se cumprisse o que foi dito pelo profeta: 'Dizei à filha de Sião: eis que teu rei vem a ti, manso e montado num burro, num jumentinho, filho de jumenta'"[16]. João faz a mesma citação, abreviada, mas, segundo ele, Jesus encontrou o jumento por acaso e o tomou para montar quando os grupos já corriam ao redor dele para aclamá-lo[17].

Esses grupos são bem menos numerosos do que se imagina em geral. Jerusalém não tem mais que 20 ou 25 mil habitantes. Algumas centenas de pessoas reunidas por um momento em suas ruas estreitas dão rapidamente a sensação de que são uma multidão. Flávio Josefo diz mesmo que 250 mil carneiros são imolados anualmente na Páscoa, mas sua estimativa deve ser alta, como a dos organizadores de manifestações de hoje — se a seguimos, chega a 2 milhões o número de peregrinos reunidos na cidade e nos arredores, o que é bem pouco crível. Além disso, se os colaboradores de Jesus, naquele dia, tivessem sido muito numerosos, a guarnição romana, reforçada para a ocasião e exaustas, logo teria intervindo. Os oficiais sabem, por experiência, que tais manifestações devem ser sustadas no começo. De resto, se Mateus fala em "multidões" e Lucas de "multidão de discípulos", Mateus e Marcos acrescentam que se trata dos que "os precederam e os seguiram". Não é uma massa, portanto. Mas chamam atenção. São verdadeiros militantes do movimento de Jesus, sobretudo os galileus, seguramente não os que habitavam em Jerusalém — João sublinha que se trata de uma multidão "que veio para a festa". Assim se pode explicar uma contradição aparente nesses relatos: muita gente se pergunta como é que a mesma multidão que aclama Jesus naquele dia dirá alguns dias depois a Pilatos que o mate. Resposta: não são provavelmente as mesmas multidões. Os galileus (e também, segundo João, os amigos de Lázaro, habitantes de Betânia) desempenham os papéis principais no episódio dito dos Ramos; mas esses papéis passam para os habitantes de Jerusalém (e para os romanos) na condenação e na crucifixão.

Os Ramos, por sua vez, também levantam um problema. Apenas João fala de palmas; ora, Jerusalém, na época, não tinha palmeiras, e seus habitantes deveriam importá-la para a festa dos Tabernáculos, *Soukkot*, pois a liturgia da festa pedia o uso delas[18]. Os outros Evangelhos dizem que os admiradores de Jesus estenderam seus mantos sobre o caminho que ele deveria seguir, o que era uma prática corrente para honrar uma grande personalidade. Mas Mateus se limita a dizer que eles cortaram galhos das árvores, sem mais precisões, e Marcos que "cortaram vegetais nos campos".

O uso de palmas confirmaria a existência, em Jerusalém, de uma rede ou grupo que as teria encomendado antecipadamente, e a manifestação então nada possuiria de espontânea. Ainda mais porque para os judeus as palmas têm um sentido político: quando o sumo sacerdote Simão, "estrategista e chefe dos judeus", libertou a cidadela de Jerusalém, no século 2 a.C., entrou nela "entre aclamações e ramos de palmeiras, ao som de cítaras, címbalos, harpas, hinos e cânticos, porque um grande inimigo fora extirpado de Israel"[19]. As palmas poderiam ser então consideradas, assim como o jumento, como um sinal messiânico: o que se festeja é o libertador, que vai expulsar o ocupante e estabelecer seu reinado.

Os quatro relatos evangélicos acrescentam que a multidão entoou a *Hosanna* que sempre acompanha o peregrino que vai em direção ao Templo, seguida, como de costume nessas circunstâncias, de "Bendito seja o que vem em nome do Senhor", que é um versículo de um salmo de festa[20]. Se prestamos atenção nisso, podemos considerar como Jean-François Six[21] que "Jesus está simplesmente integrado a uma procissão de peregrinos da qual é o chefe; e eles chegaram diante do Templo; um sacerdote abençoou todo o cortejo na pessoa de seu chefe (...). O percurso foi breve e o reduzido cortejo não inquietou a guarnição romana".

Mas João, mais uma vez, vai além. Segundo ele, os entusiastas que cercam Jesus exclamam: "Hosana! Bendito quem vem em nome do Senhor, *o rei de Israel*!"[22] (os grifos, claro, são meus). O que Lucas confirma. E o que pareceria lógico se as pessoas carregassem palmas. Mas logo pensamos no episódio da multiplicação dos pães: naquele momento, uma "grande multidão" quisera, segundo João mas não segundo os três outros, fazer de Jesus um rei, depois de um grande milagre; nesta vez, João faz claramente alusão a outro grande milagre, a ressurreição de Lázaro, e indica que a multidão viu nela o mesmo sinal, tirou dela a mesma conclusão — fazer dele um rei. Ele, o teólogo, insiste aqui no sentido político do que vai se seguir. Pois o veremos falar muito do reino nos dias que virão. A ambigüidade do título de rei vai dominar os debates sobre Jesus, seus próximos e seus adversários. Pilatos vai perguntar a Jesus se ele é o rei dos judeus e assim o qualificará no topo da cruz.

Naquele dia, alguns fariseus, segundo Lucas, os sumos sacerdotes (ou seja, sobretudo, a família de Anás) e os escribas, segundo Mateus, se limitam a pedir a Jesus que acalme os que o cercam. Ele os afasta, sossegado e firme: "Se eles se calassem, as pedras gritariam". Eles concluem que nada se pode esperar dele ("Os fariseus", escreve João, "diziam uns aos outros: 'Estais vendo que nós não estamos conseguindo nada'")[23] e devem pensar que Caifás decididamente tinha razão ao sugerir matá-lo para o bem da nação toda. Pois os romanos, que não se mexeram naquele dia, bem que poderiam intervir se esse Jesus continuasse a agitar as multidões.

Ora, nos dias seguintes, os incidentes vão se multiplicar. Jesus vai afrontar diretamente o Templo e afirmar sua identidade mais claramente do que nunca.

12.
Contra o Templo

Pintura de Giotto. *O beijos de Judas*, c. 1305-06

SOB O ADRO DOS GENTIOS (os pagãos, os *goyim*), uma gigantesca esplanada à entrada do Templo, está a mesma confusão, as mesmas marés de multidão com véus coloridos, turbantes vermelhos, mantos brancos. E o mesmo rumor, denso, pesado, em que se mesclam imprecações, rezas, discursos, cânticos e os gritos dos animais levados para sacrifício. As vozes estridentes dos cambistas oferecem a moeda do Templo, com a qual os peregrinos pagarão, "para o perdão de sua alma", o imposto à casta sacerdotal — qualquer outra moeda, grega, romana, é impura, sujaria o espaço sagrado. Mais longe, os levitas conduzem butiques de sal, pão, incensos e óleo para as oferendas. Filas se formam diante dos balcões em que se vendem os selos, selo do cordeiro, selo do carneiro, selo do cabrito, que permitirão comprar os animais do sacrifício.

O dinheiro passa de mão em mão, ressoa, cai bastante com o escarcéu dos sacerdotes, que controlam praticamente todo o comércio do lugar, quando não o exercem diretamente. Uma família sacerdotal tem o monopólio do comércio de perfumes, a outra o de "pães da proposta" (que devem ser ofertados em dúzia, o número de tribos de Israel, dispostos sobre uma mesa de mármore em duas filas de igual comprimento, e em seguida são comidos pelos sacerdotes). Como se deve, a família de Anás e Caifás, os sumos sacerdotes, reserva-se desses negócios a parte do leão.

A maioria dos peregrinos sabe disso, tampouco Jesus ignora. Essa cacofonia e essa feira lhe são familiares desde que Maria e José o levaram, adolescente, ao Templo. Certamente se espantou então, se divertiu talvez. Mas depois, cada vez que volta a Jerusalém, se irrita.

Para todos os judeus, se existe um endereço onde encontrar Deus, é lá. Javé está ao mesmo tempo presente e ausente. De resto, não se encontra no Templo e nos arredores dele nenhuma imagem, o que sempre surpreende os pagãos, acostumados a adorar deuses sob a forma de homens ou animais. Javé é tão grande, tão outro, que Ele não pode ser representado, aprisionado em nenhum lugar, mesmo no Santo dos Santos, no coração do Templo. Mas se existe um local de encontro com Deus é lá; se existe um lugar onde é, portanto, indispensável distinguir o sagrado do profano, é lá.

Jesus, desta vez, ataca. "Vamos, saiam! Que não se suje o Templo, que se acabe esse comércio, que se pare de enriquecer às custas da devoção de um povo fervoroso e que se sente enganado!" Ele quer livrar esse lugar dos comerciantes e pouco importa — pelo contrário — que sejam padres ou levitas.

O evangelista João, o teólogo que às vezes se passa por jornalista, conta que, tendo feito um chicote de cordas, Jesus empurrou os que vendiam bois, ovelhas e pombas: "Tirai daqui tudo isso e não façais da casa de meu Pai casa de negócio"[1].

Que esse incidente, reportado também pelos três outros evangelistas, tenha realmente acontecido é admitido por praticamente todos os especialistas. Mas o relato levanta diversas questões.

Primeiro, sua data exata. João situa sua "reportagem" entre os primeiros capítulos de seu Evangelho, logo depois do milagre de Caná, ao passo que os três outros o situam depois da entrada espetacular em Jerusalém, no episódio dos Ramos. A maioria dos historiadores tendem a esta última data: se Jesus tivesse atacado o Templo assim tão diretamente desde o começo de sua pregação, certamente não teria conseguido prosseguir tanto tempo, e menos ainda voltar diversas vezes a Jerusalém sem atrair graves aborrecimentos[2].

Se João colocou essa cena nesse local é porque ela constitui como que um resumo da história de Jesus — este não quer apenas purificar o Templo de Israel, onde Deus quis habitar em meio ao seu povo, mas também anunciar que a verdadeira residência do Pai, o verdadeiro Templo, é ele. Que é o significado do relato que se segue. Vemos "judeus" — traduzamos para "habitantes da Judéia" ou, mais restritamente, "fariseus e homens do Templo" — perguntando a Jesus o que lhe permite agir assim. "Destruí este Templo e em três dias o levantarei". Os "judeus": "Quarenta e seis anos levou a construção deste Templo e tu vais levantá-lo em três dias?"

Notemos de passagem que, a construção desse Templo tendo sido iniciada por Herodes, o Grande, pai de Herodes Antipas, no ano 20 ou 19 a.C., essa cena se situaria então nos anos 27 e 28 d.C. e, se admitimos que Jesus nasceu por volta de 6, teria aí 33 ou 34 anos.

Mas voltemos ao espanto dos "judeus". Ao menos, compreende-se: reconstruir o Templo, reerguer essas colunatas gregas, recolocar no lugar essas pedras enormes, em três dias? Mesmo num mundo onde o maravilhoso não é surpreendente, é difícil admitir. Eles concluirão que Jesus é realmente um perturbado, tagarela, inquieto. O evangelista João, por sua vez, acrescenta: "Mas ele falava do templo de seu corpo. Quando ressuscitou dos mortos os discípulos se lembraram do que havia dito e creram na Escritura e na palavra de Jesus"[3].

Está claro: mais uma vez, eis um relato escrito por alguém que conhecia a seqüência da história e queria dar um resumo dela. João, que decididamente ama os prefácios, acrescentou o terceiro deles depois de seu famoso prólogo ("No princípio era o Verbo...") e do relato de Caná. De resto, cabe perguntar se todo o seu texto não é senão uma longa introdução ao relato da Paixão e da ressurreição. Mas esta cena, à diferença da de Caná, parece historicamente mais sólida. O que levanta outras questões.

Em primeiro lugar, sua importância real. Se nos atemos ao pé da letra aos Evangelhos, Jesus está sozinho quando enfrenta os comerciantes e bois. Os discípulos estão presentes, já que em seguida travarão uma discussão com os "judeus", mas estão presentes como testemunhas inativas ou medrosas. Não se fala nada mais sobre a reação da multidão, e o leitor deve se perguntar por que nem a polícia do Templo nem os romanos, que vigiam tudo do alto da torre Antonina, não acham necessário interferir, o que poderiam fazer sem cometer sacrilégio, pois essa confusão tem lugar no adro dos gentios.

O exegeta inglês S.G.F. Brandon, que se ocupa de traçar as ligações do movimento de Jesus com o dos zelotes[4], não foge a observar que nenhum homem, "por mais dinâmico que fosse, teria conseguido, sem ajuda alguma, como se considera que ele (Jesus) tenha feito, expulsar de sua casa de negócios todo um grupo de comerciantes ocupados com seus clientes (...). Há aí uma impossibilidade material indubitável". Daí a hipótese: "Talvez tenha sido com apoio de um grupo de partidários exaltados que Jesus conseguiu o que queria; e certamente isso não foi feito sem uso de violência e pilhagem". Pode-se imaginar, de fato, os peregrinos correndo para recuperar as moedas caídas dos balcões dos cambistas ou das escrivaninhas dos comerciantes de selos. Mas tal azáfama, inevitavelmente, teria provocado intervenções policiais. Nosso autor destaca que Marcos, um pouco mais adiante[5], assim como Lucas[6], quando mostra Pilatos convidando a massa a escolher entre Jesus e Barrabás, diz que este tinha sido "preso com os revoltosos que no motim haviam cometido um homicídio". Conclusão de S.G.F. Brandon: "Podemos então nos perguntar com legitimidade se essa vigorosa iniciativa de Jesus no Templo (...) não foi um caso bem mais grave do que os Evangelhos deixam supor"[7].

Brandon, como dissemos, defende em seu livro uma tese: Jesus teria sido muito ligado aos zelotes e os Evangelhos apagariam esse aspecto para sublinhar as razões religiosas, em vez de políticas, que o levaram à morte. Sua explicação do ocorrido no Templo está dentro da lógica dessa tese, mas nada a corrobora, pois os zelotes, ao que parece, apareceram mais tarde. Devemos nos perguntar, ao contrário, por que Jesus não foi preso depois dessa encrenca como "Barrabás e os revoltosos do motim". Resposta do próprio Brandon: "Talvez os discípulos de Jesus lhe trouxessem um apoio considerável, a ponto de a polícia não ousar intervir pois seria rechaçada"[8]. Ou seja, esse apoio "considerável" teria afastado a polícia e salvo Jesus, mas não Barrabás e os outros. É difícil acreditar e pode-se perguntar por que nenhum dos textos menciona isso.

Conclusão deste pequeno debate: parece provável que o ocorrido no Templo tenha sido apenas um incidente limitado, que passou despercebido pela maioria. Exceto pelos agentes da casta sacerdotal, que seguiam Jesus como sua sombra. E cujos patrões devem ter concluído que aquilo era apenas o começo, que era importante acabar logo com aquela agitação antes que se desenvolvesse, e que fariam bem se o matassem. O que importava era não demorar.

Outra questão diz respeito ao lugar onde se desenrola o incidente: o adro dos gentios, ao qual tinham acesso os pagãos, era bem situado no Templo, antes da barreira, do cercado que separava o puro do impuro. Não se pode por isso ver na intervenção de Jesus um gesto de purificação, visto que não foi o santuário que foi profanado pelo comércio de cambistas e vendedores; afinal, era preciso que num lugar como aquele o impuro fosse separado do puro, as moedas impuras de romanos e gregos substituídas pela moeda do Templo, onde os animais garantidamente "sem mácula" pudessem ser comprados[9]. O adro dos gentios cumpria essa função, como uma sala de descompressão num submarino. Outro especialista inglês, E.P. Sanders[10], concluiu que, se Jesus enfrentou os comerciantes do lugar, é porque não queria "purificar" as práticas do Templo, mas atacá-lo diretamente e aos ritos de sacrifício.

A hipótese de um tal ataque frontal contra o Templo se insere bem na lógica do ensinamento de Jesus. É preciso notar, por outro lado, que outros desejavam igualmente purificar o adro dos gentios, que tal vontade não parecia ilógica a eles. De resto, alguns anos mais tarde, foram tomadas medidas para afastar o comércio de oferendas do recinto do Templo[11].

O debate tem importância. Se se conclui, como se faz geralmente, que Jesus queria apenas purificar o Templo, isso significa que ele não o contestava propriamente. Se se admite a tese de um ataque frontal, compreende-se melhor a extrema tensão dos dias seguintes. Ora, diversos Evangelhos atribuem a Jesus profecias sobre a destruição do Templo. Por exemplo: "Vês este grande edifício? Não ficará pedra sobre pedra, que não tenha sido derrubada"[12]. A maioria dos historiadores considera que, por trás das palavras relatadas pelos evangelistas, em que escorregaram acréscimos e deformações, existe uma fala verdadeira de Jesus sobre a destruição do Templo[13]. É isso que ele anuncia ao empurrar as mesas: não se trata de purificar mas de substituir. Jesus quer dizer a todos que o lugar do encontro de Deus já não é o Templo, mas ele mesmo; e essa será, para as autoridades judaicas, a razão religiosa, oficial, de sua condenação. Mas, no mesmo lance, ele se choca com o poder político da aristocracia sacerdotal, e também com seu poder financeiro; essa será a razão confessa de sua condenação. E a população judaica, sobretudo a de Jerusalém, ligada ao Templo e aos seus ritos, o abandonará.

A hipótese do ataque frontal parece ainda mais provável quando — salvo João — os evangelistas situam depois desse incidente gestos e falas de Jesus que vão todos dar o sentido da ruptura: o milagre da figueira ressecada, a parábola dos lavradores assassinos, a dos convidados ao casamento que faltam a ele, as maldições aos escribas e fariseus, o anúncio de catástrofes para Jerusalém, e essa constatação enfim: "Chegou a hora. O Filho do homem será entregue em mãos dos pecadores"[14]. A cada um desses dias, peregrinos afluem para Jerusalém. E, cada manhã, Jesus aparece no Templo. Grupos reparam nele, correm até ele, o cercam. Sacerdotes, fariseus, agentes do Templo, entre eles. Para discutir, zombar, levá-lo a errar. Ora, ele já não tem mais precauções de linguagem. Ele os admoesta violentamente: "João veio a vós no caminho da justiça e não acreditastes nele ao passo que os cobradores de impostos e as prostitutas acreditaram"[15].

Ou então lhes conta a história desse proprietário que planta uma vinha, cerca-a e constrói uma torre, antes de arrendá-la a lavradores e partir em viagem. No momento das vendas, envia seus empregados para reclamar sua parte — mas os lavradores surram um, matam outro e apedrejam o terceiro. Ele manda outros mensageiros, em maior número — e a mesma coisa acontece. Termina enviando seu filho na suposição de que ele, ao menos, será respeitado. Eles infligem ao filho o mesmo destino. Conclusão: doravante o dono arrendará a vinha a outros lavradores que lhe dêem os frutos a seu tempo. E Jesus cita as Escrituras:

A pedra rejeitada pelos construtores
é que se tornou a pedra principal.
Foi obra do Senhor
digna de admiração para nossos olhos?[16]

Depois explica, segundo Mateus: "Será retirado de vós o reino de Deus e entregue a um povo que produza os devidos frutos"[17].

Não saberíamos ser mais claros. Eis Israel desgarrada de seu mandato, de sua missão.

Seus ouvintes, as pessoas do Templo sobretudo, o compreendem bem. Conhecem um texto de Isaías que também alude à torre e à prensa, mas cuja vinha só produz uvas ruins. "A vinha do Senhor todo-poderoso", conclui o texto, "é a casa de Israel (...). Ela esperava o direito e eis a violência, a justiça e eis gritos de aflição."[18] Mas Jesus (que faz alusão, ao que parece, a conflitos que irromperam entre camponeses) vai bem mais longe do que Isaías. Apresenta-se como Filho de Deus. E anuncia às autoridades do Templo o fim deste, que não será mais a pedra central.

Recomeça com a história da festa de casamento organizada pelo rei cujos convidados não comparecem. Esse soberano não se desencoraja com isso: a festa acontecerá mesmo assim. Manda seus empregados convidarem quem encontrarem no caminho, "os maus como os bons". A porta está aberta a todos. Mas, tendo cada um recebido o convite, os convidados todos se instalado, o rei, paciente até então, faz jogar porta afora um deles, que não respeitou as regras, que não vestiu a roupa tradicional para casamento[19]... Alguns autores viram aí um problema: como os outros vagabundos e mendigos conseguiram roupa de casamento? Pode-se responder que o rei, em sua bondade, havia previsto fornecer uma a cada um. De todo modo, o essencial da parábola está claro: o reino não está aberto apenas a Israel, que se recusou a entrar, mas a todos que aceitam seus mandamentos. E a tensão não pára de crescer.

Jesus a fará dar um salto. Os escribas, nota ele, dizem que o Cristo é filho de Davi. É impossível, pois o próprio Davi o chama de Senhor. "Se Davi, pois, o chama de Senhor, como é seu filho?"[20] Conclusão: o Cristo está próximo de Davi, certo, mas o suplanta porque possui a autoridade de Deus. Eis o que sem dúvida escandaliza os fariseus e a aristocracia do Templo. Mas essa afirmação decepciona, além disso, os que ainda acreditam ter em Jesus um chefe político — o Messias, que expulsará o invasor, estabelecerá seu reino, deve ser filho de Davi... Nesse momento, Jesus perde mais uma parte de seus possíveis aliados.

Recusara ser chamado de Messias, temendo confusão política, sabendo que seus ouvintes esperavam por um Messias nacionalista e militar. Mas estes podiam pensar que era por prudência, para esconder o jogo até o momento da confrontação decisiva. Ora, esse momento veio, o povo sabe disso, sente isso, e Jesus ainda recusa o título. Não entendem mais.

Ele já está além. Previne seus companheiros: serão perseguidos por causa dele. No final, avisa: "É chegada a hora em que o Filho do homem será glorificado"[21].

Essa expressão, "Filho do homem", que os evangelistas usam 92 vezes e colocam na boca de Jesus 90 vezes, também deu pano para manga para os especialistas[22].

Para a quase totalidade deles, todas as menções a "Filho do homem" não correspondem a palavras realmente faladas por Jesus. No entender da maioria, apenas são autênticas as que dizem respeito a seu futuro, sua glorificação, sua elevação ao direito de Deus.

Os judeus que escutavam Jesus, ao menos os mais sábios, conhecem essa expressão. É utilizada na Bíblia de duas maneiras:

— Designa o homem como um ser distinto de Deus. Deus, por exemplo, se dirige a Ezequiel e Daniel chamando-os de "Filhos de homem" ou "Filhos do homem"[23].

— Em outros textos, reveste-se de um sentido totalmente diferente. O mesmo Daniel[24] fala de um "Filho do homem" servido por "gente de todos os povos, nações e línguas", cuja "soberania é uma soberania eterna que não passará". Entretanto não se trata de uma encarnação de Javé: não há nenhuma no Velho Testamento; o Messias esperado é apenas uma espécie de delegado de Deus.

Que podemos concluir desse ponto? Parece que o título "Filho do homem" assinala duas propriedades de Jesus: de um lado, ele possui o poder; de outro, ele é rejeitado, será torturado e crucificado. Participa ao mesmo tempo da condição humana e da condição divina. O teólogo protestante Gunther Bornkamm considera, ao lado dos outros, "provável que o Jesus histórico não tenha (...) aplicado a si mesmo o título de 'Filho do homem', mas que, para a comunidade palestina mais antiga, à qual devemos a transmissão das palavras do Senhor, esse título exprimiria melhor que todos os outros a essência da fé"[25]. Assim, mesmo que ele não a tenha utilizado senão duas vezes, ela o fez repeti-la 90 vezes. Mas sobre esse assunto não há sombra de unanimidade entre os historiadores.

Nesses últimos dias, Jesus e seus companheiros vivem febrilmente. À noite, estão em Betânia ou no monte das Oliveiras; de dia, Jesus, incansável, retorna ao Templo, anuncia a Palavra e diz a seus adversários suas quatro verdades.

Nem sempre seus discípulos compreendem. Têm confiança nele, claro. Talvez se perguntem sobre sua estratégia. Estão um pouco chocados, sem dúvida, com sua agressividade contra o Templo. Como a maioria dos judeus, o associam à aristocracia clerical. Mas foram educados no respeito religioso à Lei. E vêem que, virando-se contra o Templo, Jesus contesta a Lei. Age, por certo, em nome de Javé. Mas se estiver enganado? Muitos outros, que pensaram o mesmo, abandonaram Jesus. Eles restaram; é possível, portanto, até provável, que alguns tenham tido dúvida, se sentido tentados a abandoná-lo. Terminar com essa vida de semiclandestinos, de errantes, de acossados. Reencontrar mulheres, filhos, irmãos, irmãs.

Mas ficaram. Inseguros, talvez. Pois é tão desorientador quanto sedutor. Como naquela noite, entre aqueles dias, em que encontraram refúgio em casa de um amigo — às vezes conseguem repouso, descanso. Estavam Lázaro e suas irmãs. Uma mulher, uma "pecadora" segundo Marcos e Mateus, de nome Maria segundo João, derramou sobre a cabeça ou os pés de Jesus, e depois secou com os cabelos — ponto sobre o qual os evangelistas também não estão de acordo —, um frasco de nardo, um perfume precioso, um óleo perfumado tirado de uma planta do Himalaia[26]. Um gesto surpreendente. Ainda mais porque uma mulher não podia, por decência, soltar os cabelos em público[27].

Um dos Doze protesta. Judas. O homem que cuida das contas. Bastante dinheiro é desperdiçado: 300 moedas de prata, talvez mais; mais ou menos o salário mensal de um trabalhador agrícola. Alguns reclamaram, segundo Marcos. Mas Judas é o único a se opor abertamente. Por que não vender aquele perfume para dar o dinheiro aos pobres? João acrescenta: "Falava assim, não porque se interessasse pelos pobres, mas porque era ladrão. Tomando conta da bolsa, furtava o que nela depositavam". Estranho: se ele já tinha metido a mão na bolsa, uma bolsa que não devia estar sempre cheia, os outros nunca tinham percebido? Tem-se a sensação, aqui, de que João (o único que escreve isso) quis culpar um pouco Judas, explicar talvez por que ele iria depois entregar Jesus: para ganhar dinheiro. É verdade que mesmo João, um pouco antes, depois do sermão de Cafarnaum, que provocou crise grave no movimento de Jesus, já qualificara Judas de "demônio"[28]. E, um pouco depois, escreverá, aparentemente sem se preocupar com a contradição, que "Satanás entrou nele" durante a Ceia[29].

Jesus, menos severo que João, percebeu que Judas não era o único a relutar. Pois responde a todos, dizendo "vós": "Pobres sempre os tereis convosco, a mim, porém, nem sempre tereis". Isso não significa que esse defensor titular dos pobres tenha de repente se resignado às coisas como são, mas que seus companheiros deverão sempre manter a preocupação com eles, ao passo que ele, Jesus, logo vai deixá-los.

A frase, a crer em Mateus, Marcos e Lucas, não convenceu Judas. No final do relato dessa cena, eles mostram que o tesoureiro do movimento foi ver os homens do Templo para lhes entregar Jesus.

Era realmente necessário que ele fosse entregue, já que diariamente ia ao Templo ou arredores? Só uma resposta é possível: sua prisão em público correria o risco de causar encrencas. Era preciso, então, prendê-lo discretamente. Ora, depois de falar, ele desaparecia entre os peregrinos, alguns dos quais provavelmente o ajudavam, assim como sua rede de simpatizantes em Jerusalém, a escapar dos agentes do Templo que iam atrás dele. Imaginamos Jesus e seus companheiros saindo sorrateiramente entre os grupos, correndo as ruas, atravessando quintais, saltando sobre os terraços, ofegantes, encurralados, espalhando-se para não chamar atenção, encontrando-se à noite na casa de um amigo ou sob uma tenda no monte das Oliveiras, onde se escondiam para dormir. João diz, de resto, que "os sumos sacerdotes e os fariseus tinham dado ordem para que, se alguém soubesse onde ele estava, denunciasse a fim de o prenderem"[30]. Judas, claro, sabia dia após dia onde Jesus decidia se refugiar.

Judas. Eis um personagem que teria provocado diversas perguntas e hipóteses, uma literatura extremamente abundante, tanto são os mistérios que restam sobre sua personalidade e motivações.

É preciso, claro, descartar a idéia de uma predestinação. Ela não faz sentido algum aos olhos do historiador. E tampouco aos do teólogo: a idéia de que era preciso um traidor para entregar Jesus, às vezes defendida, em nada corresponde ao ensinamento de Jesus e do Velho Testamento sobre a liberdade que Deus concede a cada pessoa.

Supôs-se também que Judas fosse um agente do Templo, uma espécie de espião enviado para perto de Jesus desde que este começara a ser conhecido e que teria conseguido se "infiltrar" no movimento, como se diz hoje em dia. É uma hipótese sedutora. Mas nada a corrobora. E ela não permite que se compreenda por que, tendo feito apenas seu dever e recebido de seus chefes, além de um prêmio, os parabéns convenientes, ele seria depois enforcado. A menos que a conseqüência de seu gesto, a morte de Jesus entregue ao ocupante romano, não o tenha surpreendido, chocado e magoado. Mas isto não passa de mais hipóteses requentadas.

Pensou-se, enfim, que se tratasse de avareza: 30 siclos de prata (e não 300 moedas de prata) realmente não é uma má quantia; equivale a 120 moedas de prata, o preço habitual de um escravo. Mas, como vimos no caso do perfume, equivale apenas a quatro meses de salário de um trabalhador agrícola. Um prêmio que não justifica a traição de um personagem da importância de Jesus. Se Judas metia a mão na bolsa, como o acusa o Evangelho de João, teve chance de pôr mais no seu bolso do que aquilo.

Na verdade, a alusão aos 30 siclos de prata está lá apenas como referência a uma profecia de Zacarias, que já citamos e à qual os evangelistas sempre recorreram porque era pródiga em alusões ao Messias esperado. Em um de seus textos, bastante complicado, "vendedores" que se interessam por um rebanho pagam 30 siclos de prata a um pastor, e o Senhor diz a este: "Joga-o no tesouro, esse preço esplêndido com que fui avaliado por eles!"[31]. Em suma, é difícil achar que foi esse o prêmio que fez Judas trair.

Outra explicação teve crédito muito maior. Fundamenta-se no nome que lhe dá o Evangelho: "Judas Iscariotes". Esse "Iscariotes", afirmou-se, poderia corresponder a "sicário". Os romanos chamavam de "sicários", sem fazer a menor distinção, os bandidos e os homens que resistiam à dominação. Daí duas hipóteses. A primeira: Judas, um resistente, se decepciona com Jesus, que ele esperava liderasse uma insurreição libertadora; quer sujeitá-lo, obrigá-lo a atravessar o Rubicão. Pensa que a ameaça de uma prisão iminente o incitaria a decretar o recurso às armas. Segunda hipótese: Judas, decepcionado com a resistência, constatando que Jesus, que não é violento, leva as pessoas a um beco sem saída, acha preferível descartá-lo, ainda que o traindo[32]. Tudo isso é muito engenhoso, mas a ligação de Judas com os resistentes e seus sentimentos sobre o assunto não estão nem um pouco comprovados. Acima de tudo, os sicários só se manifestaram realmente, segundo Flávio Josefo, depois do ano 50.

Em compensação, João informa por duas vezes que Judas é filho de um certo Simão Iscariotes[33], o qual usava esse nome, portanto, bem antes de que se falasse dos sicários. Iscariotes poderia simplesmente significar "homem de Queriot", uma pequena aldeia situada depois de Hebron.

E então?

Renan dá talvez uma parte da explicação quando escreve: "Gostamos (...) de acreditar em sentimentos de ciúme, em desacordos internos. O ódio particular contra Judas que observamos no Evangelho atribuído a João confirma essa hipótese"[34]. Renan alude, certamente, à acusação de roubo. Outros comentaristas observaram que a harmonia não era perfeita na comunidade dos apóstolos. Ora, Judas era o único do grupo que viera da Judéia.

Daniel-Rops também se aproxima, talvez, da verdade ao se perguntar: "Não teria sido o amor o verdadeiro motivo, um amor, não luminoso e desinteressado como o dos outros, mas uma dessas paixões exclusivistas que levam aos piores extremos aqueles a quem o ciúme devora, um amor que se aproxima do ódio e que, de repente, pode se transformar nele, mas que é reencontrado, na hora em que o pior acontece, na dor sem limites e no desespero?"[35].

Pode-se acrescentar que Judas, como seus companheiros, acreditava piamente na vinda do reino de Jesus na terra. Os Atos dos Apóstolos contam até que estes, ao dividir uma refeição com Jesus depois da morte e da ressurreição, lhe perguntaram: "Senhor, por acaso será agora que vais restabelecer o reino de Israel?" Então, como escreve o padre Xavier Léon-Dufour, "Judas pôde pensar, como os outros discípulos, que o reino iria se estabelecer através de um acontecimento fulminante. Com uma lógica radical, visto que Jesus insistia em se abster de qualquer intervenção espetacular, ele passou à ação, para apressar o tempo: entregando seu mestre às autoridades do Templo, não o introduziria na fortaleza de seus adversários como, outrora, Sansão no templo dos filisteus? Javé, com seu poder, procederia então a um golpe brilhante para libertar seu Messias e o impor ao mundo. Ora, o estratagema fracassou: nada disso ocorreu e Jesus foi condenado à morte"[36].

Resta a explicação fundamental e misteriosa: o mal que existe no coração do homem.

Jesus, que o conhece, não amaldiçoa Judas. Apenas lamenta: "Ai daquele por quem o Filho do homem for traído!"[37].

13.
A ceia

A Santa Ceia – Leonardo Da Vinci

AINDA É UMA FESTA, a última festa. Todos sabem ou adivinham. Quando se escapou a mil perigos e se deve viver outros em breve, quando se correu por caminhos e ruas sempre à espreita, em alerta, obrigado a olhar à direita e à esquerda e para trás, para despistar um possível perseguidor, escapar de um sentinela, enganar um espião, e quando, enfim, se tomou fôlego e se reencontrou a todos, felizes de verificar que não falta nenhum, especialmente o mestre, o único, por quem tudo se abandonou e se arriscou, a quem os outros querem arrancar a pele — então o alívio, o descanso, a alegria, o orgulho, o afeto e a amizade formam um grande buquê de felicidade, cujos perfumes deve-se saborear depressa, enquanto existem.

Os judeus amam a mesa e a festa. A refeição permite o encontro, a comunhão do convívio em Javé, que é fonte de toda vida[1]. Diversos relatos do Velho Testamento começam ou terminam por um refeição. Diversos relatos evangélicos, também. Jesus — "o comilão e bebedor de vinhos", como o chamaram alguns — não despreza a boa comida e o bom vinho. Essa refeição, além disso, está iluminada pela luz da mais bela festa, a Páscoa. O jantar da Páscoa, o *Seder*, que os cristãos chamarão de "ceia", é o momento essencial dessa celebração[2].

Eles se sentem espionados, no entanto; sabem que o perigo ronda, que os agentes do Templo podem surgir, de repente. Tiveram de se esconder para chegar àquele quarto grande ou terraço[3] que lhes conseguiu um membro da rede e onde nunca haviam posto o pé. Jesus enviou Pedro e João à frente, a partir do monte das Oliveiras, sem dúvida: "Entrando na cidade, virá ao vosso encontro um homem com um cântaro de água. Segui-o até a casa em que entrar"[4]. O sistema instalado pela rede funcionou bem: eles eram esperados, e prepararam a refeição.

A refeição pascal normalmente compreende o pão sem fermento e o vinho, claro, raízes fortes, ervas amargas, a salsa que é mergulhada no vinagre ou na água salgada, que representam a amargura dos dias vividos no exílio, longe da terra prometida, um ovo cozido, uma mistura de frutas e nozes moídas, uma perna de cordeiro mais ou menos provida de carne. Mas nenhum relato evangélico evoca a respeito daquela ceia o cordeiro pascal — tanto que debates intermináveis ocuparam os especialistas: esse último jantar de Jesus com seus companheiros terá sido mesmo pascal? Chegaremos aí.

As pessoas se deitam em banquetas, como manda o ritual, porque mostra que desde a saída do Egito o povo eleito está livre. Estão a sós: nenhuma menção é feita a empregados domésticos, nem ao dono da casa, nem a Lázaro e suas irmãs, companheiros habituais daqueles dias. Estão a sós, mas, se respeitam o costume da refeição pascal, do *Seder*, um lugar está vazio e um talher posto, o lugar e o talher do profeta Elias, que anunciou o Messias — o passado é assim mesclado ao presente. Quase se pode dizer que ali não há passado, presente e futuro; ou melhor, que estes coincidem: "Assim", escreve Robert Aron, "cada instante de fuga possui, para o judeu, o sabor da eternidade"[5].

João (e só ele) coloca no meio dessa refeição uma cena que vai espantá-los. Jesus se levanta, deixa sua posição de presidente da mesa, tira toda a sua roupa, fica nu, veste um linho e faz com ele uma tanga, roupa que os judeus, escravos, usavam quando trabalhavam no Egito. E começa a lavar os pés de seus companheiros.

A purificação dos pés não era um rito incomum. Os sacerdotes o observavam, pois tinham de caminhar descalços nos lugares do Templo onde só eles tinham o direito de entrar, o que provocava neles, no inverno, alguns problemas de saúde... Encontravam-se também bacias para lavagem dos pés à entrada de suas casas, afinal eles eram objeto de um exigente cuidado religioso6. Mas o rito da lavagem dos pés não era exclusivo deles: era praticado em todo o Oriente Médio para honrar um hóspede. Só que era confiado a um inferior, a um empregado doméstico. Lavar os pés era reconhecer sua inferioridade — a mulher o fazia para seu marido, as crianças para seu pai.

Não é nada surpreendente que Pedro, que não tinha medo de falar e que os Evangelhos apresentam em geral como um porta-voz do grupo, se ponha a protestar: "Senhor, tu me lavas os pés?" Jesus: "Mais tarde o compreenderás". A resposta não tranqüiliza o apóstolo: "Jamais me lavarás os pés"[7].

Jesus dá então duas respostas, duas explicações. A primeira a Pedro: "Se não te lavar os pés, não terás parte comigo". Ou seja: nos separaremos. Então Pedro, na alegria do jantar, entusiasmado, responde que, se é disso que se trata, quer então ter lavadas as mãos e a cabeça também. Jesus o acalma: "Quem se banhou não necessita senão lavar os pés". O problema não está aí.

Segunda resposta, a todos, depois que Jesus, tendo terminado, retoma seu lugar à mesa: "Vós me chamais Mestre e Senhor e dizeis bem, porque o sou. Se eu, pois, Mestre e Senhor, vos lavei os pés, também vos deveis lavar-vos os pés uns dos outros".

A maioria dos especialistas acha que essas duas respostas não têm a mesma origem. Mas não são contraditórias. Jesus, que não pode mais alimentar dúvidas sobre seu destino, fixa as regras da pequena comunidade que restará: cada um de seus companheiros deverá se considerar um servo do grupo, sem tirar glória disso, porque, diz, "o servo não é maior do que o senhor nem o emissário maior do que quem o enviou". O que pode ter dois sentidos: "Não vos inchais de orgulho"; ou então: "Não alimentais ilusões, o que me acontecerá também vos acontecerá"[8].

Eles se põem a discutir, comer, rir talvez, contando uns aos outros como enganaram o policial do Templo que achou que os tivesse reconhecido, como escaparam de outro que os perseguia. Alguns, sem dúvida, ainda se perguntam sobre aquele gesto dele de lavar os pés... mas, deixa para lá, ele sempre os desconcertou; aprenderam a esperar até que se revele o sentido do que ele faz e diz.

Logo os risos param, as conversas se extinguem. Pois agora é o drama, a ruptura com Judas. Já ao lavar os pés Jesus achara necessário observar cruamente que eles não eram "todos puros". E então, de volta a seu lugar, novamente vestido, ele ataca: "Um de vós me entregará"[9].

Ora, eles não parecem nem estupefatos nem escandalizados. Isso mostra quais são os medos que suas risadas ocultam, qual é na realidade sua aflição profunda, o quanto eles estão pouco seguros de si mesmos. Pois a maioria ousa perguntar: "Por acaso sou eu, Senhor?" E se perguntam também: será este, aquele? Vem à memória deles os gestos, palavras e até suspiros que dessem a entender quem agora estaria desamparado, desencorajado, cansado, desejando que tudo acabasse. Viram-se para Jesus, que se excedeu, ou que disse o que não queriam ouvir. Mas que, diz João, está "muito comovido", expressão que o evangelista já usou duas vezes — Jesus ficou da mesma maneira "comovido" ao ver Maria chorar por seu irmão Lázaro e depois do episódio dos Ramos, quando os gregos lhe fizeram perguntas que o deixaram antever seu fim próximo, acrescentando: "Pai, livra-me desta hora"[10]. O que nestes dois casos o perturba, o transtorna, o comove, é a proximidade da morte. A morte de um amigo e a sua. E sua própria morte tem um rosto, o rosto de um daqueles que ele aprendeu a amar individualmente e que o seguiram, fiéis, a despeito de injúrias e zombarias, dúvidas e trapaças.

O mal-estar é extremo, pesado, palpável, quase sólido. Para Pedro, é demasiado. Pedro faz um sinal para um dos discípulos, "a quem Jesus amava", diz o evangelista João, que faz aparecer aqui pela primeira vez este apóstolo, mas sem dar seu nome[11]. Ele é o mais bem indicado para perguntar a Jesus — está à sua direita, em uma dessas banquetas oblíquas que cercam a mesa coberta por uma toalha branca onde descansam os alimentos rituais; basta a ele reclinar diante do peito de Jesus e perguntar num murmúrio: "Quem é?" Jesus: "É aquele a quem der o pão molhado".

É honrar alguém oferecer-lhe um bocado de pão, um pedaço pego de um prato. Com esse gesto, Jesus, ainda assustado, manifesta sua aceitação — ou talvez sua amizade e estima, numa última tentativa de salvar Judas? Este recua quando lhe é estendido o pão? Jesus está decidido a acabar com tudo? Ele apressa seu gesto: "O que tens a fazer, faze-o depressa". Os outros viram e ouviram direito, mas nada entenderam. Para desculpá-los, João acredita ter de explicar que, para eles, essa ordem de Jesus dizia respeito a uma compra de alimento que Judas devia fazer ou a um presente que devia levar urgentemente a um pobre. Uma justificativa que levanta algumas dúvidas. Normalmente, é Marcos quem trata os discípulos com algum menosprezo. Aqui é João quem os faz passar por imbecis... Como homens acostumados ao perigo, às armadilhas, à desconfiança, e a quem acaba de ser anunciado que há um traidor entre eles, deixariam que ele saísse sem pedir explicações? Talvez estejam abalados demais? Ou então, não tendo entendido a resposta de Jesus ao vizinho, confiam em seu mestre: se ele disse a Judas que saísse, sabe o que faz. Mas o "discípulo a quem Jesus amava" sabe, por sua vez, o que está em questão: se não se mexe, é para imitar a atitude de seu mestre, é para aceitar tal como este aceita, custe o que custar. Todas essas explicações são admissíveis. São mais fortes, em todo caso, do que a justificativa desastrosa dada pelo Evangelho de João.

E Judas sai; ele abandona — é o primeiro de uma longa linhagem — a comunidade para a qual Jesus acaba de fixar as regras.

"Era noite", diz João. Trevas. "E a luz resplandece nas trevas mas as trevas não a compreenderam", lê-se em seu Evangelho logo nas primeiras linhas[12]. Luz é vida, a ausência de luz é morte. Para o Velho Testamento, "trevas" e "nada" são sinônimos. Nas primeiras linhas do Evangelho de João, a Criação é descrita como vitória progressiva da luz sobre as trevas. Mas há homens que preferem as trevas à luz.

Terceiro ato dessa refeição excepcional: a partilha do pão e do vinho, o que os católicos chamam de instituição da eucaristia. Estranhamente, João não diz palavra sobre ela. O que levantou muitas hipóteses, poucas satisfatórias[13]. De qualquer modo, podemos notar o paralelo entre o "Fazei isto em memória de mim" que, segundo o apóstolo João, dirá Jesus ao partilhar o pão e o vinho e o "Dei-vos o exemplo para que assim o façais vós" pronunciado depois da lavagem dos pés. É preciso lembrar, além disso, o longo discurso que Jesus faz aos judeus em Cafarnaum depois da multiplicação dos pães, discurso que provocará a incompreensão e a partida de muitos: "Eu sou o pão vivo descido do céu. Se alguém comer deste pão, viverá para sempre. E o pão que darei é minha carne para a vida do mundo (...). Quem come minha carne e bebe meu sangue, tem a vida eterna e eu o ressuscitarei no último dia (...). Quem come minha carne e bebe meu sangue, permanece em mim e eu nele"[14]. Palavras que só João relata e mais claras do que as que Jesus diz na Ceia.

Tendo Judas saído ou não (segundo Lucas, ele continua lá até então), quando o jantar chega ao fim Jesus pega o pão, reza, o abençoa, rasga e dá aos companheiros[15]. Comam, diz, este é meu corpo entregue a vocês. Depois faz o mesmo com a taça de vinho: esta é a taça de meu sangue, o sangue da nova aliança que será propagada por vocês. Só Mateus, sempre um tanto moralista, acrescenta que o sangue será propagado "em remissão dos pecados". Jesus então anuncia que não beberá mais do "fruto da vinha" até o dia em que "o reino de Deus venha".

É preciso ressaltar a extrema brevidade desse relato, do qual a Igreja católica fará nascer o sacramento fundamental — algumas linhas, sem mais comentários, em Mateus, Marcos e Lucas. O apóstolo Paulo é mais preciso e mais extensivo. Em sua primeira Epístola aos Coríntios, puxa a orelha dos discípulos porque as refeições em que se reuniam nada tinham de fraternais: "enquanto um passa fome o outro está bêbado". Depois chega ao relato da Ceia, dá a ela uma versão que corresponde às de Mateus e Lucas, e acrescenta por conta própria duas vezes: "Fazei isto em memória de mim" e depois: "Todas as vezes que comerdes este pão e beberdes este cálice, anunciareis a morte do Senhor (...). Quem come o pão ou bebe o cálice do Senhor indignamente será réu do corpo e do sangue do Senhor"[16].

São Paulo teve então um papel importante na instituição da eucaristia? O pouco espaço dedicado a essa cena nos textos evangélicos dá a entender isso. E é possível que na hora as palavras de Jesus não tenham impressionado muito seus companheiros, divididos entre as solenidades da refeição e as preocupações com a segurança, aguçadas pelo anúncio da traição. O gesto de Jesus, além disso, não é absolutamente novo para eles. Ele retomava uma tradição judaica, bem conhecida especialmente pelos rabinos: a refeição da aliança. O *Talmud*, de fato, prescreve que se rasgue o pão (separando-o, sugere-se a autonomia de cada um) e se dêem os pedaços aos participantes (que assim recebem ao mesmo tempo a garantia de autonomia e o alimento que os une). Esse gesto se segue à "benção que dá graças a Deus e aos sábios de Israel que perpetuam e consolidam a ligação da *Torá* entre as gerações; entre o que dá o pão e os que o recebem, entre o mestre e seus discípulos"[17]. Comer é a um tempo afirmar sua autonomia e reatar-se aos que primeiro nos alimentaram, que nos deram os meios para nos tornarmos autônomos. A ceia liga o presente ao passado.

O gesto de Jesus não surpreendeu os companheiros à medida que se inscrevia nessa tradição. Mas é possível também que suas palavras lhes tenham lembrado as que ele disse em Cafarnaum, provocando a crise que conhecemos.

É provável, enfim, que os ritos adotados pelas primeiras comunidades cristãs depois de sua partida tenham tido alguma influência na redação dos textos evangélicos. Os Atos dos Apóstolos mencionam muito rapidamente, entre esses ritos, a divisão do pão. Logo depois do relato de Pentecostes, em que vemos os apóstolos pregando a pessoas de todo tipo (do que alguns zombam dizendo: "Eles estão cheios de vinho doce", mas em que cerca de 3 mil se batizaram em seguida), o texto diz sobre esses novos adeptos: "Freqüentavam com assiduidade a doutrina dos apóstolos, as reuniões em comum, o partir do pão e as orações"[18]. Essa divisão do pão, tão logo adotada, instituída, parece ter sido consumada seguindo ritos diversos.

Quanto às palavras exatas de Cristo, como considera a maioria dos especialistas, depois de longas demonstrações sobre a tradução do aramaico para o grego, elas foram: "Isto é a minha carne", e não: "Isto é o meu corpo"[19]. Jesus já tinha falado, em Cafarnaum, na sua "carne" e no seu "sangue", que servem de selo à aliança renovada[20] entre Deus e os homens, uma história de amor movimentada e sempre recomeçada da qual a Bíblia é o relato.

Um último ponto suscitou múltiplos debates: a data da ceia. De fato, João indica que teve lugar "antes da Páscoa" e, quando Judas sai à noite, seus companheiros pensam que talvez seja para comprar os alimentos necessários para a festa. Ora, para os três outros evangelistas, ela é a própria ceia pascal, trata-se da noite de Páscoa.

Muitos indícios parecem corroborar esta última hipótese. Por exemplo, o fato de colocarem os pedaços de comida no molho; a *Hagadá* (instruções sobre os ritos) pascal diz de fato: "Nas outras noites não molhamos os alimentos... nem sequer uma vez, mas, naquela noite, duas vezes".

Em compensação, é muito pouco verossímil que o processo e a execução de Jesus possam ter sido organizados durante a Páscoa: toda forma de trabalho era proibida naquele período, inclusive reuniões do Sinédrio, a Suprema Corte de Justiça. Nenhum dos textos, além disso, menciona cordeiro ou ázimo, os dois principais pratos da ceia pascal.

Para resolver a contradição, sugeriu-se que Jesus não teria seguido o calendário oficial, lunar, mas um calendário essênio, solar, segundo o qual a Páscoa cai na noite de terça-feira. Ele teria então celebrado a Páscoa dos essênios na terça e sido crucificado às vésperas da Páscoa (oficial). Uma hipótese engenhosa[21] mas que supõe profundas afinidades entre Jesus e os essênios, o que não é o caso. Significaria, além disso, que Jesus fora preso dois dias antes da crucifixão, o que contradiz os quatro Evangelhos.

A quase totalidade dos historiadores se inclina a pensar que a Ceia não foi uma refeição pascal, mas precedeu de pouco a Páscoa. Se Mateus, Marcos e Lucas modificaram um pouco o calendário, se tomaram liberdades com essas datas, foi sem dúvida para assinalar que Jesus era o novo cordeiro pascal, oferecido na eucaristia como alimento a todos. João, por sua vez, que ignora a eucaristia no relato da Ceia, faz com que coincidam — com razão, segundo os historiadores — a morte de Jesus e o momento em que se começava a matar os cordeiros que seriam comidos à noite, quando a primeira estrela marcasse o início da festa pascal.

Se seguimos a maioria dos especialistas e o Evangelho de João, então Jesus morre no "dia da preparação" da Páscoa, isto é, em 14 do mês de *nisan* (março-abril). A tradição judaica[22] parece confirmar isso. Ora, segundo Marcos e João[23], Jesus morre numa sexta-feira. Na época de Pilatos, personagem fundamental que logo reencontraremos, duas sextas corresponderam ao dia 14 de *nisan*: uma no ano 30 e outra no ano 33. Jesus então teria morrido em 3 de abril de 33, perto dos quarenta anos, ou em 7 de abril de 30, com cerca de 36 anos. A maioria dos especialistas opta por esta última data.

Voltemos agora à noite da Ceia — em 6 de abril de 30, segundo a maior probabilidade. Terminada a refeição, Jesus anuncia sua morte: "Filhinhos, ainda um pouco estarei convosco". Repete a eles a regra fundamental da pequena comunidade: "Assim como eu vos amei, amai-vos também uns aos outros". E como Pedro se inquieta — "Senhor, aonde vais? (...) Por que não posso te seguir agora? Por ti darei minha vida" — ele dá a famosa resposta: "Em verdade, em verdade te digo: antes que o galo cante me negarás três vezes"[24].

Esse galo, diga-se de passagem, fará em seguida intervenções que serão apresentadas como milagrosas, pois se trata de uma precisão de tempo: é na aurora, naturalmente, que os galos cantam; Jesus sabe que sua prisão é iminente e, como conhece seus companheiros, como os viu oscilar durante dias entre o medo e a fanfarronice, sabe também que vão largá-lo; Judas, o primeiro, já não saiu? Um homem vindo da Judéia, no entanto, e que correra todos os riscos para segui-lo e que inspirava tal confiança que lhe haviam confiado seus trocados...

Jesus prossegue em seu discurso de despedida. Não tem ilusões sobre eles, mas confia neles. Que eles confiem nele também: ele tem de abrir o caminho primeiro; depois virá buscá-los, e lhes reservará um lugar na casa de seu Pai; sabe que sua morte está próxima mas manifesta confiança total em Deus; afinal, seu Pai e ele são um só.

Então Filipe, exprimindo uma expectativa que tantos homens e mulheres repetiriam durante tantos séculos: "Senhor, mostra-nos o Pai e nos basta". Seria tão simples, na realidade...

A resposta funda o cristianismo: "Quem me viu a mim, viu o Pai". Ou seja, Deus é esse homem que veio até eles para conduzi-los pelos caminhos, aclamado e adulado às vezes, e em outras zombado, desprezado, vaiado, quase apedrejado, humilhado, que vai sofrer até a morte. E Jesus insiste: "Estou no Pai e o Pai em mim". E depois: "Não vos deixarei órfãos (...). Eu vos dou a minha paz (...). Não se perturbe o vosso coração nem se intimide". E finalmente: "Levantai-vos e vamos embora daqui"[25].

Ele, para morrer. Eles, antes de mais nada, para dormir.

14.
O processo

Jesus Cristo diante de Pilatos. Ilustração do século XIX, cópia de “O Grande Catecismo de Famílias”

ELES SE VÃO. É chegado o tempo da provação final. A pior, talvez: a de Getsêmani, a agonia de Jesus.

Eles se vão depois de cantar o *Hallel*, a ação de graças que encerra a refeição. Atravessam os quarteirões da baixa Jerusalém até o Cedron, um riacho a maior parte do tempo seco que em abril ganha aspecto de torrente e carrega por alguns dias uma água suja e lodosa. A noite ainda não caiu de todo; na direção do oeste se apagam os rubores do céu, a leste a lua emite uma claridade pálida; logo iluminará toda essa noite; o momento é de lua cheia, o dia 14 do mês de *nisan*.

Jesus não lhes escondeu que partiam para uma espécie de combate. Até o presente, disse a eles, quando os enviei em missão sem dinheiro nem provisões, nada lhes faltou; agora acabou; é preciso tomar precauções. E ainda: quem não tem espada, que venda seu manto para comprar uma. Eles lhe responderam que tinham duas. E ele: "É o bastante"[1].

Essa história das espadas levantou também longos debates. Parecia contradizer a tese segundo a qual Jesus se decidiu se oferecer em sacrifício para remissão dos pecados do mundo. Alguns quiseram ver nela apenas uma metáfora, uma maneira de falar que não implicaria ação concreta. Como P.M.-E. Boismard: "A menção à espada deve provavelmente ser compreendida no sentido metafórico: a coragem de se engajar na luta contra os poderes do mal"[2]. Mas veremos Pedro, adiante, puxar a espada. E o bando encarregado de prender Jesus estará munido de armas também. "Isso dá a entender", escreve o inglês S.G.F. Brandon (que quer sempre sublinhar as ligações de Jesus com os zelotes), "que Judas havia prevenido a ele (ao sumo sacerdote) que os discípulos estavam armados e que era preciso contar com sua reação"[3].

Por outro lado, quando Jesus é preso, Pedro quer começar um combate e Jesus o interrompe com um "já chega"[4] que ecoa o "é o bastante" relativo às duas espadas.

É possível supor que Jesus tenha tentado se defender com armas. Conheceu outras provações em Getsêmani.

Gethsemani, *gethsamanei* ou *gethsemanei* significam em aramaico[5] "moinho a óleo" ou "prensa" para as azeitonas. Uma pequena área coberta de oliveiras e fechada com uma mureta de pedras secas, situada na estrada de Betânia, mas também na de Betfagé, aonde Jesus ia de vez em quando.

Lá estão eles, um pouco transtornados, comovidos sobretudo pela cena de que acabaram de participar, perturbados por todos os dias de provação que vinham vivendo. Jesus deixa uma parte deles repousar — "Sentai-vos aqui", numa gruta, segundo algumas tradições —, segue sua rota com Pedro, Tiago e João, depois pára novamente: "Minha alma está triste até a morte. Ficai aqui em vigília comigo". É o momento da prova. Ele se afasta, "cerca de um tiro de pedra" — distância que não é considerável —, se ajoelha e começa a rezar. Eles vão dormir. Ele entra numa noite de sofrimento e conflito[6].

É preciso assinalar aqui que os relatos de provas de iniciação, em que o herói deve enfrentar a dor, às vezes simplesmente lutar contra o sono, o que é sinal de força espiritual, são bastante freqüentes no imaginário de povos primitivos ou nos textos da época. Além disso, um número é recorrente no relato evangélico e nos outros que se seguirão a ele: os personagens daquela noite, como vimos, são divididos em três lugares, Jesus é num primeiro momento acompanhado por três companheiros, diz três orações, por três vezes vai vigiar os apóstolos dormindo, Pedro o negará três vezes, Jesus passará diante de três séries de juízes, três cruzes serão erguidas no Calvário e, finalmente, ele ressuscitará no terceiro dia. Pode-se encontrar aí o eco de diversos relatos mitológicos em que os heróis são submetidos a três provas antes de ser reconhecidos e glorificados[7]. Pode-se também ver aí uma alusão à Trindade. Mas é preciso admitir que esse relato corresponde ao que os especialistas chamam de um "gênero literário", o da "provação". Assim, o célebre combate de Jacó com o anjo, que "se pôs a lutar com ele até o romper da aurora", o atingiu tão fortemente que o "tendão da coxa" se deslocou e concluiu com: "De ora em diante já não te chamarás Jacó mas Israel" (que provavelmente significa "Que Deus se mostre forte!"), pois lutaste com Deus e com homens e venceste"[8]. Do mesmo modo, Elias foge para o deserto, desesperado: "Os israelitas abandonaram a tua aliança", diz ele a Deus, "demoliram os teus altares, mataram à espada os teus profetas; apenas fiquei eu. Mas também a mim procuram tirar-me a vida". Como Jesus, Elias escolhera a solidão, deixando seu servo no caminho. Mas Elias desejava a morte, e é um anjo que, longe de matá-lo, o reconforta[9]. Em todos os casos, o personagem principal suporta a provação e parte para sua missão e destino.

A classificação nesse gênero literário, o fato de que a oração de Jesus não tenha tido testemunhas — seus três companheiros dormiam afastados — suscitaram dúvidas. Mas, antes de abandonar Pedro, Tiago e João, ele não lhes escondeu sua angústia e temor — ele, normalmente tão seguro — citando uma passagem do salmo 42: "Minha alma geme dentro de mim". Ora, esse salmo é um longo lamento da criatura persuadida de que foi abandonada — "Por que me esqueceste? Por que ando triste, pela opressão do inimigo? Quando meus ossos se esfacelam..."[10] — e é enfim reassegurada. Além disso, ele os acordou diversas vezes; pode-se supor, portanto, que então lhes revelou, assim como havia citado o salmo 42, os tormentos que sofria, as orações que rezava a Deus — "Pai, se for possível, afasta de mim este cálice" — e sua aceitação final: "Não se faça como eu quero mas como tu queres".

Em vários textos bíblicos, o cálice, ou a taça, representa o destino que o homem recebe de Deus. As duas frases, a da recusa ("Afasta de mim este cálice") e a da aceitação, exprimem portanto um confronto, o conflito entre duas vontades distintas. É um relato de tentação, mas no qual o diabo não intervém. Até o presente momento, Jesus esteve sempre de completo acordo com Deus, falando em seu nome, acabando por se dizer seu Filho e assegurando que quem quer que o visse veria seu Pai. E eis não uma oposição, pois existe confiança total — "Que se faça como queres" —, mas uma pergunta, um debate, um combate interior: "agonia" significa "combate".

Isso descarta (é preciso observar de novo?) a visão de um Jesus caminhando voluntariamente para a morte para remir os pecados dos outros (uma imagem familiar ao judaísmo da época e que a Igreja católica desenvolverá bastante em seguida). Ele não desejou a morte. Por muito tempo ignorou seu dia e horário.

O combate que vai travar naquela noite — combate doloroso que mostra bem que os Evangelhos não são simples apologias de Jesus — é solitário.

Seus companheiros, embora corajosos e resistentes, dormem. Do ponto de vista humano, sua missão fracassou: as multidões se afastaram dele assim que começou a anunciar o essencial; não compreenderam o sentido de sua missão; apenas esperavam milagres dele, magia, demonstrações de poder e revolta social. Tem apenas a escolha entre a decadência e a morte. Sobretudo, pressente, ou sabe, que vão tentar condená-lo oficialmente por razões políticas, como agitador, impostor que pretende o reinado; que vão deixar ao silêncio as razões religiosas de sua condenação. É por isso, a crer nos Evangelhos (mas é possível que algumas palavras tenham sido acrescentadas mais tarde), que, durante todos os interrogatórios que farão judeus e romanos, ele vai lutar para associar à sua morte o verdadeiro sentido, para que não roubem, além da vida que Maria lhe deu, sua identidade. Repetirá com veemência: "Meu reino não é deste mundo"[11]. "Um dia vereis o Filho do homem sentado à direita do poder e vir sobre as nuvens do céu."[12] "És tu o Filho de Deus? — Vós o dizeis, eu sou."[13] Nas idas e vindas de prisioneiro, torturado, entre judeus e romanos, não tentará salvar sua cabeça, mas apenas ir até o final de sua missão, evitar a trucagem no processo, fazer-se reconhecer. A morte é uma violência que ele suporta, mas ele vai transformar sua Paixão em ação.

Ali, no entanto, naquela noite no jardim de oliveiras, não está certo de que o conseguirá, de que poderá se explicar, se afirmar. Pode estar temendo a morte anônima, a execução sumária, sem processos e declarações. Está desarmado, completamente desiludido. Ora, como escreve o padre Jacques Guillet[14], "se ele afirma naquele estado que é o Filho de Deus, é porque entre ele e Deus subsiste, inacessível, invulnerável, uma ligação que nenhuma decepção pode romper, uma intimidade em que ninguém pode entrar, uma fidelidade indestrutível. Ser o Filho de Deus não é, como quer Satanás, como imaginam os homens, poder contar com prodígios, estar protegido do mal, impor-se aos corações; é esperar sua força vir da vontade do Pai; é, quando todos lhe gritam que Deus o abandonou, poder como uma criança entregar sua alma às Suas mãos".

Eis o que sugerem as poucas linhas consagradas por Marcos, Mateus e Lucas a essa agonia do Getsêmani. Os historiadores, certamente, se perguntaram sobre o assunto. Um racionalista como Guignebert, por exemplo, se perguntou sobre "quem teria podido ver e ouvir e depois contar, já que a cena tem apenas testemunhas que dormem"[15]. Mas acrescenta que os evangelistas não teriam o menor interesse — ao menos ao seu ver — em descrever essa cena e não teriam tido a idéia dela "se os discípulos não tivessem a lembrança do estado perturbado, ansioso, que ela procura expressar".

Esse estado de perturbação é tão forte, a crer no texto de Lucas, que seu "suor tornou-se como grossas gotas de sangue a escorrer-lhe por terra". Um fenômeno conhecido pelo nome de hematidrose, que ocorre devido à passagem de hemoglobina, a matéria colorida do sangue, para o suor[16]. Seu caráter extraordinário, "maravilhoso", assustou muita gente mas não constitui um problema particular para o historiador. É um sinal, muito raro, de angústia extrema.

Jesus a superou quando, pela terceira vez, acordou seus companheiros: "Levantai-vos, eis que já se aproxima quem me vai entregar". Um grupo — uma "multidão", dizem os evangelistas, sempre prontos, como Flávio Josefo e outros, a exagerar a importância dos agrupamentos de pessoas naquele mundo tão pouco povoado — chega ao Getsêmani.

Aqui se coloca uma questão capital. Quem vem prender Jesus? Os evangelistas (exceto Lucas) afirmam que são enviados dos sumos sacerdotes e acrescentam a isso, João, fariseus e, os outros dois, anciãos e escribas. Em suma, são agentes da casta sacerdotal, da aristocracia do Templo. O que parece coerente na lógica dos acontecimentos. Além disso, sacerdotes, escribas e anciãos são responsáveis por manter a ordem diante dos romanos, tanto na cidade como no santuário. Enviaram então a polícia do Templo, composta na maioria por levitas[17].

O Evangelho de João, por sua vez, fala também de um "destacamento", ou seja, de uma tropa romana importante — 600 homens, comandados por um alto oficial, um tribuno. Um batalhão desses para prender um homem cercado de uma dezena de companheiros! Parece também duvidosa a presença de fariseus naquela cena. Ainda mais porque João não diz por que e como Pilatos teria confiado esses legionários a judeus.

É verdade, por outro lado, que os romanos deviam estar informados dos problemas, ainda que limitados, decorrentes da chegada de Jesus a Jerusalém. Estão em geral bem informados: vemos no Ato dos Apóstolos quando, tendo Paulo sido preso à parte pelos judeus (principalmente porque ele introduziu, acreditava-se, um grego no Templo...), um destacamento conduzido por seu tribuno logo intervém; mas para este tribuno informantes orientais, um tanto dados ao exagero, tinham dito: "Toda Jerusalém está amotinada". O que explica a importância da tropa[18].

Também é verdade que os romanos, no momento da prisão de Jesus, deviam estar exaustos, como normalmente na Páscoa, de tantas encrencas que ocorriam, durante as quais, como vimos, Barrabás tinha sido preso "com os revoltados que no motim haviam cometido um homicídio"[19]. Em suma, uma intervenção romana, a partir desse momento, não é inverossímil. Pode-se mesmo supor que os legionários da guarda, tendo visto a passagem dos homens do Templo, carregando, segundo João, lampiões e tochas, tenham ido se informar. Mas não em tão grande número.

Não se trata de uma discussão secundária sobre um ponto minúsculo da história. Essa questão na verdade abre o grande debate, que reencontraremos e cujas repercussões foram múltiplas e graves, sobre os responsáveis pela condenação e morte de Jesus. Os judeus? Os romanos e, através deles, todas as nações?

Eles chegam. Judas se aproxima de Jesus, se curva para beijá-lo. Que um discípulo beije a mão de seu mestre é comum. Além disso, o beijo como sinal de paz é de uso corrente quando há um encontro no Oriente. Mas Judas, informam os evangelistas, fez esse sinal de reconhecimento para os que o acompanhavam: "Quem eu beijar, é esse". Isso confirma que Jesus é ainda pouco conhecido em Jerusalém, que os eventos dos dias anteriores não moveram as massas nem perturbaram seriamente a ordem pública.

Os companheiros de Jesus esboçam então uma resistência. Um deles, Pedro, segundo o texto de João, até corta a orelha de um empregado do sumo sacerdote, chamado Malco, nome muito comum na época. Mas Jesus rapidamente põe termo a essas veleidades de luta. Não há por que deflagrar um motim. Não porque sejam inferiores em número, mas porque evidentemente ele não deseja tomar o poder. E se seus companheiros então o abandonam, não é apenas por medo, não apenas porque sentem que seu movimento vai se dissolver, mas também sem dúvida porque o mal-entendido se prolongou até então: eles esperavam uma intervenção divina em favor de Jesus, esperavam que este passasse à ação. E nada. Se esse mal-entendido realmente existiu, como a seqüência dos acontecimentos dá a entender, então Pedro e os outros — podemos ousar escrever? — não estão tão afastados de Judas.

Entre os que se salvam está, segundo Marcos, um anônimo sobre o qual muito já se perguntou: "Seguia-o um jovem, envolto apenas num lençol de linho, e o prenderam. Mas, soltando o lençol, escapou-lhes das mãos despido"[20]. Alguns pensaram que se tratasse de Lázaro, imaginando até que este fosse um dos Doze, conhecido por outro nome[21]. Nada confirma a hipótese. Pode-se muito bem supor que a prisão de Jesus tenha tido outras testemunhas além das chamadas forças da ordem. Pode-se, sobretudo, ver um símbolo na insistência de Marcos em observar esse detalhe. Em diversas ocasiões, os evangelistas apontam que os doentes, como a mulher que sofria de hemorragia, tinham sido curados simplesmente ao tocarem o manto de Jesus. A roupa é símbolo de poder; a nudez, de pobreza absoluta, de impotência. O próprio Marcos, de resto, assinala que na manhã da ressurreição, quando três mulheres vão ao sepulcro embalsamar o corpo de Jesus, encontram ali um "jovem", igualmente anônimo, que lhes informa do evento milagroso. E diz que Jesus está vestido com uma veste branca[22]. Lucas, por sua vez, fala em dois homens, e os outros evocam anjos, mas eles todos insistem na roupa deles, "branca como a neve", "resplandecente" ou simplesmente "branca"[23].

Eis Jesus nas mãos da casta sacerdotal. Quase se pode dizer "do clã", porque o levam primeiro não para a casa do sumo sacerdote titular, Caifás, mas, diz João (pouco contestado neste ponto), para a de Anás, um personagem que em outros tempos e lugares teria o sobrenome de "o Padrinho". Não desfruta de grande reputação, esse Anás, para dizer o mínimo. Sua imagem não é tão limpa quanto o branco de sua túnica ou de seu turbante trespassado por fios de ouro.

Ele não é mais o sumo sacerdote que tem o direito de entrar no Santo dos Santos, mas conservou esse título. Muitas pessoas importantes da casta sacerdotal o sustentam, mesmo que não exerçam função definida no Templo[24], e Anás pode se valer do seu título mais do que muitos outros. Ele foi *o* sumo sacerdote durante longos anos,

(N.T.) Referência aos "padrinhos" da máfia italiana, os poderosos chefões do crime organizado.

se acomodando com o velho Herodes e os romanos, escapando de suas rusgas, tecendo suas tramas e até conseguindo, quando os romanos terminam se livrando dele, transmitir o cargo ao genro Caifás.

Nenhuma razão jurídica justifica que ele seja levado a Anás. Querem honrar este homem levando-lhe esse galileu antes de ele comparecer ao Sinédrio? Será que ele quis encontrar essa figura que lhe apresentavam como perigosa? O Evangelho de João (bastante bem informado, ao que parece, sobre as acusações que se seguirão) não permite responder a essas questões. Qualquer que seja a resposta, essa passagem pela casa de Anás mostra que os conspiradores reunidos na casa de Caifás, que havia alguns dias tinham decidido pela morte de Jesus, já não estão preocupados com o respeito às regras e formalidades.

Jesus não pára de observar isso. "Por que me perguntas?", diz a Anás. Se este quisesse apenas conhecer seu ensinamento, poderia perguntar aos que o ouviram pregar: "Falei publicamente ao mundo. Sempre ensinei na sinagoga e no Templo onde se reúnem todos os judeus. Nada falei às ocultas"[25]. Para os restantes, Jesus recusa a autoridade do velho: "Por que me perguntas?" Tanto que um policial do Templo, irritado, lhe dá um tapa. Nova distorção das regras: é expressamente proibido bater num acusado. Os guardas de Jesus não se privarão disso, depois que o fizerem prisioneiro[26]. Jesus já está condenado.

É isso que acha, também, o último dos discípulos que seguiram Jesus, Pedro. Ele chegou até a residência de Anás. Entrou até no pátio, graças, segundo João, "a um outro discípulo (que) era conhecido do sumo sacerdote". Trata-se, segundo alguns, de Nicodemos. Membro do Sinédrio, era seu dever acompanhar toda testemunha no processo que se instauraria; então lhe era possível fazer entrar na residência de Anás, perto da de Caifás, quem ele quisesse[27]. Parece certo, em todo caso, que o movimento de Jesus conquistara simpatias, ou ao menos um informante, no seio do Sinédrio. Por isso Pedro pôde passar lá uma parte da noite, no meio dos policiais e dos baixos funcionários, até ser reconhecido, negar por três vezes e fugir chorando.

O galo cantou. A aurora veio. Jesus é levado a Caifás. Eis a hora do julgamento. Mas quem vai julgar Jesus? Desta vez, de novo, parece que as formalidades não serão respeitadas. Lucas, Mateus e Marcos dizem que Jesus foi levado ao Sinédrio, a Suprema Corte de Justiça com 71 membros, que tinha tido bastante poder antes da ocupação romana e que agora só tinha o direito — considerável, por certo entre os juízes — de julgar questões religiosas. O Evangelho de João, por sua vez, não menciona o Sinédrio. E muitos especialistas duvidam que este tenha tido, naquela ocasião, uma sessão de plenário regular. Por diversos motivos: a acusação não devia ser feita na casa do sumo sacerdote mas no recinto do Templo (exatamente, no "quarto de pedra talhada"); era preciso prorrogar a execução de uma condenação pelo Sinédrio durante 24 horas ao menos, o que não ocorreu; os direitos da defesa tinham de ser respeitados, o que também não ocorreu; Jesus não foi enterrado num dos dois lugares previstos pelo Sinédrio para os condenados à morte. Se os rigorosos fariseus, alguns dos quais certamente eram membros do Sinédrio, tivessem participado da reunião na casa de Caifás, teriam sem dúvida exigido a aplicação estrita das regras. Assim como fizeram no ano 62, quando o sumo sacerdote saduceu Ananias convocou o Sinédrio sem avisá-los, para condenar Tiago, irmão de Jesus, e alguns outros cristãos — demonstraram que a sessão era ilegal porque os excluíra e conseguiram que o sumo sacerdote fosse suspenso de suas funções[28]. Os fariseus, de resto, nem sequer são citados por Marcos, Mateus e Lucas quando da acusação de Jesus. Pode-se, no entanto, perguntar por que, se não foram convocados pelo Caifás, não protestaram, como fariam seus sucessores em 62.

É difícil concluir. Um ponto permanece claro: os que enviaram Jesus a Pilatos declarando-o culpado eram os mesmos que já haviam decidido por sua morte, os que hoje se chamariam em parlamento de representantes da maioria — nesse caso, os saduceus, talvez com a cumplicidade de alguns fariseus e a passividade da maioria. O padre François Refoulé explica: "Os Evangelhos tenderam a associar toda a responsabilidade da morte de Jesus aos fariseus — sem dúvida porque, na época de sua redação, depois de 70, os saduceus haviam desaparecido e os fariseus se tornado hostis aos discípulos de Jesus. Entretanto, os saduceus devem ter sido de fato os verdadeiros inimigos de Jesus. Tinham, de resto, maior número no Sinédrio"[29]. Ora, para ter uma condenação, a presença de 23 juízes (de um total de 71) era suficiente.

Eis Jesus diante desses que já julgaram sua sorte. Fazem-lhe perguntas, por formalismo, chamam testemunhas. A regra impõe que se tenha ao menos dois testemunhos coincidentes[30]. Eles conseguem dois que repetem seu discurso sobre a ruína do Templo. Jesus se cala. Em compensação, responderá positivamente quando Caifás, solene, lhe perguntar se é o Filho de Deus, o Cristo, o Filho do "Deus bendito" (os Evangelhos usam as três expressões). E acrescentará: "Um dia vereis o Filho do homem sentado à direita do poder e vir sobre as nuvens do céu". O que tem um sentido preciso: para os que escutam, Israel deveria receber de Deus, um dia, o poder de jugo sobre todas as nações. Jesus lhes diz que esse é ele, pondo-se assim acima do povo eleito.

É uma blasfêmia dupla. Mas, para levar Jesus a Pilatos, um motivo político seria preferível. Nesse mundo em que políticos e religiosos são tão estreitamente ligados, formam às vezes as duas faces da mesma realidade, é fácil deduzir das respostas afirmativas de Jesus uma pretensão de ser o Messias. E isso importa aos romanos. diretamente[31].

Por que os saduceus quiseram que Jesus fosse condenado pelos romanos? A resposta geralmente aceita é a de que os judeus não tinham mais o *jus gladii*, o direito de sentenciar à morte. Segundo Flávio Josefo, foi no ano 6 que esse direito lhes foi retirado. Isso é confirmado, entre outros, por uma *barayita*, uma fórmula jurídica do *Talmud*[32].

É, em todo caso, uma boa tática política presentear Jesus ao procurador romano que veio a Jerusalém para a Páscoa, um presente dado de boa vontade aos ocupantes. Como disse Caifás: "Melhor que um homem morra por seu povo do que a nação inteira pereça". Caifás, em suma, se comporta como certos governantes que colaboraram com os nazistas durante a ocupação da Europa: dá presentes, mesmo que lhe custem a honra; o que lhe importa é salvar o corpo da nação, ainda que deva perder a alma. Não ignora, certamente, que a entrega de um judeu aos romanos será censurada por seus compatriotas, mas trata-se de um galileu, cujo movimento sofreu crises sucessivas, a manifestação de simpatia que ele provocou ao entrar em Jerusalém não teve conseqüências, os vendedores e cambistas reocuparam seus lugares no Templo, tudo voltou à ordem, os riscos são diminutos.

Pilatos. Eis um homem a quem a tradição cristã, inspirada nos evangelistas, deu uma imagem falsa: a de um sujeito molenga, incerto e hesitante, que queria salvar Jesus mas não podia enfrentar os judeus que queriam sua morte. Ora, o procurador Pôncio, antigo oficial de cavalaria, de sobrenome Pilatos, segundo alguns porque foi condecorado com um *pilum* (uma lança curta, de honra), era exatamente o contrário: intransigente, anti-semita, duro e cabeçudo. O filósofo judeu Filo de Alexandria cita uma carta do rei judeu Agrippa 1º ao imperador romano Calígula (que reinou de 37 a 41), carta provavelmente redigida pelo próprio Filo em nome do soberano e que acusava Pilatos — talvez com exagero, mas mesmo assim... — de fraude, violência, roubo, torturas, ofensas, execuções sem julgamento e "crueldades constantes e intoleráveis"[33].

Desde que em 63 a.C. a Palestina entrara no império dos romanos, estes haviam aplicado políticas diversas, hesitando entre a centralização e a descentralização, a administração direta e a indireta. Na época de Jesus, tinham posto à frente da administração e das legiões locais um procurador com poderes bastante limitados ainda que acumulados com os de prefeito[34] — ele dependia do legatário da Síria e sobretudo das legiões que este pudesse lhe enviar como reforço em caso de insurreição; as autoridades judaicas tinham, além disso, possibilidade de apelar ao imperador romano contra o procurador, e aconteceu que aquele lhes deu razão contra este. O próprio Pilatos foi demitido de suas funções pelo governador da Síria em seguida a uma insurreição armada dos samaritanos.

Os romanos normalmente se mostravam respeitosos com os ritos religiosos dos povos que subjugavam. Mas tentava assimilá-los. Roma, escreve Robert Aron, "adota deuses estrangeiros, lhes concede o mesmo tipo de protetorado que impõe às populações: sob os altares ainda autóctones, derrama libações latinizadas. São os deuses 'satélites'"[35]. No início da ocupação romana, a religião judaica podia ser praticada bastante livremente. Os ocupantes exploravam o país, especialmente por meios fiscais (as sublevações começavam na maioria das vezes em recusa a pagar o imposto), mas respeitavam a sensibilidade religiosa dos judeus. Quando os legionários cometiam profanações ou atos ofensivos ao judaísmo, eram transferidos, até mesmo punidos de morte. As legiões romanas em manobra evitavam a Judéia para não deplorá-la com seus estandartes com retratos de imperadores divinizados.

Os romanos, e a maioria dos povos de seu império, no entanto, menosprezavam os judeus. Numa página tristemente célebre, o historiador Tácito qualificaria, mais ou menos um século depois, o povo de Israel como "raça abominável" e "desprezada pelos deuses"[36]. Aos olhos dos romanos, gregos e vizinhos, que adoravam dezenas de divindades, os judeus são de fato ateus. Com seu shabat e seus ritos de purificação, se distinguem bem mais das outras nações antigas. E já então se lança uma acusação que ressurgirá sob formas diversas ao longo dos séculos: o complô judeu. Um nobre da Alexandria, diretor de um ginásio (função considerável na cidade antiga, sob influência grega), de nome Sidorros, abre um processo contra o rei judeu Agrippa 1º junto ao imperador Cláudio porque, diz, os judeus "fazem força para colocar o mundo inteiro num estado crítico" e conspiram contra a paz romana. Agrippa 1º teve trabalho para se defender dessa acusação.

Pilatos mais ou menos partilha esses sentimentos. Foi nomeado na Palestina por Sejano, braço direito do imperador Tibério e anti-semita notório. Será cuidadoso. Seus antecessores se abstiveram de enviar guarnições a Jerusalém com insígnias decoradas com símbolos sagrados e considerados objetos de culto[37]. Ele também, mas, acreditando-se ardiloso, mandou que elas entrassem à noite na cidade.

Os judeus, naturalmente, logo perceberam. Foram a pé até Cesaréia, onde ficaram seis dias em manifestação não-violenta, uma espécie de *sit-in* diante do seu palácio, até que cedesse. Outros incidentes os opuseram. Um dia, Pilatos, ansioso por atender à necessidade de enormes provisões de água em Jerusalém quando os peregrinos afluíam para lá, decide construir um aqueduto. Para financiá-lo, ele tira recursos diretamente do caixa do Templo, o que provoca conflitos graves[38]. O Evangelho de Lucas alude à morte de galileus "cujo sangue Pilatos misturara com os sacrifícios que ofereciam".

Esse é o homem que vai encarar Jesus, exausto depois de uma noite de interrogatórios, pancadas e torturas. A polícia do Templo e os emissários do sumo sacerdote levam Jesus até o pretório, o lugar onde o pretor (um magistrado, função que é exercida, sob o império, pelo governador da província — no caso, Pilatos) mantém os prisioneiros e que em geral é sua própria casa. Os policiais e emissários não querem entrar nele, temendo se sujar: aquela residência "pagã" é a seu ver um lugar impuro, e a Páscoa está próxima. Então é o pretor quem sai e vai até eles, muito irritado com o incômodo. Seu curto traje de couro e suas botinas deixam as pernas mais ou menos à mostra. Ele traz uma pelerine nas costas. Escuta-os. Eles acusam Jesus, como previsto, de se dizer rei dos judeus, acrescentando, para endossar, que prega a revolta e impede os bons cidadãos de pagar os impostos[39].

Segundo João, o mais prolixo e sempre o mais bem informado sobre esse caso, sempre pronto também a somar um pouco de teologia, o romano manda Jesus entrar no pretório, o que não incomoda os acusantes — pouco importa que ele se "suje", pois já está condenado.

Pilatos: "És tu o rei dos judeus?"

Jesus: "Perguntas por ti mesmo ou foram os outros que te disseram de mim?"

Pilatos: "Por acaso sou eu um judeu?"

Esse problema não é seu, essa história o aborrece, tão perto da Páscoa, quando tantos peregrinos, logo, tantos revoltosos em potencial, se aglomeram na cidade. Mas vá lá: "A tua nação e os sumos sacerdotes te entregaram a mim: o que fizeste?"[40].

Mais uma vez, Jesus dispensa uma oportunidade de explicar quem é de verdade, procura evitar que se desnature o sentido de sua morte, se é que morte deve haver: "Meu reino não é deste mundo. Se fosse deste mundo, meus ministros teriam lutado para que não fosse entregue aos judeus". Que fique claro: ele recusa a acusação política feita contra ele. E pouco depois: "Vim ao mundo para dar testemunho da verdade. Todo aquele que é da verdade, ouve minha voz". Eis o sentido de sua missão: ele não veio para se oferecer em sacrifício, mas para dizer que em verdade é Deus.

Pilatos: "O que é a verdade?" Palavras de um cético, talvez. Mas também de um romano, para quem a verdade é apenas o real, o material, e que conhecia suficientemente os gregos para estar cheio de suas eternas discussões teóricas sobre o assunto. A ponto de dizer que a seu ver a verdade não existe. E essa história decididamente não lhe interessa nem um pouco. Vai se livrar dela.

Sucede que Herodes Antipas, de quem Jesus, galileu, é súdito, chega também a Jerusalém para a Páscoa. Pilatos não gosta dele. Talvez (pois, segundo a tese de uma minoria, isso acontece depois da execução de Jesus) devido a uma história de escudos com o nome do imperador, endeusado, que o procurador mandara colocar nos muros da cidade — o que decepcionara os judeus, de cujo lado Herodes dizia estar, e Pilatos teve de voltar atrás. Enviar Jesus a Herodes é livrar-se de uma história chata e ao mesmo tempo pregar-lhe uma peça.

Então Jesus é levado a Herodes. Passa de mão em mão, joguete de todas as crueldades, conscientes ou inconscientes, vítima de todos os ódios, calculismos e besteiras. Herodes Antipas, que ainda é perseguido pela lembrança do assassinato de João Batista — a ponto de ter acreditado que este tivesse ressuscitado em Jesus —, quer, depois de tanto tempo, ver Jesus. Vai poder enfim interrogá-lo. Mas Jesus, cansado ou desdenhoso, não responde a ele. Os enviados da casta sacerdotal vociferam. Então o reizete da Galiléia, a quem não falta senso político, faz a gentileza de reenviar Jesus a Pilatos. Golpe duplo. Ele mostra ao procurador como respeita seu poder e dá satisfação aos que acusam Jesus. Isso não lhe custa caro: esse Jesus parece inofensivo, isolado, até mesmo um pouco ridículo. Os guardas, além disso, para ridicularizá-lo mais um pouco, cobrem-no com um manto púrpura, fazendo dele um rei de Carnaval.

O triste vaivém continua. Eis Jesus de novo na casa de Pilatos. O qual já detém na fortaleza Antonina ao menos três prisioneiros, entre os quais Barrabás. Um costume (apontado pelos evangelistas, mas cuja existência não é muito certa) diz que a cada ano, para a Páscoa, o procurador romano concede liberdade a um prisioneiro judeu[41].

Naquele dia grupos de judeus vêm justamente pedir a Pilatos a libertação desse Barrabás, talvez considerado, depois daquele motim, uma espécie de herói ou uma vítima inocente da repressão romana. Que essas pessoas tenham se reunido com esse fim, e não por causa de Jesus, é o que se pode deduzir do Evangelho de Marcos: "Ora, pela festa, costumava Pilatos soltar um dos presos, que pedissem. Na prisão havia um chamado Barrabás, preso com os revoltosos que no motim haviam cometido um homicídio. E, tendo aumentado, a multidão começou a pedir o que sempre lhe concedia"[42].

Essa multidão parece ignorar, portanto, ao se reunir, que terá de escolher entre Barrabás e Jesus. Vem pedir a Pilatos que solte Barrabás, ou um de seus companheiros. Pilatos, que provavelmente quer que sejam crucificados, mas que não tem pressa de que isso aconteça, que quer esperar o fim das festas e a partida dos peregrinos, acha em Jesus uma excelente oportunidade de satisfazer a multidão liberando um judeu e mantendo presos os que estão na fortaleza Antonina, que julga bem mais perigosos.

Segundo Mateus, ele então dá a opção à multidão que está lá, entre Jesus e Barrabás. Mas Marcos e Lucas (João não menciona o episódio Barrabás) indicam que Pilatos propõe simplesmente soltar aquele a quem chama, por zombaria, de "rei dos judeus". É então que seus interlocutores, incitados pelos sumos sacerdotes, pelos saduceus, pelo clã Anás-Caifás, pedem (como lhe tinham avisado, segundo Marcos) para libertar Barrabás. Os saduceus jogam bem: incitando à libertação de Barrabás, se conciliam, ao menos por um tempo, com a multidão que os detesta e que vê naquela figura um herói ou vítima inocente; e, no mesmo lance, impedem Pilatos de se livrar de Jesus, obrigando-o a se pronunciar sobre esse caso.

Esse homem cruel não hesitará. Quando "os sumos sacerdotes e os guardas" (sozinhos, segundo João) ou a multidão estimulada por eles (segundo os outros três textos) pedem a crucifixão de Jesus, ele o abandona a eles, deixa a coisa correr. Pouco lhe importa a vida desse judeu. Ainda mais porque o clã de Anás volta à carga. Primeiro invocando, segundo João, a Lei: "Nós temos uma Lei e, segundo a Lei, ele deve morrer porque se fez Filho de Deus". Depois passando à chantagem: "Se o soltas, não és amigo do imperador, porque quem se faz rei se declara contra César". Eis um argumento político ao qual Pilatos é sensível. Certo, os judeus são dos povos mais indisciplinados do império. Mas também não são os últimos a se queixar a Roma do que fazem na casa deles os prefeitos ou procuradores que os governam. Desconfiança. Esses sujeitos são bem capazes de lhe trazer problemas. Paciência. Que morra esse Jesus se assim o querem. Um dia reencontrará Barrabás — basta, depois de sua libertação, mandar algum informante segui-lo.

(Se se coloca em dúvida o costume que obrigava o procurador a soltar um prisioneiro na Páscoa, é possível dar outra versão ao episódio: Barrabás teria sido solto mais ou menos na mesma época em que Jesus foi condenado e executado; o Evangelho de Marcos, de fato, diz que ele havia sido "preso com os revoltosos que no motim haviam cometido um homicídio", o que permite supor que ele não tenha participado dele. Os evangelistas, mais tarde, poriam em concordância os dois fatos: Jesus, absolutamente inocente, é condenado; o outro, talvez inocente mas provavelmente culpado, é libertado; assim estava demonstrada a injustiça cometida contra Jesus.)

A multidão, a crer nos Evangelhos, pediram uma crucifixão. É uma execução à maneira romana: os judeus, em geral, apedrejam. O procurador, que está cheio de toda essa história, deixa então Jesus nas mãos dos legionários. Marcos e Mateus inserem aqui uma cena de ultrajes, que Lucas e João colocam no comparecimento diante de

Herodes. É impossível saber. Mas o episódio é certamente verdadeiro, de tão habitual.

Os outros povos zombavam da espera dos judeus por um Messias. O filósofo Filo de Alexandria conta que, quando da visita de Agrippa 1º, rei dos judeus, àquela cidade, alguns anos depois da morte de Jesus, os habitantes agarraram um doente mental chamado Karabas; eles o coroaram com espinhos, vestiram-no com palha, fizeram com que fosse acompanhado por jovens munidos de bastões em forma de lanças e que o saudassem gritando "*Marin*!" (grafia aramaica de *Maran*, que significa "Senhor")[43]. Existem outros casos do gênero.

Jesus, dizem os Evangelhos, foi coroado de espinhos. Trajava um manto púrpura. Tinha um caniço à mão à maneira de um cetro, e os soldados faziam menção de se ajoelhar diante dele gritando "Salve, rei dos judeus!". Ele estava exausto, quase morto já, pois Pilatos mandara flagelá-lo. Ora, a flagelação era um suplício terrível, executado com os *flagra*, pequenas correntes de ferro com ossinhos ou bolinhas de chumbo nas pontas. Não só abriam chagas na pele, mas também na carne, e pessoas eram mortas assim[44].

É, portanto, um semicadáver que vai ser empurrado, conduzido, até o local de execução.

Quem, definitivamente, é o responsável por essa condenação? A casta sacerdotal, certamente. Mas não só. Os Evangelhos, ao menos os textos de que dispomos, foram escritos numa época em que as primeiras comunidades cristãs se chocavam com a oposição judaica, que as considerava heréticas. Essas comunidades queriam também converter as pessoas e, se tomassem pé em outros países, deviam evitar se chocar com o poder imperial. Por esses dois motivos, os textos tendem a deslocar o peso todo do erro para os judeus e a desculpar os romanos. O retrato de um Pôncio Pilatos incerto e hesitante traçado pelos Evangelhos, como vimos, contradiz outras fontes, não-cristãs.

Uma idéia se desenvolverá, além disso, nessas comunidades, de que a rejeição do Messias pelo povo de Israel corresponde à vontade de Deus[45], e elas verão na ruína de Jerusalém, no ano 70, uma espécie de punição contra o povo responsável pela morte de Jesus e que não quer se abrir à sua mensagem. Essa tendência judaica é, por certo, moderada às vezes. Pedro, falando aos judeus em Jerusalém, diz: "Irmãos, sei que agistes por ignorância, como também vossos chefes"[46]. Da mesma forma, Lucas e João distinguem os judeus, quando do comparecimento diante de Pilatos, entre chefes responsáveis e povo.

A maioria dos especialistas, hoje, insiste na responsabilidade de Pilatos. Sua opinião pode ser resumida por este texto do padre Xavier Léon-Dufour: "No plano jurídico, um estudo textual minucioso não deixa dúvida: a condenação e a execução de Jesus devem ser imputadas a Pilatos. Ora, esse processo foi injusto e Jesus era claramente inocente do crime atribuído a ele. Moralmente falando, Pilatos é, portanto, objetivamente culpado — não devia ter cedido às pressões das autoridades judaicas, mesmo que julgasse aquele homem perigoso. Pilatos é injusto, por covardia ou negligência. Contudo, a culpa essencial recai sobre Caifás e seu grupelho de sumos sacerdotes, porque foram eles que remeteram Jesus a Pilatos"[47].

Resumindo. À questão "Quem é responsável pela condenação de Jesus?" pode-se responder: todos os atores desse drama, sendo os principais o clã de Anás e Pilatos.

Cenas da Paixão do Mestre de Bruges. Cristo apresentado ao povo, c. 1510

Pintura de Lucas Cranach, o Moço, 1555

15.
Morte e ressurreição

ELE É LEVADO PELAS VIELAS estreitas, pelas ruelas margeadas por barracas, invadidas por peregrinos e habitantes da cidade atarefados com os últimos preparativos da festa. Um rumor o cerca; os curiosos, como os furiosos, e as pessoas que mostram compaixão ou fé correm a ver. O galileu vai ser crucificado.

Ele se abre um caminho por entre essa pequena multidão, vergado sob a trave que carrega, sendo às vezes atingido pelo sol que seca e queima o sangue de suas chagas. Os soldados vão à frente — "Dêem passagem!" — e usam o bastão para afastar os desocupados, os galhofeiros e os apiedados[1].

Ele cai. Então o centurião que conduz o desfile e daqui a pouco deverá verificar a morte, preparar o registro civil, agarra um camponês peregrino, um certo Simão, oriundo de Cirene, na África do Norte, na atual Líbia, uma cidade onde havia muitos judeus, para ajudar Jesus. Os romanos gostavam de exigir dos peregrinos judeus um serviço humilhante — e aquele certamente o é![2] O centurião sem dúvida está com pressa de que tudo acabe, de escapar dessa multidão e suas reações imprevisíveis e de chegar logo ao Gólgota, uma colina rochosa coberta de jardins e sepulcros, à entrada da cidade, que os romanos fizeram local de execução.[3]

Esse suplício da cruz, que a casta sacerdotal sugeriu a Pilatos, são os romanos que em geral usam. Outros o tinham inventado, talvez os persas. O império fez dele uma pena reservada aos revoltosos que não fossem cidadãos romanos — ela seria muito infamante para eles. No século anterior ao de Jesus, 6 mil escravos entre os que se revoltaram sob as ordens de Espártaco e por várias vezes venceram as legiões romanas foram crucificados dessa maneira, formando uma longa fila de dor e opróbrio na estrada de Capua a Roma.

A morte por crucifixão era atroz, o mais terrível e o mais cruel dos castigos, segundo Cícero[4]. Plantava-se uma estaca no solo e quando o supliciado chegava, carregando outra peça de madeira, o *patibulum*, esta era fixada na estaca com ele, para formar, na maioria das vezes, um T. Os condenados geralmente eram presos com cordas. Mas também se usavam pregos. Encontraram-se perto de Jerusalém os ossos de um homem crucificado na época de Jesus, cujos pés, colocados um sobre o outro, foram presos à madeira (à estaca, pois não existiu apoio para os pés antes do século 3) com um só prego[5].

A vítima era assim mantida suspensa, à beira da sufocação; tentava tomar fôlego apoiando-se sobre os pés — o que os feria um pouco mais — ou em uma espécie de sela inclinada que sustentava um pouco as nádegas ao mesmo tempo que as cortava, a *sedula*. A vítima morria, não pelas hemorragias causadas pelos pregos nos pés e antebraços, mas por falta de ar e exaustão. E, se sobrevivia muito tempo, os romanos lhes quebravam as tíbias, o que o impedia de vez de apoiar os pés.

Sobre a estaca à qual se iria prender Jesus, Pilatos tinha mandado colocar uma placa de madeira com o motivo da condenação, o *titulus*, como dizia a regra. Ela foi, diz João, escrita "em hebraico, grego e latim" e trazia as seguintes palavras irônicas: "Jesus Nazareno Rei dos Judeus", em latim: "*Iesus Nazaretius Rex Iudeorum*", INRI. Os sumos sacerdotes não as tinham apreciado, ao que parece, e tentaram junto ao procurador que fosse escrito: "Ele disse: Eu sou o rei dos judeus". Mas ele, aborrecido e não querendo insistir na razão política da condenação — ao bom entendedor, basta —, feliz também por humilhar esse povo, se limitou a responder: "O que escrevi, está escrito". Os romanos sempre amaram as frases sentenciais.

E Jesus chega ao Gólgota, puxado, arrastado, "levado" segundo Marcos[6], como se a ajuda de Simão de Cirene não tivesse bastado, e portanto exausto, à beira do fim. Dão-lhe de beber, vinho misturado com mirra[7]. Era o costume, com o fim de entorpecer o condenado e atenuar seus sofrimentos. Jesus apenas molha os lábios na taça e se recusa a beber. "Ele preferiu deixar a vida na mais perfeita clareza de espírito"[8], escreveu Renan.

Os soldados então o despem. É outro costume romano, para humilhar pela última vez o que vai morrer. Suas vestes (as *pannicularia*) são dadas como prêmio aos executores[9].

Eles o crucificam.

Nenhum dos quatro textos fornece aqui o menor detalhe. Limitam-se às palavras: "Eles o crucificaram". Como se o escândalo desse suplício infamante cortasse a palavra dos que transmitiram a história, detivesse a mão dos que a escreveram.

Eles o crucificam. Não é o único. Dois "bandidos", segundo Marcos e Mateus, dois "malfeitores", segundo Lucas, dois anônimos não exatamente qualificados por João, são crucificados com ele. Muitos tendem a ver neles, hoje, revoltosos, talvez companheiros de Barrabás, condenados políticos. Um deles encontra força de juntar suas injúrias contra Jesus às da multidão. O outro, ao contrário, segundo Lucas (apenas), adere a ele, o reconhece pelo que verdadeiramente é. O episódio é contestado, mas carregado de esperança. Lucas apresenta todo o relato da Paixão como um combate em que Jesus marca pontos e do qual sai, no fim das contas, vitorioso[10].

As cruzes, ao contrário do que se pensa normalmente, são bastante baixas. Mal aparecem acima de uma multidão em que se misturam curiosos e adversários, peregrinos que passavam ao lado (o Gólgota fica à margem da estrada que eles percorrem) e um punhado de fiéis. Apenas mulheres parecem ter tido essa coragem. Nenhum dos textos cita um único discípulo. Exceto João, o qual indica a presença daquele "a quem Jesus amava" e de Maria, mãe de Jesus. A presença desta aos pés da cruz é ignorada pelos três outros, o que levanta uma questão, sobretudo se se pensa no que Lucas e Mateus escreveram a respeito dela nos Evangelhos da infância. No entanto, os Atos dos Apóstolos[11], cujo texto, na maior parte, pensa-se ser do mesmo autor do Evangelho de Lucas, assinalam a presença de Maria e dos irmãos de Jesus entre os que, desde o anúncio da ressurreição, se reuniam para rezar com os principais discípulos...

Aos pés da cruz, outros gritavam. Injúrias, na maior parte. Nascidas do ódio em alguns, da decepção em outros; do que Jesus havia dito, eles concluíram que ele iria estabelecer um reino na terra, reinar sobre um mundo perfeito. E ei-lo agora agonizando, rendido como um farrapo, impotente, quase aniquilado. Mostravam, portanto, o mesmo desafio — se tu és tão forte, mostra-o saindo daí —, a mesma contradição sobre a mensagem que Jesus quis espalhar.

Os legionários romanos têm um truque, uma receita de veteranos para resistir ao calor forte e à sede torturante. Bebem a *posca*, água com vinagre. Devem sempre carregá-la com eles — é a regra. Sentem pena desse moribundo. Um deles embebe uma esponja com ela, derrama-a em uma varinha e a leva até os lábios ressecados e sangrando da vítima.

O sol está no ponto mais alto.

Jesus, antes ou depois de ter bebido algumas gotas dessa *posca*, gritou: "*Eloí, Eloí, lama, sabachtani*!", o que em aramaico significa: "Meu Deus, meu Deus, por que me abandonaste?" Grito de desespero? Todos os comentaristas cristãos sublinham que se trata do primeiro versículo do salmo 22, um texto que de fato começa como um apelo por socorro:

> Mas eu sou um verme, não mais um homem,
> o opróbrio dos homens e o desprezo do povo.
> Todos os que me vêem zombam de mim,
> torcem os lábios e meneiam a cabeça:
> "Recorra ao Senhor, para que o ponha a salvo
> *e o liberte, se tanto o ama!*"[12].

Mas o salmo prossegue com o louvor de Deus, que respondeu àquela súplica:

Tu, minha força, vem depressa em minha ajuda!
Falarei de teu nome aos irmãos,
louvar-te-ei no meio da assembléia:
"Vós, que temeis o Senhor, louvai-o!
Glorificai-o vós todos, descendentes de Jacó!
Venerai-o vós todos, descendentes de Israel!
Porque ele não desprezou nem desdenhou
O aflito em sua tribulação
nem lhe ocultou a face,
mas ouviu-o, quando gritou por socorro"[13].

Nota-se a semelhança entre as palavras de zombaria ditas pelos judeus, segundo os Evangelhos, e uma parte desse salmo: "Recorra ao Senhor, para que o ponha a salvo e o liberte, se tanto o ama!". Segundo todas as evidências, os autores dos textos do Novo Testamento quiseram demonstrar que tudo se passara como previsto pelo Velho Testamento. É difícil considerar esse grito de Jesus um fato histórico, mesmo que Marcos e Mateus tenham apontado um detalhe que, como dizem alguns especialistas, tem "efeito de realidade": ao ouvir "*Eloí, Eloí*" os curiosos, que provavelmente não compreendiam o aramaico, se perguntaram se o condenado chamava pelo profeta Elias.

Já é tarde. Faz seis horas que Jesus foi preso à cruz[14]. No Templo começam as cerimônias de preparação da festa. Os cordeiros serão degolados para a ceia pascal.

No Gólgota, é o fim. "Tudo está consumado", diz Jesus. Salvo Lucas, sempre preocupado em mostrar a Paixão como uma vitória, os evangelistas não põem na boca de Jesus nenhuma fórmula de louvor a Deus. Como para dizer que ele foi homem a ponto de morrer na angústia e nos piores sofrimentos.

Jesus morre.

"A luz veio ao mundo e os homens amaram mais as trevas do que a luz."[15]

Jesus morre.

Mesmo para os judeus mais dispostos a aceitá-lo, essa é uma prova suplementar, se é que era necessária, de que ele não é Deus. No diálogo entre Justino, filósofo cristão que seria martirizado, e o judeu Trifão, escrito por volta da metade do século 216, este diz àquele: "Há qualquer coisa de inacreditável em querer demonstrar que Deus se deu ao trabalho de se encarnar e se fazer homem". E ainda: "Vocês depositam sua esperança num homem crucificado". Os primeiros cristãos, todos judeus, de resto, se sentiram embaraçados com aquela crucifixão, sinal de maldição divina.

Jesus morre e o centurião que coordenou a execução diz, segundo uma versão: "Na verdade este homem era Filho de Deus", segundo outra: "Realmente este homem era um justo". Isso não deve ser interpretado, ao que parece, como anúncio de uma conversão súbita: no mundo do centurião, influenciado pela cultura grega, "Filho de deus" era uma expressão familiar para designar um grande homem, um herói humano[17]. Mas é possível também que seja o próprio evangelista o autor dessas palavras, que acrescentou para exprimir sua fé.

Jesus morre e, segundo Marcos, o véu do Templo se rasga. Mateus acrescenta que a terra treme, rochas se fendem, sepulcros se abrem e deles saem diversos "corpos de santos", que ressuscitam e aparecem aos habitantes de Jerusalém. Não se trata evidentemente de fatos históricos. O véu do Templo (que separava o lugar santo, onde os padres queimavam incensos regularmente, do Santo dos Santos, onde só o sumo sacerdote podia entrar uma vez por ano) não se rasgou; a terra tampouco tremeu, e assim por diante. Estamos na presença do que os especialistas chamam de um "teologúmeno". Essa imagem do véu significa que dali em diante a fé não tem mais o Templo como centro, mas sim o Cristo (é preciso notar, de resto, que os primeiros judeus cristãos continuaram num primeiro momento a ir ao Templo; o texto de Marcos é posterior a isto). O que Mateus acrescenta vai ainda mais longe. Todos os fatos que evoca se referem a textos das Escrituras que anunciam o fim do mundo atual e o advento de um mundo novo[18], que a ressurreição, para ele, vai inaugurar[19].

Jesus morre e, segundo João, os legionários quebram as pernas dos dois outros crucificados, para apressar sua morte; João acrescenta que não o fazem no caso de Jesus, mas o perfuram pelo lado, de onde saem "sangue e água". O corte com a lança não era regulamentar e não se sabe seu sentido, já que os soldados haviam constatado a morte de Jesus. Sem dúvida se trata para o evangelista, mais uma vez, de demonstrar que tudo estava previsto pelas Escrituras: "Olharão para aquele a quem transpassaram"[20]. Quanto às pernas, que eles costumam quebrar, é preciso observar com Jean-Paul Roux[21], autor de trabalhos eruditos sobre religiões orientais, que diversas lendas primitivas punham em cena homens, ou até mesmo animais, ressuscitados sob condição de que seus ossos estivessem intactos, não fraturados. "Uma imensa fração da humanidade", escreve Roux, "pressentia que um deus-cordeiro morreria, sem ossos quebrados, e ressuscitaria."

João, que explica que os soldados não quebraram a perna de Jesus pela simples razão de que ele já estava morto, insiste (mas é provável que a frase tenha sido acrescida depois): "Quem o viu deu testemunho e o seu testemunho é verdadeiro. Sabe que diz a verdade para que também vós creais"[22] — e logo acrescenta: "Assim sucedeu para que se cumprisse a Escritura: 'Não lhe quebrarei osso algum'"[23]. Sempre se trata de demonstrar que tudo estava previsto.

Exceto a cruz.

Intervém então um nobre judeu, membro do Sinédrio, oriundo de Arimatéia (a noroeste de Jerusalém), rico o bastante para ter um jardim e um sepulcro (o que era raro) à entrada da cidade, e simpatizante do movimento de Jesus[24]. Pede a Pilatos para retirar o corpo para evitar que fosse jogado na vala comum dos condenados à morte (Marcos escreve que ele "entrou" na casa de Pilatos, o que seria uma transgressão da Lei judaica, que proibia, sob pena de se tornar impuro, pisar no chão de uma casa "pagã").

Essa intervenção de José de Arimatéia ocorre logo em seguida à morte, já que o centurião não teve tempo de fazer seu relato a Pilatos, que o chama para confirmar se tudo chegou ao fim. Depois, por uma vez magnânimo, ele aceita o que lhe é pedido.

Nicodemos vai ajudar José de Arimatéia: é o momento dos notáveis, das pessoas bem relacionadas, capazes de lidar com as mais altas autoridades do país. Os companheiros habituais de Jesus, camponeses, pescadores, preceptores, estão reduzidos ao silêncio e sem dúvida ao desespero. Só assistirão ao sepultamento algumas mulheres, sempre fiéis e corajosas (mas nenhum texto assinala expressamente Maria, mãe de Jesus).

Nicodemos levou mirra e aloés, "coisa de uns trinta quilos", segundo João. A mirra, goma-resina, combinada com o aloés[25], servia para embalsamar, o que era reservado a aristocratas. Tendo embalsamado o corpo do crucificado, Nicodemos e José o envolvem com faixas de linho ou uma mortalha. Há um debate entre tradutores quanto a isso[26]. Se se conclui que se trata de uma túnica de linho, os textos evangélicos podem ter querido sugerir que — como o sumo sacerdote vestia uma túnica de linho — Jesus é o novo sumo sacerdote.

Mais tarde, segundo Mateus, nova delegação da casta sacerdotal (à qual desta vez ele acrescenta os fariseus) vai ao encontro de Pilatos para pedir que coloque uma guarda no sepulcro, por medo de que os discípulos de Jesus fujam com o corpo a fim de provar que ressuscitou, como estava anunciado. Pilatos, sem dúvida esgotado de todas essas histórias, concorda com eles.

Esse episódio não pode ter acontecido nesse momento indicado. Uma caminhada até a casa de Pilatos "no dia seguinte ao da Preparação, logo o shabat, é impensável", escreve Gilles Becquet[27]. Duas interpretações são possíveis. Ou a caminhada foi feita em outro momento, mas que não se sabe qual teria sido, já que o sepultamento — do qual a delegação está informada, segundo o texto — só poderia ter sido feito no último minuto antes do shabat. Ou então Mateus quer refutar antecipadamente as objeções contra o anúncio da ressurreição. Esta hipótese é bem mais provável. Trata-se para ele de mostrar que o corpo, bem guardado, não pôde ser roubado.

Mateus se mostra, de fato, o menos prolixo dos quatro sobre a aparição de Jesus. Mas conta que os guardas do sepulcro, tendo constatado — depois de um tremor de terra — que a pedra que o fechava "rolara" e tendo visto aparecer "o anjo do Senhor", relataram esses fatos aos sumos sacerdotes (o que é surpreendente, em se tratando de legionários romanos). Estes lhes ordenam — subornando — que digam que os discípulos de Jesus roubaram o corpo. Com a seguinte ameaça: se isso chegasse aos ouvidos de Pilatos, eles, os sumos sacerdotes, se encarregariam de convencê-lo do contrário, para evitar aborrecimentos aos soldados, agora transferidos dos comandos de seus chefes para os da casta sacerdotal. "Pegando o dinheiro", prossegue Mateus, "os soldados fizeram como lhes fora dito. Esta notícia divulgou-se entre os judeus até o dia de hoje."

Ele quer, portanto, responder a rumores e convencer céticos que não acreditam no inacreditável: na ressurreição.

O sol nasce. Maria Madalena não agüenta mais. Não consegue se mexer, apesar da festa do shabat. O que fez, ao longo de todas essas horas, essa fiel entre os fiéis, essa jovem da cidade de Magdala, a quem sete maus espíritos — sete — aperrearam até que encontrasse Jesus, o que ela pensou nesse dia, ninguém saberia dizer. Sem dúvida concluiu que mais uma vez a morte tinha a última palavra e que, naquela manhã, estava só, jogada na vida, e então decidiu ir ao sepulcro de Jesus. Sem esperar presenciar qualquer evento incrível; simplesmente, com outras mulheres que seguiram passo a passo o suplício de Jesus, preparou perfumes e aromas, talvez porque tenha achado que o embalsamento fora muito precipitado e incompleto, talvez porque um costume dissesse que no terceiro dia[28] se visitam os mortos para lhes oferecer aromas.

Elas não estão esperando nada. E então encontram a pedra deslocada, e personagens vestidos de branco — como o jovem do

Getsêmani — lhes dizem que esse Jesus a quem procuram não está mais lá, pois está vivo. Na versão de João, os mensageiros brancos nem sequer têm tempo de anunciar a Maria Madalena que Jesus ressuscitou. Mal ela diz: "Tiraram o Senhor do sepulcro e não sabemos onde o puseram" — nem por um momento imagina que ele esteja vivo — e ela vê uma figura, que confunde com um jardineiro, que até acredita que ajudou no sumiço do corpo. É ele, Jesus. E ele a encarrega de uma missão: prevenir aos outros. O que ela se apressa em fazer, enlevada, encantada, aliviada[29]. Toda boa notícia provoca um rastilho de alegria; vemos, nesse relato, um anunciando ao outro: "Ele está vivo", numa corrente de vida que faz uma simetria com a corrente de morte configurada pelo processo em que os poderosos passaram Jesus de mão em mão.

"Ele está vivo."

Essa afirmação vai transtornar a história do mundo. No entanto, é inacreditável para muitos homens e mulheres, mesmo admiradores de Jesus e sua mensagem.

O que pode dizer dessa afirmação o historiador? Ele nada encontra que sustente, peremptoriamente, que Jesus ressuscitou. Tampouco que sustente o contrário, ao menos os historiadores sérios.

O estudo dos textos, entretanto, e a análise do contexto permitem que se obtenham ao menos alguns fragmentos de resposta, algumas luzes.

Um primeiro ponto tem de ser mencionado: a idéia de ressurreição era muito familiar para os judeus. Para eles, o retorno de profetas como Elias ou Moisés nada teria tido de surpreendente[30]. Herodes Antipas, como vimos, por um momento acreditou que Jesus não fosse outro senão João Batista ressuscitado dos mortos[31]. E quando Marcos, Mateus e Lucas narram as ressurreições da filha de Jairo ou do filho da viúva de Naim, não parecem julgá-las mais prodigiosas do que os outros milagres. Assim como João, quando relata a ressurreição de Lázaro. É verdade que, nesses casos, trata-se apenas de uma sobrevida, de um prolongamento da vida. Ao passo que, para Jesus, não se trata de uma reanimação das funções vitais que haviam parado, mas de uma vida nova, outra[32]. Lucas, de vez em quando, prefere chamar Jesus de "vivo" a "ressuscitado".

Mencionado esse primeiro ponto, entremos no debate. Em apoio à sua afirmação da ressurreição de Jesus, os autores do Novo Testamento apresentam um fato — o sepulcro vazio — e testemunhas.

Os textos evangélicos contam de maneiras diversas e algo contraditórias a descoberta do sepulcro vazio. Contradições que, para certos especialistas, "são um poderoso indício da realidade dos fatos"[33]. Afinal, para fortalecer a fé das primeiras comunidades cristãs, as pessoas poderiam ter juntado os pedaços dessa história e coordenado os relatos — pensam esses especialistas. Mas também se pode alegar que essas contradições são gritantes demais.

Dois desses textos, no entanto, detiveram mais a atenção nessa história: os de João e Lucas. Como se sabe, os Evangelhos tiveram redações sucessivas. Ora, os versículos de João e Lucas sobre o sepulcro vazio[34] são considerados, pela maioria dos críticos, muito antigos, arcaicos, próximos dos fatos[35], ao passo que o relato de Marcos é posterior[36]. Mas existem outros textos antigos que jamais evocam o sepulcro vazio: os de Paulo, que também são próximos da época dos fatos.

Outra indicação interessante é dada pelo relato de João. Ele mostra Pedro e o discípulo "a quem Jesus amava" chegando ao sepulcro depois de ter sido informados por Maria Madalena. Uma cena que tem "efeito de realidade", de que alguns detalhes são relatados para demonstrar o que quer que seja; assim, vemos Pedro distanciado do outro que, chegado primeiro ao sepulcro, hesita em entrar e o espera. Este chega, entra no buraco e vê "as faixas de linho no seu lugar e o sudário que tinha estado sobre a cabeça de Jesus, que não estava porém com as faixas de linho mas enrolado num lugar à parte"[37]. Podemos ver nessa precisão, em comparação com a ressurreição de Lázaro, um símbolo: Lázaro sai do sepulcro ainda vestido com as faixas; Jesus, por sua vez, realmente passou a um outro mundo, livre, desvinculado. Mas também podemos ver aí um indício histórico: se os companheiros de Jesus, ou outros, tivessem vindo roubar seu corpo, não teriam perdido tempo tirando as faixas de linho que o cobriam.

A maioria dos especialistas hoje conclui que o sepulcro estava verdadeiramente vazio. Mal podemos entender, de resto, como Pedro e seus companheiros teriam podido, em seguida, anunciar a ressurreição em Jerusalém, se os habitantes da cidade iriam lhes responder: mas é impossível, o cadáver ainda está lá, no sepulcro de José de Arimatéia! Os mesmos especialistas admitem que o sepulcro vazio não constitui uma prova: a leitura do texto de Mateus mostra que se espalhara pela cidade uma versão segundo a qual os discípulos tinham roubado o cadáver. Outra hipótese: Maria Madalena, que teria assistido apenas de longe à encarnação, poderia ter se enganado de sepulcro. Dois enterros podem ter ocorrido: um provisório, depois da morte de Jesus, já que era preciso terminá-lo logo, antes das festas; e o outro definitivo, em outro lugar, depois do fim do shabat.

O sepulcro vazio pode, então, ser considerado apenas uma folha interessante do dossiê.

Alguns até acreditaram mais: mesmo a descoberta dos ossos de Jesus, dizem, não os impediria de acreditar na ressurreição, pois não se pode definir o corpo apenas como matéria; ele é também, e antes de tudo, capacidade de comunicação com o outro e com o universo; pode existir um "corpo espiritual", ao qual Paulo alude, de resto: "Nós ressuscitamos com um corpo espiritual"[38]. Mas aqui se abandona o domínio da história pelo da filosofia e da teologia.

Examinemos agora os testemunhos da ressurreição. Como os relatos da descoberta do sepulcro vazio por Maria Madalena, são contraditórios: Mateus e Marcos situam as aparições de Páscoa na Galiléia; Lucas e João, em Jerusalém. Isso não basta para desqualificá-los, mas levanta a uma questão, se se tenta estabelecer uma cronologia: os companheiros de Jesus não podiam estar na mesma época em duas regiões separadas por quatro dias de caminhada[39].

Os relatos das aparições, além disso, têm sempre a mesma estrutura, em três tempos. O primeiro é a chegada, o surgimento de Jesus onde não era esperado (mesmo que as portas estivessem fechadas) e que não é reconhecido de imediato. Segundo tempo: o reconhecimento. Jesus dá às mulheres e aos companheiros sinais, quase senhas, que provam sua identidade e mostram também que ele não é um fantasma (a Tomé, o incrédulo, ele se oferece para ser tocado; ou come peixe assado com eles). Terceiro tempo: ele os encarrega de uma missão, prometendo a ajuda do Espírito Santo.

Temos então um gênero literário. Isso também levanta uma questão, mas que não permite concluir pela não-existência das aparições: os redatores desses textos queriam, como se sabe, demonstrar algo, e não relatar à maneira de um historiador ou jornalista moderno. O exemplo do Evangelho atribuído a Lucas é significativo quanto a isso: ele situa todas as aparições de Jesus em Jerusalém ou arredores (Emaús) no mesmo dia; ora, os Atos dos Apóstolos, que sem dúvida são do mesmo autor, afirmam que Jesus "se lhes apresentou vivo, aparecendo durante quarenta dias e falando das coisas referentes ao reino de Deus"[40]. Esse número quartenta é suspeito, pois é símbolo de plenitude, mas a passagem de um a 40 mostram que esses autores estão pouco preocupados com certos detalhes — o que lhes importa é sublinhar que Jesus apareceu a seus companheiros. E é preciso observar que, pela primeira vez, eles não fazem alusão nenhuma às Escrituras para demonstrar que tudo estava previsto. Como se tivessem sido atingidos justamente pelo imprevisto.

Existe outra testemunha que não figurava entre os companheiros de Jesus: Paulo. Seu texto é o mais antigo de todos, o mais próximo dos fatos, como dissemos. Trata-se de sua primeira carta aos cristãos de Corinto. Pode-se datá-la com certa precisão, graças à uma inscrição grega descoberta em Delfos, que reproduz outra carta, endereçada à mesma cidade, pelo imperador Cláudio. A carta de Cláudio foi escrita, conforme estabeleceram os arqueólogos, em abril ou maio de 52 e menciona a presença na Grécia do procônsul Gallo, irmão do filósofo Sêneca, com quem Paulo esteve[41]. A primeira estada de Paulo em Corinto se situaria então nessa época e ele teria encontrado Gallo entre julho e outubro de 51[42]. Que dizia ele aos coríntios? Lembra em sua carta: "Pois na verdade eu vos transmiti, em primeiro lugar, o que eu mesmo recebi: que Cristo morreu por nossos pecados, segundo as Escrituras; que foi sepultado; que ressuscitou ao terceiro dia, segundo as Escrituras, e que apareceu a Cefas, depois aos Doze. Posteriormente apareceu a mais de quinhentos irmãos de uma vez, dos quais muitos ainda vivem, outros já morreram. Depois apareceu a Tiago, depois a todos os apóstolos. E depois de todos, como a um filho abortivo, apareceu também a mim"[43].

Deixemos de lado isso que Paulo, como disse, "recebeu" a respeito da "morte por nossos pecados", que corresponde mais às crenças dos primeiros cristãos do que às palavras de Jesus. O interessante é o seguinte: eis um homem que testemunhou acontecimentos ocorridos menos de 20 anos antes e que mudaram sua vida. Logo, esse testemunho é importante.

A menção a "quinhentos irmãos" a quem Jesus teria aparecido "de uma vez" pode, todavia, levantar dúvidas: poderia tudo ter sido uma espécie de êxtase coletivo?

As aparições aos apóstolos podem também ser explicadas, a rigor, como uma espécie de desfecho dos sonhos, esperanças e desejos: uma coisa é desejada com tanta força que acabamos por representá-la, persuadidos de que a vimos. Mas esse não é o caso de Paulo que, quando partiu para Damasco, não respirava diariamente nada além de "ameaças de morte contra os discípulos do senhor"[44].

Os historiadores, no entanto, não podem dar certeza sobre tal testemunho, por mais importante que seja; apenas podem presumir — uma explicação psicológica, de fato, é sempre possível.

O debate sobre a ressurreição ficou igualmente aberto a outras abordagens.

Sugeriu-se por exemplo que Jesus não morreu numa cruz, que a pressa de José de Arimatéia e Nicodemos em colocá-lo no sepulcro — não hermético — foi com o fim único de preservar o que lhe restava de vida, que, em suma, eles fizeram um simulacro de enterro. No século 18, o teólogo Karl Friedrich Bahrdt sugeriu mesmo que José e Nicodemos fossem ligados aos essênios, os quais estariam na origem dessa encenação — o que explicaria a aparição no sepulcro de duas figuras vestidas de branco, manto tradicional dos membros daquela seita[45]. Mas se supomos que Jesus ainda estava vivo então, eles não puderam lhe trazer socorro durante todo o shabat. A hipótese, que não se apóia em nenhum indício exato, é dificilmente aceitável.

Um rumor mais estranho, que circulou nos meios judeus, atribui o desaparecimento do corpo de Jesus a Judas, "homem devoto e sábio" que "o livrara dos inimigos na festa da Páscoa. Jesus teria sido apedrejado e enforcado; mas esse mesmo Judas, tendo tirado o corpo do mestre do sepulcro, o enterrou num jardim sob um regato do qual havia antes desviado a água; ele em seguida deu ao regato seu curso natural de modo que não se pudesse encontrar o corpo de Jesus"[46].

A interpretação judaica mais corrente, nos primeiros tempos, foi, claro, a do roubo do corpo pelos discípulos. Mas nem os sumos sacerdotes nem os romanos parecem ter tomado a iniciativa de mandar procurá-lo. E se os discípulos o tivessem escondido, teriam todos aceitado o martírio, a tortura de guardar o silêncio?

Renan, que acha também que o corpo foi roubado, mas se pergunta por quem, conclui que "sempre ignoraremos" de onde nasceu a fé na ressurreição. E acrescenta, aludindo aos "sete demônios" que atormentaram Maria Madalena antes que encontrasse Jesus: "Digamos, porém, que a forte imaginação de Maria Madalena tenha tido papel principal nessa situação. O poder divino do amor! Os momentos sagrados em que a paixão de uma alucinada dá ao mundo um Deus ressuscitado!"[47].

Ao sugerir assim a tese da alucinação — que depois seria partilhada por outros — Renan lançou luz sobre um fato importante: o papel das mulheres nesse episódio decisivo. São às mulheres que Jesus aparece primeiro: Maria Madalena e, também, segundo Lucas, outra Maria, a mãe de Tiago, e Joana, fora algumas outras que não nomeia. Todas elas vão anunciar a boa nova aos apóstolos "mas suas palavras lhes pareciam lorotas, por isso não lhes deram crédito" [48]. Claro — a seu ver, são histórias de mulher. Poucas épocas e sociedades deram muito crédito às mulheres. Tampouco elas mesmas. E é notável que Jesus, à diferença dos *rabis* que então circulavam na Palestina, esteve sempre cercado de mulheres, que o acompanharam, sozinhas, até a morte, e que foram testemunhas do desaparecimento de seu cadáver.

Este último ponto tem grande importância. Pois deixa mal a hipótese, repetida ao longo de séculos, de uma operação montada pelos companheiros de Jesus, que teriam feito desaparecer o corpo antes de anunciar a ressurreição. Se tivessem querido montar tal operação, tal manipulação, teriam escolhido outros mensageiros que não as mulheres. Fazer anunciar a ressurreição por mulheres, quem quer que fossem, era o meio mais seguro de não acreditarem. São Paulo, de resto, misógino como era normal em seu tempo, mas mais ainda prudente e ansioso por convencer, se abstém de falar dessas aparições a mulheres quando anuncia que Jesus está vivo.

Mesmo o menos esperto dos companheiros de Jesus teria entendido que era preferível, para convencer os outros daquilo, utilizar como mensageiro um nobre como Nicodemos ou José de Arimatéia, ou outro membro mais ou menos clandestino da rede de suporte de Jesus em Jerusalém, ou até o primeiro homem que surgisse, a usar uma mulher, ainda que fosse a mulher de Cuza.

Naturalmente, esse fato não constitui mais que um motivo de credibilidade, uma presunção; não é uma prova da ressurreição. Não existem provas dela, segundo os historiadores.

E então?

Então, naqueles dias, dois homens andavam em direção a Emaús, a alguns quilômetros de Jerusalém, não se sabe exatamente onde. Em direção a Emaús quer dizer em direção ao nada, ao lugar das esperanças perdidas. Eles estavam esgotados, não podiam mais sonhar ou se entusiasmar. Tinham se entregado ao movimento de Jesus, inteiramente, certos de que livrariam o mundo do mal, e Israel da aristocracia do Templo e dos romanos. No movimento de Jesus não ocupavam lugar de destaque, faziam parte dos anônimos que chamavam as pessoas para escutar o Mestre, organizavam a multidão, às vezes a continham, reconfortavam os que não podiam vê-lo mais de perto e tocar seu manto. Não pediam nada. Estavam prontos a qualquer sacrifício para ajudar. E aí tudo acabou. Ele morreu sem tentar se defender, e todos os que o cercavam, que eles tinham de empurrar à força para longe dele às vezes, o abandonaram. Os próprios chefes do movimento de Jesus, seus companheiros mais íntimos, a quem ele havia escolhido como a um estado-maior, estavam escondidos, assustados, desesperados. Contava-se mesmo que Pedro, sempre pronto a se colocar à frente, a falar aos outros, tinha jurado não conhecer Jesus.

Tudo acabou. Acreditavam participar de uma aventura única, que daria à sua vida um sentido luminoso, que lhes abriria e a todos um futuro de alegria e felicidade. E só lhes restava agora remoer seus rancores, arrependimentos e lamentos.

Um homem ouviu seus lamentos, prestou atenção à sua história de sofrimentos e tristezas. Um homem que, coisa rara, sabia escutar. E que depois lhes contou a história do mundo começando por Moisés e os profetas. Seus corações se animaram. E eles só reconheceram aquele homem no momento em que, depois de partilhar o pão com eles, desapareceu.

Então retomaram caminho, saíram das trevas e do nada para voltar a Jerusalém.

Os que lá encontraram estavam igualmente desesperados. Alguns pobres sujeitos, que se mostraram covardes e renegados. Um punhado de camponeses, pescadores, que tinham tido boas relações com gente influente, mas pouco podiam contar agora com aquelas pessoas. Os dois não quiseram ficar mais naquela cidade hostil. Era preciso escapar à noite, andando abaixados, com raiva e medo no coração.

Mas esses homens ainda assim reanimados começaram a enfrentar tudo para proclamar que Jesus estava vivo e a melhor prova disso era que eles próprios o haviam visto e até comido com ele.

O que diziam, porém, não é uma prova. A melhor prova são esses próprios homens, esses seres pequenos, rústicos, semi-iletrados, que iriam enfrentar todos os perigos para ressuscitar o movimento de Jesus, repetindo em todos os lugares suas palavras de amor e liberdade, que não seriam muito bem compreendidas, mas que transformariam a história do mundo.

Algo aconteceu, portanto, naqueles dias, que irrompeu em fé, que mudou esses homens. Eles declararam, até o fim da vida, que esse "algo" tinha sido a ressurreição de Jesus e sua aparição diante deles. Ninguém pode provar. Todos têm direito de duvidar. O Deus que Jesus anunciou respeita a liberdade dos homens até o ponto de permitir que duvidem dele ou O rejeitem.

A história também não pode dizer se Jesus viveu depois de 7 de abril de 30 ou se morreu para sempre naquele dia. O que ela pode dizer, no entanto, é que algo aconteceu naqueles dias, um evento que, transtornando esses homens e mulheres, transtornou o mundo.

Pintura de Franco-Flemish Master. A Crucificação, c. 1435-45

Apêndices

As Fontes

"Nada podemos saber sobre a vida e a personalidade de Jesus porque as fontes cristãs que possuímos, muito fragmentárias e tomadas pela lenda, não manifestam interesse nesse ponto e porque não existe nenhuma outra fonte sobre Jesus."[1]

Essa afirmação do luterano alemão Rudolf Bultmann, que data de 1926, fez bastante barulho na época.

Bultmann e outros autores alemães consideravam que os quatro Evangelhos, relativamente tardios, afastados pelo tempo dos fatos que relatam e palavras que reproduzem, fossem como compilações de relatos e tradições posteriores a esses fatos, em que se misturavam histórias edificantes, anedotas e palavras reais de Jesus ou no máximo emprestadas a ele, e que haviam sido pouco a pouco deformadas pelas primeiras comunidades cristãs, com uma intenção certamente louvável: testemunhar sua fé. Estas, portanto, deturparam, transformaram a imagem do seu Senhor.

Então era impossível escrever a história de Jesus? Alguns o deduziram um tanto rapidamente das teses de Bultmann, o qual gostava de fórmulas abruptas, de tal modo que seu pensamento foi simplificado. Pois ele também achava que se podia fazer uma imagem coerente do que Jesus pregara e não punha em dúvida parte dos fatos relatados pelos Evangelhos. Mas o que ele dissera soava como um desafio. Os especialistas levavam isso em conta em seus trabalhos e pesquisas e se esforçavam — como mostramos várias vezes neste livro — em distinguir o que era "de Jesus" e o que não era, de separar as deformações eventuais dos fatos devidas ao estilo de cada evangelista, às influências que sofria em seu círculo cultural, aos objetivos que visava em seus escritos, às fontes que utilizava e que podiam ser, como dizem os mesmos especialistas, "produções da comunidade" cristã que, em seu jovem fervor, contava entre si histórias de Jesus bastante distantes da história de Jesus[2].

Hoje, ninguém entre os especialistas ousaria retomar aquela afirmação veemente de Bultmann. Paradoxo: em parte graças a ele, graças ao desafio que ele lançou e aos métodos de pesquisa que iniciou. Como nota Eugen Drewermann, que seria difícil apresentar como um conformista: "A exegese das últimas duas décadas, posterior à de Bultmann, não comprova seu ceticismo radical (...). Aqui ou ali se consideram plausíveis e licenciadas certas hipóteses sobre o Jesus histórico e (...) não se avalia mais a influência da Igreja primitiva como tão onipresente e maciça quanto se pensava outrora a respeito da tradição transmitida sobre Jesus"[3]. E um discípulo de Bultmann, Gunther Bornkamm, que foi bastante citado nos capítulos anteriores deste livro, escreveu: "O que os Evangelhos contam sobre a mensagem, os atos e a história de Jesus se caracteriza por uma autenticidade, um frescor, uma originalidade que mesmo a fé pascal da comunidade não pôde reduzir; tudo aquilo remete à pessoa de Jesus (...). Se os Evangelhos não apresentam a história de Jesus em todas as suas etapas nem em sua evolução interior e exterior, não deixam de falar de sua história como fato e acontecimento. Fornecem mesmo abundantes dados sobre ela — o que pode ser afirmado apesar da vulnerabilidade histórica de tantas palavras e relatos isoladamente tomados"[4].

Graças a todos esses trabalhos, graças às descobertas dos arqueólogos, graças às pesquisas sobre o judaísmo do período, a cada dia sabemos um pouco mais sobre Jesus e especialmente sobre o que ele disse (as divergências entre os especialistas, às vezes tão importantes a respeito de fatos de sua vida, são bem menores sobre suas palavras). Foram esses conhecimentos que este livro tentou reunir. Falta juntar a eles as informações precisas sobre suas fontes.

Comecemos pelas fontes não-cristãs. São bastante raras no que diz respeito ao próprio Jesus, mas existem.

Em primeiro lugar, o historiador judeu Flávio Josefo, nascido em 37 em uma família sacerdotal de Jerusalém, que lutou contra os romanos, foi feito prisioneiro, viveu depois em Roma, onde escreveu a história de seu povo. Fala de Jesus nela. Ora, nos séculos que se seguiriam, copistas cristãos acrescentaram fraudulosamente a seu texto expressões muito favoráveis a Jesus, mas completamente inverossímeis para a pena de um judeu, como: "Ele era o Cristo" ou: "Apareceu a eles no terceiro dia, novamente vivo". De tal maneira que, descoberto o embuste, se tentou rejeitar em bloco tudo que Flávio Josefo escrevera sobre o assunto. Ora, um pesquisador israelense, o professor Shlomo Pines, descobriu um texto de Josefo, relatado nos documentos sírios, que parece autêntico. Diz em suma:

"Naquela época existiu, um homem sábio, chamado Jesus, cuja conduta era boa; suas virtudes foram reconhecidas. E muitos judeus e pessoas de outras nações se tornaram seus discípulos. E Pilatos o condenou a ser crucificado e morrer. Mas os que se tornaram seus discípulos pregaram sua doutrina. Contavam que ele lhes apareceu três dias depois de sua ressurreição e que estava vivo. Talvez fosse ele o messias (outra tradução diz: ele era considerado o messias) sobre quem os profetas haviam dito maravilhas"[5].

Esse testemunho, simpático e um pouco cético, parece de fato relatar o que as primeiras comunidades cristãs diziam então de Jesus. Um pouco adiante, o mesmo autor evoca o apedrejamento instigado por um sumo sacerdote, de "Tiago, irmão de Jesus que chamam de Cristo"[6].

Outras menções a Jesus figuram em textos judaicos antigos. São em geral bastante polêmicas e não parecem ter sido postas em texto antes do século 5 ou 6.

Entre os latinos, é preciso assinalar o que escreveu Tácito, nos "Anais", depois que descreve o incêndio em Roma em 64, cuja responsabilidade foi imputada aos cristãos. Ele explica que Nero infligiu "torturas as mais refinadas àqueles que eram detestados por seus crimes abomináveis e que os pobres chamavam de cristãos. Esse nome vinha de Cristo, que, sob o reinado de Tibério, foi entregue ao suplício pelo procurador Pôncio Pilatos. Reprimida imediatamente, essa execrável superstição renasceu não somente na Judéia, mas também em Roma"[7]. Este texto foi publicado, ao que parece, por volta de 115-116.

Enfim, a existência de uma seita que abandonou os templos e os sacrifícios de animais e cultuou um certo Cristo, considerado um deus, é assinalada numa carta de Plínio o Moço, governador da Ásia menor, endereçado ao imperador Trajano[8]. Suetônio, por sua vez, escreveu em suas "Vidas dos Doze Césares", publicadas por volta de 120, que Cláudio perseguiu em Roma, em 41, judeus que, "instigados por Cristo, fomentavam encrencas"[9].

Como escreveu Gunther Bornkamm, "essas fontes pagãs e não-cristãs são interessantes apenas na medida em que confirmam que, na antigüidade, nenhum adversário do cristianismo, por mais obstinado que fosse, pensou em colocar em dúvida a existência histórica de Jesus. Esta seria reservada a uma crítica desmedida e tendenciosa nos tempos modernos"[10].

Hoje nenhum historiador sério duvida da existência de Jesus. Mas, sendo as fontes não-cristãs o que dissemos, apenas se dispõe, para saber mais sobre ele, de fontes cristãs. Nós faríamos sobre elas duas perguntas: Qual sua confiabilidade? Como foram compostas?

Uma primeira constatação se impõe. Não se dispõe dos originais das obras da antigüidade, apenas cópias das cópias. Ocorre o mesmo com os Evangelhos. Mas as cópias dos Evangelhos são mais antigas que a maioria das outras. Destas, com exceção de Platão, os manuscritos mais velhos são no máximo do século 8 d.C. Dos Evangelhos, em compensação, são do século 4. A autoria dos Evangelhos e as cópias completas de que se dispõe, portanto, são separadas por três bons séculos. Ou seja, esses textos nos chegaram em melhor estado do que muitas obras literárias, religiosas ou filosóficas da antiguidade[11]. Quatro séculos separam Virgílio dos manuscritos mais antigos de sua obra; 13 séculos, no caso de Platão; e 16, no de Eurípedes.

Quanto mais um texto é copiado e recopiado, mais risco corre de sofrer alterações e deformações. Os Evangelhos são, portanto, privilegiados nesse ponto, mais próximos do original. Os especialistas estimam ter podido reconstituir os textos ao estado em que se encontravam por volta de 250. E a descoberta no Egito de papiros com trechos dos Evangelhos — como o papiro Bodmer, que data do início do século 3, ou, melhor ainda, o Ryland, assim chamado por estar na biblioteca John Ryland, em Manchester, que data de antes de 150 e contém alguns versículos de João — confirma a validade dos textos de que se dispõe. Assim como as citações dos Evangelhos encontradas em diversos documentos escritos entre o fim do século 1, o de Jesus, e o fim do século 2.

A história dos Evangelhos mereceria, por si só, um livro bastante grande. Existem muitas, de resto, tantas as pesquisas e os debates sobre o assunto.

Um desses debates opõe os defensores da "tradição oral" aos da "tradição escrita". Pode-se, a grosso modo, resumi-lo assim: as primeiras comunidades cristãs, segundo os defensores da tradição oral, enviaram missionários para transmitir em viva voz a mensagem delas através do mundo mediterrâneo. Num tempo em que pouca gente sabia escrever e ler, era essa a única maneira de se fazer ouvir por mais gente. Os povos daquela época possuíam, de resto, técnicas que lhes permitissem lembrar mais facilmente os textos que assim se transmitiam de boca em boca. Entre os judeus, especialmente, os discípulos dos rabinos, que tinham a missão de repetir corretamente o ensinamento do mestre, o faziam escrupulosamente. Mas, claro, "a memória sempre prega peças; entre o que ouvimos e o que repetimos aos outros, há espaço para muitos erros"[12].

Objeção!, responderiam outros especialistas. A Palestina não era um país de tradição oral. Pela simples razão de estar situada no coração do Oriente Médio, onde sem dúvida a palavra escrita nasceu. Na época de Jesus, havia já mais de mil anos anos se inventara a escritura alfabética. É um país de escribas, freqüentemente mencionados no Evangelho e que não eram todos adversários de Jesus. Existiam, sem dúvida, iletrados entre os apóstolos: Pedro, em sua primeira Epístola, diz: "Por Silvano, vos escrevi, brevemente"[13]. Mas, para dar um único exemplo, Mateus, o recebedor, o publicano, era obrigatoriamente capaz de lidar com os nomes dos tributáveis. É provável, enfim, que entre os fiéis menos conhecidos de Jesus figurassem alguns letrados. Eles devem ter feito anotações, já que davam tanta importância ao que dizia o mestre.

De qualquer maneira, os partidários da tradição oral e da escrita concordam num ponto: logo ganharam existência coletâneas de palavras de Jesus, que chamaram de *logia*, destinadas a auxiliar os missionários, e essas *logia* teriam servido para a redação dos Evangelhos.

Resta saber em qual língua: aramaico, a língua do povo? Hebraico, a língua dos rabinos e sábios? Ou grego, de emprego corrente em certas cidades?

Claude Tresmontant, professor de filosofia das ciências na Sorbonne e tradutor dos Evangelhos, defendeu com brio uma tese segundo a qual as *logia* teriam sido escritas primeiro em hebraico. "Quando lemos atentamente o Evangelho de Mateus, em seu estado atual, ou seja, seu texto grego, e depois o Evangelho de Marcos e o de Lucas, nos surpreendemos ao verificar que a cada passo se encontram expressões tipicamente hebraicas simplesmente decalcadas do grego."[14] Tresmontant acrescenta que essas traduções foram feitas logo depois. Os tradutores não se preocupavam com literatura e tentaram seguir o mais fielmente possível os textos em hebraico que tinham diante dos olhos.

Esse debate interessa. "Tradutor, traidor", dizem os italianos. A língua, expressão e suporte do pensamento, o influencia fortemente.

Tresmontant e alguns outros, tentando se remeter às fontes hebraicas dos Evangelhos, de que só possuímos os textos em grego, puderam trazer esclarecimentos interessantes. Mas sua tese é fortemente contestada pela grande maioria dos especialistas, que encontram, subjacentes aos textos gregos, formas de falar ou escrever não hebraicas, mas estritamente aramaicas. Alguns até pensam que existiram logia em aramaico do próprio Jesus.

Esse debate mostra como são acirrados os problemas que os especialistas no estudo dos Evangelhos devem enfrentar[15].

Esses especialistas, comparando os textos, logo perceberam que muitas passagens eram as mesmas (exceto o Evangelho de João, completamente original).

Os Evangelhos, como a maior parte dos textos sagrados, são divididos em pequenos parágrafos chamados de "versículos". Ora, dos 1.068 versículos do Evangelho de Mateus, cerca de 600 se repetem em Marcos; dos 1.149 do Evangelho de Lucas, 350 são semelhantes a esses de Marcos. Mateus e Lucas têm em comum, além disso, 235 versículos. Daí a questão: esses três se copiaram? Ou ainda: Marcos foi copiado pelos dois outros? Ou eles se referem a fontes comuns, as famosas logia, o que explicaria as semelhanças?

Os debates sobre o assunto facilmente encheriam uma biblioteca. A maioria dos especialistas crê na existência de duas fontes principais, Marcos e "Q" (do alemão Quelle, que significa "fonte"). Mas não há unanimidade sobre isso. Outros acham que existiam mais documentos ao dispor dos redatores. Encontra-se um bom resumo das diversas posições (muito complexas) em Philippe Rolland, que por sua vez acredita demonstrar (num livro recente e muito complicado) que Marcos, Mateus e Lucas se inspiraram em parte num texto de um Mateus escrito em hebraico[16].

• O Evangelho de Marcos parece ter sido o primeiro a ser escrito, ao menos entre os textos em grego que se conhecem. Segundo Irineu, o bispo de Lyon, que teve papel importante na história dos Evangelhos, "Marcos, discípulo e intérprete de Pedro, também nos transmitiu por escrito o que pregava Pedro"[17]. Este, de resto, o chama de "meu filho"[18] de maneira amigável. A maioria dos especialistas situa o texto de Marcos entre o incêndio de Roma, no ano 64, e a destruição do Templo, em 70. Estaria então bem próximo dos fatos.

Marcos, que portanto se fundamenta no testemunho de Pedro, acrescentou diversos materiais, das tradições e crenças das primeiras comunidades cristãs[19]. Descobre-se em seu texto até influências de Paulo. Escreve de maneira simples e viva, aparentemente para não-judeus: explica os costumes judaicos, dá precisões geográficas, raramente se preocupa em informar que tudo aconteceu como previsto pelas Escrituras e insiste no alcance universal da mensagem de Jesus.

Seu Evangelho é o mais curto. Orienta-se inteiro em redor do processo, da Paixão, da morte e da ressurreição.

• O Evangelho de Mateus teria sido o segundo a ser escrito, ao menos em sua versão grega — para muitos especialistas, de fato, existe um Mateus em hebraico ou aramaico anterior a Marcos, e no qual este mesmo teria baseado uma parte do seu material. A quase totalidade deles situa o texto de Mateus em 80. Alguns acham que ele é contemporâneo de Marcos, talvez até anterior a ele (essa era, de resto, a opinião dos autores religiosos dos primeiros séculos, que são chamados de "pais da Igreja").

Mateus não pretendia contar uma história friamente objetiva mas convencer (e também, por vezes, moralizar). Escrevia para judeus, se referia constantemente ao Velho Testamento[20], para mostrar que Jesus cumpria aquelas promessas, e era todo impregnado da cultura hebraica — o que se manifesta, entre outros, pelo emprego frequente dos números simbólicos 3 e 7.

• O Evangelho de Lucas teria sido escrito, segundo diversos autores do século 2, por um sírio, originário de Antioquia, médico e companheiro de Paulo nas viagens. Mas este último ponto é contestado por vários exegetas. Como já apontamos, a quase totalidade dos especialistas atribui os Atos dos Apóstolos e o Evangelho de Lucas ao mesmo autor, por causa da semelhança de estilo e projeto; os dois textos, por sinal, são dedicados a um certo Teófilo. Lucas pode, também, ter encontrado Pedro em Roma entre 61 e 63.

A data de autoria de seu Evangelho deu lugar a uma batalha de experts que não parece perto do fim: entre 60 e 80, as versões diferem. Lucas declara, no prólogo, ter feito "acurada investigação de tudo desde o início"[21]. Alguns concluíram disso que Lucas conheceu Maria pessoalmente, o que parece impossível, porque ela nasceu em cerca de 25 a.C., e não se apóia em indício algum. Lucas é mais prudente em datas e números do que Marcos e Mateus (usa com freqüência as palavras "por volta de"), mas certas passagens fazem pensar que ele não conhecia a Palestina pessoalmente[22]. Lucas, que escreve bem, que é muito literário, quer demonstrar que, desde a origem de Israel até a Igreja, passando por Jesus — o evento central —, foi o mesmo projeto de Deus posto em execução e continuado pela Igreja sob inspiração do Espírito Santo. Já que o quer demonstrar, dirigindo-se sobretudo a pagãos, influenciados pelos gregos, seu texto não pode ser considerado uma biografia científica. Mas encontrou bastantes testemunhas e, provavelmente, conheceu outros autores de textos hoje desaparecidos. Escreve, de fato, no prólogo: "Muitos já tentaram compor a história do que aconteceu entre nós, assim como nos transmitiram os que, desde o princípio, foram testemunhas oculares e ministros da palavra"[23].

• O Evangelho de João é muito diferente dos três outros. Primeiro, ele é mais tardio. Há praticamente unanimidade em situá-lo por volta do ano 100, talvez um pouco mais cedo. Ele parece ter sido precedido de outra "edição", se não de duas ou três, das quais a primeira teve como autor o apóstolo João[24]. Isso é sublinhando por diversos Pais da Igreja mas não pode ser verdadeiramente assegurado.

João, como vimos por exemplo no relato de Caná, é um apaixonado por símbolos. Mas sua abordagem histórica, independente das três outras, é considerável, especialmente sobre as estadas de Jesus em Jerusalém. As palavras que João empresta a Jesus, em compensação, são com frequência "compostas" por um autor ansioso, acima de tudo, por demonstrar a filiação divina dele.

Uma constatação se impõe: à exceção do texto de João e ao contrário do que normalmente se diz, os Evangelhos foram escritos pouco tempo depois dos fatos, quando testemunhas ainda estavam vivas.

• Outras fontes cristãs existem: as Epístolas e os Atos dos Apóstolos, em primeiro lugar. Mas elas trazem apenas informações limitadas sobre Jesus. As cartas de Paulo, por exemplo, falam muito de Jesus e seu ensinamento, mas, se os Evangelhos não existissem, apenas saberíamos por elas que Jesus, juiz descendente da família de Davi, instituiu a eucaristia durante uma refeição com seus discípulos, antes de morrer sob Pôncio Pilatos — depois de uma cena de ultraje — e de ressuscitar. O que é essencial mas limitado. Um discurso atribuído a Paulo, enfim, cita uma fala de Jesus desconhecida dos Evangelhos: "Maior felicidade é dar do que receber"[25].

Restam os Evangelhos ditos "apócrifos" (o que originalmente não significava "falsos" mas "ocultos"). Logo depois, ao que parece, nos séculos 1 e 2, apareceram diversos textos contando este ou aquele episódio da vida de Jesus ou relatando algumas de suas palavras. Muitos desapareceram e sua existência só é conhecida por referências que lhes fazem — na maioria das vezes para lhes negar o valor — os Pais da Igreja como Orígenes, Irineu, Jerônimo, Eusébio de Cesaréia e Epifânio. Alguns desses apócrifos foram considerados "inspirados" pelo povo. Alguns deram luz a tradições, festas, como a Apresentação de Maria ao Templo ou a Santa Ana, supostamente mãe de Maria. Também muito contribuíram à arte medieval. Renan os considerava "amplificações rasas e pueris, tendo como base frequente os canônicos (os quatro Evangelhos reconhecidos pela Igreja) e nada acrescentando a eles de valor"[26]. Muitos são consagrados à infância de Jesus, que enfeitam com relatos maravilhosos — como no Pseudo-Evangelho de Mateus, em que se vêem leões e leopardos adorando o bebê Jesus quando da fuga do Egito e Jesus curvando palmeiras para dar frutos delas à sua mãe[27]. Grande parte desses textos, todos posteriores à desaparição das testemunhas da vida do Cristo, parecem ter sido influenciados por outras religiões orientais.

Entre os séculos 2 e 4 a Igreja pouco a pouco distinguiu entre Evangelhos "canônicos" e apócrifos. Um homem parece ter desempenhado papel decisivo nisso: Irineu, oriundo de Smirna, que aqui ouvira Policarpo, um discípulo de João, e que se tornou bispo de Lyon depois de 177.

Se esses Evangelhos apócrifos em nada são úteis ao historiador, é preciso dar um lugar particular a um texto chamado Evangelho de Tomé, que na verdade é uma coletânea de palavras atribuídas a Jesus — exatamente 114 logia — e que foi descoberto na fim da Segunda Guerra Mundial no Alto Egito, perto de Nag Hamadi; numa galeria rochosa, um jarro continha 12 manuscritos escritos em copta sobre um papiro do século 3 ou 4. São muito posteriores à vida de Jesus[28], mas o texto original é certamente anterior.

Esse achado provocou entre os pesquisadores a excitação que se pode adivinhar. Eles descobriram que pelo menos metade dessas logia já figurava nos quatro Evangelhos. Outras parecem influenciadas pelas religiões orientais muito em voga nos séculos 3 e 4. Uma dezena poderia ser autêntica. Por exemplo a seguinte, já citada por outros autores cristãos: "Aquele que está perto de mim está perto do fogo. Aquele que está longe de mim está longe do reino".

O que quer que seja, esse texto não traz luz nenhuma à vida de Jesus. São, portanto, os quatro Evangelhos ditos "canônicos", enriquecidos de tudo que hoje sabemos sobre seu contexto, que permanecem as fontes principais.

Eles se contradizem em diversos detalhes e às vezes em fatos mais importantes (como o número de estadas em Jerusalém), como vimos ao longo deste livro. Tudo que eles afirmam não pode ser considerado histórico, como também vimos. Nessa época, é verdade, todo judeu impregnado das Escrituras atribuía mais importância e verdade ao significado de um fato que à sua realidade. Isso não era próprio desse povo. Em toda a bacia mediterrânea, os que faziam as vezes de historiadores se preocupavam bem pouco em reproduzir com exatidão absoluta, literal, os discursos que mencionavam.

Os Evangelhos foram passados sob o crivo, suspeitados, mais que qualquer texto de seu tempo, embora alguns parecessem a priori mais discutíveis[29]. Os relatos de Mateus, Marcos, Lucas e João e suas traduções ainda hoje são suspeitos, e isto é bom porque incita os especialistas a continuar os debates e pesquisas. Eles estabeleceram critérios de autenticidade que permitiram verificar a historicidade de ditos e feitos[30].

Ora, as descobertas mais recentes parecem confirmar boa parte dos relatos evangélicos. Pode-se então evocar a célebre parábola do fariseu e do publicano[31], em que Jesus conta que o fariseu diz: "Ó Deus, dou-te graças por não ser como os outros homens". A formulação "Ó deus, dou-te graças por..." só se encontra uma vez em todo o Velho Testamento, no início de um poema de Isaías[32]. Tampouco a encontramos nos textos judeus dos primeiros séculos de nossa era. Então se perguntou de onde Jesus pegara tal formulação. Até que se descobriram os manuscritos de Qumran: lá ela é empregada 14 vezes (de 18) no início dos hinos essênios. Isso confirma o texto de Lucas, mas mostra também um Jesus bastante zombeteiro, já que fariseus e essênios não se entendiam e ele põe na boca do fariseu a linguagem dos essênios.

Da mesma maneira, perguntou-se sobre a refeição feita na casa do publicano Levi, que é narrada pelo Evangelho de Marcos[33]. Marcos diz que Jesus encontrara Levi "sentado à mesa de arrecadar impostos". O que suporia a existência de uma fronteira naquele lugar, entre Cafarnaum e Betsaida. Pensou-se por um tempo que essa história fosse um espécie de fábula inventada pelas primeiras comunidades cristãs para justificar as refeições em comum entre cristão judeus e cristãos de origem pagã — se Jesus comia com publicanos e pecadores, elas também o podiam fazer. Sabe-se hoje que essa fronteira existia, sim, mas foi suprimida entre 39 e 46 sob o reino de Agrippa 1º, quando foram reunidas a parte oriental e a parte ocidental do Jordão.

Outro exemplo pode ser citado a respeito de Pilatos, de quem se pôs em dúvida a importância, até mesmo a existência. Gerd Theissen, professor de exegese do Novo Testamento na universidade de Heidelberg, sublinha com ironia que, se houvesse existido na Palestina no século 1 um "comitê para induzir ao erro os historiadores futuros"[34], decidido a transmitir uma imagem falsa dos acontecimentos da época, ele teria tido muito trabalho: teria precisado dar informações imaginárias sobre esse Pilatos a Flávio Josefo, Tácito e Filo de Alexandria, depois abrir buracos na Palestina aqui e ali para enfiar neles moedas de cobre de Pilatos, e enfim inscrever num degrau de escada do teatro de Cesaréia que Pilatos homenageara seu imperador. "O caráter acidental das reminescências e fontes sobre Pilatos", escreve Theissen, "nós dá a certeza: ele realmente existiu. Isso que os Evangelhos escreveram a seu respeito não contradiz as outras fontes, mas é independente delas. Pilatos consegue sem dúvida alguma um 'pano de fundo histórico' nos Evangelhos. Poderíamos fazer o mesmo raciocínio sobre Herodes Antipas."

Os evangelistas, além disso, relatam falas que vão ao encontro dos objetivos da Igreja primitiva. Assim, quando ela quer converter os pagãos, o texto de Mateus cita as seguintes palavras de Jesus: "Não sigais pelos caminhos dos pagãos nem entreis em cidades de samaritanos. Ide, ao invés, às ovelhas perdidas da casa de Israel"[35]. Os evangelistas que reproduzem essas palavras — algo misteriosas, de resto, e contrárias a muitas outras — tiveram de mostrar muita virtude. Da mesma maneira, a Igreja primitiva hesitou em admitir no texto evangélico o célebre episódio da mulher adúltera[36], por medo, a crer em Santo Agostinho, de que fosse interpretado como um comportamento complacente de Jesus.

Mais grave para a própria Igreja: os Evangelhos não falam dela mesma. A famosa frase emprestada a Jesus: "Tu és Pedro e sobre esta pedra construirei minha Igreja"[37] é incerta. A ausência de alusões mais sólidas e numerosas nos Evangelhos é tal que sempre se debateu para saber se Jesus desejou verdadeiramente fundar uma Igreja.

Enfim, como escreve Xavier Léon-Dufour, "se os Evangelhos fossem apologias de Jesus Cristo, teriam de ter eliminado certas afirmações (...) que aparecem em sua boca ou descrevem seu comportamento, como: Jesus é inferior ao Pai; é na ação da reza que se dirige a Ele; em Getsêmani, o obedece dolorosamente; na cruz, aparentemente se acha abandonado por Ele, a tal ponto que os copistas do texto posteriores se esforçaram para modificar a substância de seu grito: 'Meu Deus, meu Deus, por que me abandonaste?' por 'Minha força, minha força, tu me abandonas'; Jesus ignora o dia e a hora do julgamento; e considera o pecado contra o Espírito mais grave que a blasfêmia contra ele próprio"[38].

A lista poderia ser alongada. Mas do que está escrito já se impõe a conclusão: os Evangelhos, nossa melhor e quase única fonte para conhecer Jesus, são livros ao mesmo tempo complexos e simples, obscuros e luminosos, marcados por sua época e dotados de palavras para todos os tempos. Não se pode negar razoavelmente que ele constituam testemunhos honestos. Resta desejar que o trabalho dos especialistas permita esclarecê-los ainda mais e que faça, também neles, crescer a luz.

Notas

Capítulo 1

1. O acesso à condição de adulto responsável do ponto de vista religioso era regularmente aos treze anos, mas havia exceções em favor de rapazes precoces. O que pode ter sido o caso de Jesus. Alguns autores escrevem que o episódio do Evangelho de Lucas relatando sua estada entre os doutores, no Templo, corresponde ao seu *Bar Mitsvah*. Mas esta cerimônia, cujo uso hoje está generalizado entre rapazes judeus no mundo todo, não parece ter existido na época de Jesus. Segundo o "Dictionnaire Encyclopédique du Judaïsme" (Cerf, 1993), pág. 31, não se encontra traço algum de *Bar Mitsvah* antes de 1400.

2. Salmos 122, 1-2.

3. Flávio Josefo, "La Guerre des Juifs" [A Guerra dos Judeus], Belles Lettres, 1975-1980, 3, 1-3.

4. Salmos 137, 5.

5. Herodes começou sua construção em 20 ou 21 a.C.

6. Erigido em bases de pedras que hoje formam o Muro das Lamentações.

7. A sabedoria é atestada pelos Evangelhos de Mateus e Lucas, únicos a evocar a infância de Jesus, mas não sua independência de espírito. No entanto, como ele a manifestou muitas vezes depois, pode-se supor legitimamente que ela já existisse.

8. Um assunto que então provocou sérias discussões.

9. A palavra grega do Evangelho, *teknon*, significa "meu pequenininho", literalmente "meu filho", como nota France Quéré ("Jésus Enfant", Desclée, 1992, pág. 234), o que mistura emoção à resposta.

Capítulo 2

1. Pierre Teilhard de Chardin, "Le Phénomène Humain" [O Fenômeno Humano], Seuil, 1955, pág. 129.

2. 1 Coríntios 15, 2-3.

3. Lucas 3, 23.

4. João 8, 57.

5. Em seu fundamental livro "Contre les Hérésies", ed. Adelin Rousseau e Louis Doutreleau, Cerf, 1982, II, 22, 6.

6. Charles Perrot, "Jésus et la Histoire", Desclée de Brouwer, 1979, pág. 86. Ver também Oscar Cullmann, "La Nativité et l'Arbre de Noël", Cerf, 1993.

7. O monge Dênis se baseava em indicações de Lucas segundo as quais Jesus começou sua "vida pública" aos 30 anos, no "ano 15 do principado de Tibério César, Pôncio Pilatos sendo governador da Judéia, Herodes tetrarca da Galiléia" etc. Ora, o reino de Tibério estava em seu 15º ano em 782 segundo o calendário romano. 782 - 30 = 752. É simples. Apenas o seguinte: Herodes morreu em 750; ora, Mateus e Lucas afirmam que Jesus nasceu no tempo de Herodes.

Historiadores observam que Tibério partilhara o poder com seu antecessor Augusto, três anos antes de reinar sozinho: o "ano 15 do principado de Tibério César" indicado por Lucas seria, então, 779 segundo o calendário romano e Jesus teria nascido em 749, logo, em 3.

Resta a menção segundo a qual Quirino era governador da Síria na época do recenseamento. Uma hipótese foi feita de que ele só esteve lá no final do recenseamento, começado bem antes; cita-se em apoio a esta tese um recenseamento desse gênero, feito na Galiléia, e que se chocara com uma tal resistência dos habitantes que foram precisos 40 anos para terminá-lo. Um recenseamento feito durante a vida de Herodes poderia, nesse caso, só ter terminado na época de Quirino, 10 anos mais tarde, quando os judeus não eram menos adversários do poder romano do que os gauleses.

Alguns concluíram daí o argumento da conjunção de Saturno e Júpiter por volta do ano - 6 ou - 7, que teria dado a ilusão de uma estrela muito brilhante, a famosa estrela que segundo Mateus teria guiado os magos. Mas, naturalmente, tal referência não pode ser levada a sério pelos historiadores.

8. A crer em France Quéré, "os erros de data traduzem a negligência deliberada dos evangelistas que não se deram ao trabalho de acertar e verificar suas informações". Essa época, no entender deles, não teria importância, não mereceria mais do que ser vagamente assinalada: "O tempo dos imperadores não é amado por Deus" (France Quéré, "Jésus Enfant", op. cit., págs. 55 e 161).

9. Gabriel era na Bíblia um especialista em revelações capitais, especialmente quanto ao "fim dos tempos" (cf. Charles Perrot, "Les récits de l'enfance de Jésus", in "Cahiers Evangile", nº 18, pág. 43), e um "assistente do trono de Deus", colaborador bastante próximo dele (cf. F. Neyrinck, "L'Evangile de Noël", in "Etudes Religieuses", nº 749, pág. 25).

10. Se Zacarias é punido, é porque, sacerdote, conheceria o caso de Isaac, nascido de um homem de 100 anos, Abraão, e de uma mulher de 90, Sara: não deveria ter feito a pergunta. Maria, por sua vez, "está diante de uma situação radicalmente nova na Bíblia, que não relata concepções sem união conjugal" (Hugues Cousin, "Evangile de Luc", Centurion, 1993, pág. 29).

11. 1 Samuel 2, 4.

12. Lucas 1, 52.

13. Lucas 1, 54.

14. Justino, "Dialogue avec Tryphon" [Diálogo com Trifão], 88, 8.

15. Cf. Christian-Bernard Amphoux, "La Parole qui Devint Evangile" (Seuil, 1993, pág. 15), Hermann Strack e Paul Billerbeck, "Das Leben Jesu nach Judischen Quellen" (Munique) e, sobretudo, Celso, pagão literato que vivia em Roma e escreveu em 178 um "Discours Vrai contre les Chrétiens" (ver também "Contre Celse" 1, 28).

16. Mateus 1, 17.

17. Lucas 3, 23.

18. Mateus 1, 16. É preciso notar que Mateus faz José descender de Jeconias, de quem o profeta Jeremias dizia: "Ninguém de sua raça conseguirá sentar-se no trono de Davi" (Jeremias 22, 28-30). O bispo Irineu, já citado, vê nesse texto "um complemento de prova em favor do nascimento virginal do Filho de Deus" (Irineu, "Contre les Hérésies", III, 21, 9). O que confirma a evidência: a contradição entre o nascimento virginal e a descendência davídica... Todo o debate, muito complexo, sobre a descendência davídica está bem resumido em Raymond E. Brown, "The Birth of the Messiah", Doubleday, págs. 505 e ss.

19. Romanos 1, 3.
20. Gálatas 4, 4.
21. Lucas 2, 49.
22. Charles de Guignes, "Histoire de Huns", Paris, 1756.
23. 19, 8. Cf. M. Philonenko, "Les Interpolations Chrétiennes des Testaments des Douze Patriarches et les Manuscrits de Qumràn", Paris, 1960. É preciso, no entanto, acrescentar que o "essenismo" desses testamentos foi discutido.
24. Josy Eisenberg, "La Femme au Temps de la Bible", Stock, 1993, pág. 369.
25. Justino, "Dialogues avec Tryphon", escrito em 155.
26. Mateus 1, 22-23.
27. João 1, 45.
28. Charles Harold-Dodd, "L'Interprétation du Quatrième Evangile", Cerf, 1975, pág. 355, nota 10. Ignace de La Potterie dá uma interpretação diferente, mas não inteiramente convincente, em "La conception virginale de Jésus selon saint Jean", in "Marie, dans le Mystère de l'Alliance", Desclée de Brouwer, 1988, págs. 99-172.
29. Nesse sentido, Eugen Drewermann escreve ("La Parole que Guérit", Cerf, 1991): "Quem dissesse que a virgindade de Maria é apenas um símbolo suscitaria na maioria dos ouvintes a idéia de que se trata apenas de alguma coisa imaginária, subjetiva, irreal portanto. *Devemos reaprender que os símbolos transmitem uma realidade que não saberíamos traduzir em outra linguagem senão a sua, que há verdades exprimíveis somente sob a forma de mitos, sagas, contos*" (os grifos são meus).

Capítulo 3

1. 2 Samuel 24, 2-24.
2. Não havia lugar para eles na hospedaria, diz Lucas. Mas não ocorreria a ninguém a idéia de levar uma mulher ao ponto de parir em uma hospedaria naquele tempo, ou seja, num abrigo de caravana, onde se comia e dormia lado a lado. Tanto que os homens jamais ajudavam no parto, só intervinham depois, para a circuncisão. A Bíblia cita muitas mulheres grávidas e nenhuma parteira. O que Lucas conta é, portanto, surpreendente. A menos que nunca tenha falado em hospedaria. Pois o texto grego usa o termo *katalyma*. Ora, *katalyma* jamais tem o sentido de "hospedaria" nem nos Evangelhos nem na literatura habitual. France Quéré escreve (op. cit.): "*Katalyma* é uma sala que a etimologia nos remete a um depósito de bagagens — uma espécie de vestiário". E ela sugere que José, procurando um abrigo deserto para preservar sua mulher dos olhares indiscretos, pensou encontrá-lo num vestiário, um galpão, mas que esse lugar estava coberto "por todos os petrechos de que necessitava esse turismo forçado" e que eles se sentiram incomodados pelas idas e vindas de viajantes depositando ou pegando seus pacotes. Em desespero de causa, José teria se abrigado num estábulo, próximo.
3. Joachim Jeremias, "Jerusalém au Temps de Jésus", Cerf.
4. Marcos 3, 16-19.
5. Rute 4, 17. Cf., sobre esse assunto, Josy Eisenberg, "La Femme au Temps de la Bible", op. cit., pág. 38.
6. Lucas 1, 60.
7. Lucas 2, 22.
8. Lucas 2, 23.
9. Lucas 2, 34-35.
10. Miquéias 5, 2. Segundo André Paul ("L'Evangile de l'enfance selon Matthieu", in "Lectures Bibliques", 1984, págs. 133-137), o texto de Miquéias foi "revisto, transformado, ampliado" pelo evangelista a fim de sublinhar que Jesus, nascido em Belém, filho de Davi, consumava as promessas divinas expressas pelos profetas, que era o Messias. Muitos especialistas sublinham, além disso, os traços comuns ao relato do nascimento de Jesus e aos *Midrash* de Moisés (os *Midrash* consistiam em retomar na sinagoga um relato das Escrituras

para atualizá-los; um pouco como se contássemos a vida de Jesus hoje fazendo de José um "metalúrgico"). Parece que os primeiros cristãos "colaram" assim alguns relatos de nascimento de Jesus nos relatos de infância da Bíblia (cf. Charles Perrot, "Les récits de l'enfance de Jésus", art. cit., págs. 11-16).

11. 1 Samuel 16, 1.

12. João 7, 42-43.

13. Mateus 2, 11.

14. "La Bible du Peuple de Dieu", ed. Ecole Biblique de Jérusalem, tomo 4, Cerf-Centurion, 1973.

15. Uma tradição o afirmará em seguida e no século 6 se darão mesmo os seus nomes: Melquior, Gaspar e Baltazar, acrescentando que um deles é negro.

16. "Pois bem! Apresentem-se e salvem-te os astrólogos e os que observam as estrelas, os que a cada lua nova prognosticam o que te vai acontecer! Olha, são como a palha que o fogo consome; eles não podem salvar as próprias vidas da força das chamas", lê-se em Isaías (47, 13). E no Levítico, livro da Bíblia essencialmente feito de leis e regulamentos: "Não recorrais aos médiuns, nem consulteis os espíritos para não vos tornardes impuros. Eu sou o Senhor vosso Deus" (19, 31).

17. Mateus 2, 13.

18. Mateus 2, 15. O "oráculo" citado é de Oséias (11,1).

19. Êxodo 11, 4-5.

20. Êxodo 12, 11-23.

21. Charles Perrot, "Jesus et l'Histoire", op. cit., pág. 76. Ver também, do mesmo autor, já citados, "Les récits de l'enfance de Jésus", número especial aberto por esta apresentação de Etienne Charpentier: "Lemos bastante, no passado, esses relatos de infância como relatos folclóricos, enquanto eles são, antes de mais nada, teologia". Não história.

22. Cf. "Jesus Aujourd'hui. Historiens et Exégètes a Radio-Canada", tomo 2: "Vie, Message e Personalité", Bellarmin-Fleurus, 1980.

23. Charles-Harold Dodd, "Le Fondateur du Christianisme", Seuil, 1972, pág. 37.

24. Utilizada a respeito de Samuel (1 Samuel 2, 26).

Capítulo 4

1. Deuteronômio 22, 8.

2. Gênesis 9, 4-5.

3. Atos 10, 11-14. Por outro lado, é preciso citar as falas emprestadas a Jesus por Marcos (7, 18-19): "Não sabeis que tudo que de fora entra no homem não pode manchá-lo, porque não lhe vai ao coração mas ao ventre e daí para o esgoto? E assim declarava puro todo alimento". Alguns acham que essas palavras e sobretudo a frase final vieram na realidade de Paulo.

4. Deuteronômio 11, 8-9.

5. Ernest Renan, "Vie de Jésus" [Vida de Jesus], reed. Arlea, 1992, pág. 82.

6. Ibid., pág. 71.

7. A descoberta em 1961, em Cesaréia, de uma inscrição onde Pilatos é qualificado de "prefeito" sugere que esse título fosse igualmente aplicado ao responsável pela província da Judéia.

8. Flávio Josefo, "Antiquités Juives" [Antiguidade Judaica], 18, 11-25.

9. Cf. Jean Giblet, "Um mouvement de résistance armée au temps de Jésus", in "Revue Théologique de Louvain", nº 5, 1974, págs. 410-426, que, sem desconhecer a importância das oposições aos romanos, conclui: "Na época de Jesus, não se percebia em nada os sinais de uma empreitada revolucionária nem sobretudo os indícios de operações conduzidas por agrupamentos revolucionários armados".

10. Segundo Joachim Jeremias, "Jérusalem au Temps de Jésus", op. cit., págs. 410-411.

11. Mateus 20, 1-16.

12. Cf. “Dictionnaire Encyclopédique du Judaïsme”, op. cit., pág. 55.
13. João 7, 49.
14. Daniel-Rops, “Jésus en son Temps”, La Meilleur Bibliothèque, pág. 132.
15. Op. cit., pág. 21.
16. Lucas 4, 16-20.
17. João 8, 3-5.
18. Números 15, 37-39.
19. Ao acordar, ele presta homenagem “àquele que estende a terra sobre as águas, pois sua graça é eterna”. Ao amarrar os laços de sua sandália, ele agradece ao Senhor por tê-lo “prevenido de todas as suas necessidades”. Ao apertar o cinto, ele invoca o Senhor “cinge Israel com seu poder”. E quando vai ao canto que serve como toalete, abençoa Deus por ter “modelado o homem com sabedoria e criado nele saídas e canais”.
20. Marcos 6, 3.
21. Mateus 13, 55-56.
22. Marcos 3, 32.
23. João 7, 3-5.
24. Atos 1, 14.
25. Gálatas 1, 18-19.
26. 1 Coríntios 9, 5.
27. “Antiquités Juives” 20, 200.
28. João 19, 25.
29. O padre Xavier Léon-Dufour, no tomo 2 de sua “Lecture de l'Evangile Selon Jean”, publicada em 1990, com o *imprimatur*, pela Seuil, escreve numa nota discreta (pág. 212): “Quem são esses ‘irmãos de Jesus’? A crítica tende a ver neles, segundo sentido do termo grego *adelphos*, os irmãos de Jesus segundo a carne. *Por razões de ordem teológica*, os católicos recorrem habitualmente ao termo hebraico subjacente, *ah*, que pode ter um sentido bem amplo: os parentes” (os grifos são meus...).

Claude Tresmontant, um leigo que por muito tempo ensinou filosofia na Sorbonne e que defende a tese segundo a qual os Evangelhos foram escritos no calor dos eventos que descrevem e em hebraico — tese recusada pela maioria dos especialistas —, escreve (“Le Christ Hébreu: La Langue et l'Âge des Evangiles”, Oeil, 1984, pág. 91): “Essa expressão (o irmão do Senhor) *não deve inquietar ninguém*. Basta abrir a velha biblioteca hebraica para verificar de qual maneira e em qual sentido os hebreus antigos usavam o termo hebraico *ah* que foi traduzido pelo grego *adelphos*”.

Tresmontant evoca, em apoio ao que diz, várias passagens do Gênesis, como aquela em que o tio de Jacó, Labão, o chama de “irmão” (Gênesis 29, 15). E acrescenta, citando desta vez o Deuteronômio: “Para designar o que nós, em nossa língua francesa do século 20, chamamos de ‘frères’ [irmãos], o hebraico tem uma expressão: o irmão, filho de teu pai (...), a irmã, filha de seu pai (...), meus irmãos, filhos de minha mãe”.

30. Colossenses 4, 10.
31. Lucas 2, 7.
32. Mateus 1, 25.
33. Op. cit., pág. 113, nota 25.
34. Ele lembra “aos leitores de confissão católica que o ‘Magistério’ ao qual devem obrigações e o papel que são convidados a reconhecer à Tradição *também* existem quanto a intervir na leitura e recepção da Escritura. E esta não é para eles a *única* norma de fé. A coisa se verifica precisa e particularmente no assunto da doutrina de casamento” (op. cit., pág. 6).

Chama-se Magistério “o conjunto dos que, detendo a autoridade em nome de Cristo, têm o encargo de interpretar a doutrina revelada (papa, concílio ecumênico, bispos)” (Larousse). Chama-se Tradição “o conjunto de verdades de fé que não estão diretamente contidas na Revelação escrita, mas se fundam no ensinamento constante e nas instituições de uma religião” (Larousse).

Ou seja, trata-se nos dois casos de interpretações certamente autorizadas e respeitáveis, mas não de história.

35. André Chouraqui, "La Vie Quotidienne des Hommes de la Bible", Hachette, 1978, pág. 156.
36. Gênesis 30, 1.
37. Salmos 128, 3.
38. 1 Coríntios 7, 25-28.
39. 1 Coríntios 7, 5.
40. Trata-se de um Evangelho atribuído a Tiago e outro a Pedro. Segundo o texto de Tiago, os pais de Maria haviam decidido consagrá-la ao Senhor quando ela tinha 12 anos. O sumo sacerdote de Jerusalém fez tirar na sorte um viúvo velho, encarregado de vigiar a virgem. Este foi José, mas ele teve de se ausentar quatro anos e constatou com estupor, ao retornar, que ela estava grávida e incapaz de informar de onde vinha aquela gravidez: ela jamais conhecera homem. Os dois foram falar com o sumo sacerdote e sua boa fé foi reconhecida. José teria recebido a guarda de Maria aos... 90 anos; já tinha seis filhos, quatro rapazes e duas garotas.
41. Nesse caso, viveriam ainda entre nós os descendentes distantes de José e Maria.

Capítulo 5

1. Lucas 1, 15-16.
2. Mateus 3, 4.
3. 2 Reis 1, 8.
4. Cf. Jean-Paul Roux, "Jésus", Fayard, 1989, pág. 68.
5. Em suas "Odes", Horácio qualifica Augusto de *presens divus*, "divindade presente".
6. Isaías 59, 4 e 9-11.
7. Mateus 3, 7 e Lucas 3, 7.
8. Mateus 3, 9 e Lucas 3, 8.
9. Mateus 3, 10 e Lucas 3, 9.
10. Marcos 2, 19.
11. "Antiquités Juives", 18, 116-119.
12. Toda essa cena, muito viva, em Lucas 3, 10-14.
13. João 1, 19-23.
14. Quanto às águas estagnadas, "mortas", eram reputadas totalmente impuras. A necessidade do Templo de água corrente era tal que fôra dotado de um sistema de escoamento canalizado sobre os terraços e de uma abundante rede subterrânea. Quando fizeram escavações do quarteirão herodiano de Jerusalém onde habitavam as famílias de sacerdotes, os arqueólogos descobriram numerosas bacias de purificação (cf. Jacqueline Génot-Bismuth, "Jérusalem Ressuscitée, Oeil-Albin Michel, 1993).
15. Cf. sobre esse ponto Charles Perrot, "Jésus et l'Histoire", op. cit., págs. 98-99. Mas outros acham que a quase totalidade dos grupos judeus que praticavam ritos d'água apareceu nas últimas décadas do século (cf. Simon Légasse, "Naissance du Baptême", Cerf, 1993, pa'gs. 51-54).
16. "La Guerre des Juifs", 2, 8.
17. Lucas 1, 80.
18. "La Guerre des Juifs", 2, 2.
19. John Drane, "Jésus et les Quatre Evangiles", Centurion, 1984, pág. 46.
20. Mateus 3, 12 e Lucas 3, 17.
21. João 1, 29.
22. "Jesus não é aqui a nova vítima cultural, é aquele por quem Deus interveio oferecendo aos homens a reconciliação perfeita com Ele mesmo." ("Lecture de l'Evangile Selon Jean", op. cit., tomo 1, pág. 174)
23. Mateus 3, 13-14.
24. Citado por São Jerônimo, Pai da Igreja, que viveu no século 4 e multiplica os comentários exegéticos.

25. Lucas 3, 21.
26. Op. cit., pág. 178.
27. Jacques Guillet, "Jésus Christ Hier et Aujourd'hui", Desclée de Brouwer, 1964, pág. 58.
28. David Flusser, "Jésus", Seuil, 1970, pág. 36.
29. Isaías 42, 1.
30. Salmos 2, 7.
31. Mateus 15, 24.
32. Oscar Cullmann, "La Nativité et l'Arbre de Noël", op. cit., pág. 31 e ss.
33. Isso é confirmado pelas palavras ditas por Jesus aos habitantes da Judéia (João 2, 20): "Quarenta e seis anos levou a construção deste Templo". Os trabalhos, segundo Flávio Josefo, tendo começado em 19 a.C., os 46 anos levam ao ano 27 de nossa era.

CAPÍTULO 6

1. Êxodo 16, 3.
2. Joel 1, 10.
3. Números 20, 5.
4. Deuteronômio 8, 3.
5. Salmos 91, 11.
6. Deuteronômio 6, 16.
7. Deuteronômio 6, 13.
8. Em Mateus 12, 22-24 Jesus cura um possesso, cego e mudo. A multidão, de imediato, está prestes a considerá-lo "o filho de Davi" mas os fariseus murmuram: "Ele expulsa os demônios através de Belzebu", "o príncipe dos demônios". Ao que Jesus responde, com lógica impecável, que é absurdo, pois Satanás não expulsaria Satanás.
9. 1 Coríntios 1, 22.
10. Ele informa com frequência: "amanhã" ou "o último dia da festa" ou ainda: "Celebrava-se em Jerusalém a festa da Dedicação do Templo. Era inverno".
11. Por exemplo, quando da multiplicação dos pães.
12. Segundo certas interpretações do texto, o próprio Jesus teria recrutado Filipe.
13. Cf. Xavier Léon-Dufour, "Lecture de l'Evangile Selon Jean", op. cit., tomo 1, págs. 195-196.
14. Todo esse episódio se encontra em João 1, 35-51.
15. Mateus 8, 23-27.
16. "Histoire Naturelle", 5, 15.
17. Lucas 16, 13.
18. Marcos 8, 27.
19. Marcos 7, 24.
20. Cf. Gerd Theissen, "Le Christianisme de Jésus", Desclée de Brower, 1979, págs. 95 e 121-122.
21. Mateus 7, 25.
22. Por exemplo, Mateus 10, 9-14, Marcos 6, 8-11 e Lucas 10, 5-12.
23. Mateus 8, 14.
24. Lucas 10, 38.
25. Lucas 7, 37.
26. Lucas 8, 2.
27. Marcos 1, 17.
28. Mateus 10, 24.
29. Mateus 23, 8.
30. João 8, 31-32.
31. Marcos 9, 40.
32. Mateus 8, 22.

33. Lucas 9, 59-62.
34. Lucas 14, 26.
35. Lucas 12, 52.
36. Mateus 10, 22.
37. Marcos 3, 21.
38. Lucas 10, 1.
39. Números 11, 24-30.
40. Gênesis 10, 1-32.
41. Marcos 3, 14-15.
42. Cf. a contribuição de Jean Delorme, professor da faculdade católica de Lyon, in "Jésus Aujourd'hui", op. cit., tomo 3: "Héritage, Image et Rayonnement", págs. 22 e ss.
43. Marcos 6, 30.

Capítulo 7

1. João, o único evangelista a narrar o casamento em Caná e o milagre feito ali por Jesus, informa (2, 1): "No terceiro dia houve umas bodas em Caná da Galiléia". Isso intrigou bastante os tradutores e exegetas: no terceiro dia depois do quê? Por falta de resposta mais sólida, alguns até sugeriram que se tratasse de uma alusão à ressurreição, ocorrida três dias depois da crucifixão. A maioria admite agora que João simplesmente quis evocar uma terça-feira, pois a semana judia começa no domingo e termina no sétimo dia, o shabat, o único a ter nome, já que os outros eram apenas numerados. A quarta-feira era o dia tradicional do casamento de virgens entre os judeus, mas os camponeses galileus quebravam sem pudor essa regra.
2. Cf. Léon Marcel, "Régard sur Jésus à la Lumière de Saint Jean", Saint-Paul, 1993, págs. 34-35.
3. João 2, 11.
4. João 20, 30.
5. Georges Chantraine, "Les signes de l'amour", in "Les Miracles", nº especial da revista "Communio", setembro de 1989.
6. João 7, 11.
7. Xavier Léon-Dufour, "Lecture de l'Evangile Selon Jean", op. cit., tomo 1, pág. 215.
8. Mateus 11, 18-19 e Lucas 7, 33-34.
9. Para toda essa cena, Mateus 11, 1-15 e Lucas 7, 18-30.
10. Toda essa cena em João 3, 22-30.
11. Mateus 14, 4.
12. Mateus 14, 9-12.
13. João 1, 8.
14. Deuteronômio 21, 20.
15. Jean-Paul Roux, "Jésus", op. cit., pág. 166.
16. Eclesiastes 10, 19.
17. Salmos 104, 15. [(N.T.) Na tradução brasileira da Bíblia adotada por este livro não existe a comparação entre vinho e óleo. Os versos dizem apenas: "O vinho que alegra o coração, o óleo que dá brilho às faces".]
18. Eclesiástico 31, 28.
19. Amós 9, 13.
20. Isaías 25, 6.
21. São Tomé, "Super Evangelium", 5, "Joannis Lectura", II, 7, 358. Citado por Xavier Léon-Dufour, "Lecture de l'Evangile Selon Jean", op. cit., tomo 2, pág. 237.
22. João 1, 17-18.
23. Ernest Renan, "Vie de Jésus", op. cit., pág. 133.

Capítulo 8

1. João 20, 30.
2. Atos 2, 22.
3. Citado por John Drane, "Jésus et les Quatre Evangiles", op. cit. pág. 126.
4. "Naquele dia os surdos ouvirão as palavras do livro e sem escuridão nem trevas os olhos dos cegos tornarão a ver. Os humildes se alegrarão novamente no Senhor" (Isaías 29, 18-19); e: "Teus mortos reviverão, os cadáveres ressurgirão" (Isaías 26, 19).
5. Marcos 7, 32-36.
6. Marcos 8, 26.
7. Marcos 8, 4.
8. Marcos 8, 12.
9. Mateus 16, 2-4.
10. René Girard, "Quand ces Choses Commenceront...", Arlea, 1994, pág. 177.
11. Paul Valéry, "Suite", Gallimard (cf. "Le Dournon des Citations Français", Belfond, 1992).
12. Victor Hugo, "Les Travailleurs de la Mer", 1, 17.
13. Ernest Renan, prefácio da 3ª edição de "Vie de Jésus", op. cit., pág. 10.
14. Jean Rostand, "Ce que Je Crois", reed. Grasset, 1965, pág. 75.
15. "Não podemos utilizar a luz elétrica e os aparelhos de rádio, nem reclamar de médicos medíocres e clínicas modernas quando estamos doentes, e ao mesmo tempo acreditar no mundo dos espíritos e milagres do Novo Testamento", escreveu o alemão Rudolf Bultmann. "Quem acredita nisso deve ver claramente que, fazendo-o por uma questão de fé cristã, faz a mensagem cristã incompreensível e impossível para nossos dias." Bultmann, cuja influência foi muito profunda, explica que o conhecimento do poder e das leis da natureza tinha feito desaparecer "a crença em espíritos e demônios (...). As doenças e curas têm causas naturais e não vêm da ação ou do enfeitiçamento dos demônios. É por isso que os milagres do Novo Testamento estão terminados como milagres" (Rudolf Bultmann, "L'Interpretation du Nouveau Testament", Aubier, 1955, págs. 142 e 143).
16. Gunther Bornkamm, "Qui est Jésus de Nazareth", Seuil, 1973, pág. 151.
17. Essa piscina levou a duvidar-se da veracidade do relato de João: quem teria podido, na época, imaginar uma piscina de cinco lados? Ora, em 1960, escavações revelaram naquele local dois tanques retangulares contornados por colunatas entre as quais se desenha uma estreita alameda que forma o quinto pórtico.
18. João 5, 3-9.
19. Cf. John Romer, "La Bible et l'Histoire", Vernal-Philippe Lebaud, 1990, pág. 196.
20. Atos 2, 22.
21. Marcos 13, 22.
22. Mateus 9, 35.
23. Etienne Trocmé, "Le christianisme jusqu'à 325", "Histoire des Religions", Gallimard, coleção Encyclopédie de la Pléiade, tomo 2, pág. 194.
24. Marcos 5, 41.
25. Charles Perrot, "Jésus et l'Histoire", op. cit., págs. 177-199.
26. Marcos 4, 38.
27. João 9, 1-7.
28. Marcos 8, 22-26.
29. Marcos 6, 5.
30. Mateus 17, 27.
31. João 4, 46-54, Mateus 8, 5-13 e Lucas 7, 1-10.
32. *Talmud B. Berakhot*, citado por Xavier Léon-Dufour, "Les Miracles de Jésus", pág. 137.
33. Marcos 9, 12-21.
34. Centurion-Cerf, pág. 187.
35. Marcos 5, 1-13.

36. Georges Chantraine, "Les signes de l'amour", in "Communio", setembro-outubro de 1989.
37. Ibid.
38. Salmos 65, 8.
39. João 9, 8.
40. 1 Reis 17, 17-24 e 2 Reis 4, 8-37.
41. 2 Reis 4, 1-6 e 4, 42-44.
42. Marcos 6, 4. Reencontramos neste episódio o que o evangelista chama de "irmãos de Jesus": Tiago, José, Judas e Simão. Mas a parte da frase que evoca o profeta "desprezado em sua casa", raramente evocada pelos comentaristas do Evangelho, convida à interrogação. "Sua casa" quer dizer "seus muito próximos" já que há na frase um movimento decrescente, como de uma câmera que faz um "zoom" do maior para o menor — o país, o parentesco, a casa. Na casa devia se encontrar Maria. Mas ela não aparece. Será que compreende esse "profeta" que é seu filho? Que faz? que diz?
43. Marcos 6, 5.
44. Marcos 3, 7-12, Marcos 4, 1, Mateus 13, 34 e 8, 1 e Lucas 6, 19.
45. Marcos 2, 13-19.
46. Marcos 6, 7-13.
47. Lucas 9, 6 e Marcos 6, 13.
48. No início de seu Evangelho (3, 6) Marcos assinala que "os fariseus puseram-se a conspirar com os herodianos para matá-lo". Mas a maioria dos especialistas considera que essa frase é uma "antecipação", que foi colocada ali por um ou dois autores que compunham seus textos sem se preocupar muito com cronologia. Pouco depois da multiplicação dos pães, o mesmo Marcos (8, 15) faz Jesus dizer aos companheiros: "Tomai cuidado com o fermento dos fariseus e de Herodes!", o que significa, ao menos, que os punha no mesmo saco. Mais tarde, Lucas assinala que os fariseus vieram advertir Jesus: "Sai e vai embora daqui porque Herodes deseja matar-te" (Lucas 13, 31).
49. Marcos 6, 31.
50. Mateus 14, 13.
51. Lucas 9, 10.
52. João 6, 1. Ver sobre esse assunto Xavier Léon-Dufour, "Lecture de l'Evangile Selon Jean", op. cit., tomo 2, pág. 101.
53. Segundo alguns autores, a menção à Páscoa, em João, não teria valor cronológico mas deveria ser associada à Ceia, à instituição da eucaristia. Seria para sugerir que a Páscoa dos judeus seria logo trocada pela dos cristãos. Ver sobre assunto a contribuição do jesuíta Ignace de La Potterie no citado número da revista católica internacional "Communio" consagrado aos milagres.
54. Mateus 14, 21.
55. João 6, 10.
56. Marcos 6, 35-36. É verdade que Marcos tem às vezes tendência a dar o papel de mau aos discípulos.
57. João 6, 7.
58. Marcos 6, 37.
59. João 6, 11. Nos outros evangelistas, Jesus "levanta os olhos ao céu" como para pedir a seu Pai que consume o milagre. Da mesma forma, em João, Jesus distribui sozinho o pão — o que é pouco verossímil. Nos outros textos, a tarefa é confiada aos discípulos, aos quais Jesus assim ensinava a partilhar o pão da eucaristia, se é que se pode ver nessa relato uma prefiguração dela.
60. João 6, 14.
61. Rute 2, 14.
62. Salmos 23, 1-2.
63. Marcos 6, 34.
64. Padre Léon Marcel, "Régard sur Jésus à la Lumière de Saint Jean", op`. cit., pág. 102.
65. Marcos 6, 41-42.

66. Marcos 14, 22.

67. Em "L'Homme qui Devint Dieu" (Robert Laffont e Livre de Poche) e sobretudo no segundo volume, "Les Sources" (Livre de Poche, 1993, pág. 292), Gérald Messadié retoma essa tese já antiga dos exegetas da escola dita "liberal" apoiando-se sobre um dado que julga "comprobatório": a menção a "doze grandes cestas de sobras". De onde vêm essas cestas, pergunta-se ele, "se eles não as tinham trazido consigo"? Ele não percebeu que o número 12 é simbólico e que se tratava, ao evocar as sobras, de mostrar a generosidade de Deus. Além disso, a existência de cestas nesse lugar não prova nada: poderiam muito bem estar vazias previamente.

68. Lucas 8, 3.

69. Gerd Theissen, "L'Ombre du Galiléen", Cerf, págs. 168-169.

70. A.-G. Herbert, "The historicity in the feeding of five thousands", in "Studia Evangelica", 2, pág. 68.

71. H. Clavier, "La multiplication des pains dans le ministère de Jésus", in "Studia Evangelica", 1, pág. 447.

72. Cf. sobre esse ponto Léon Dufour, "Lecture de l'Evangile Selon Jean", op. cit., tomo 2, págs. 117 e ss.

73. João 6, 26-27.

74. João 6, 34.

75. João 6, 35-40.

76. Op. cit., pág. 138.

77. João 6, 51.

78. João 6, 55.

79. João 6, 66.

80. João 6, 68-69.

81. Mateus 14, 22 e Marcos 6, 45.

82. Marcos 6, 52.

83. Marcos 8, 1-10.

84. Marcos 8, 17-18.

85. Jeremias 5, 21 e Ezequiel 12, 2.

86. João 4, 14.

87. João 4, 15.

88. Albert Camus, "La Peste" [A Peste], Livre de Poche, pág. 108.

89. Anne Reboux-Caubel, "Peut-on Ressusciter?", Centurion, 1989, pág. 34.

90. João 10, 33.

91. João 10, 38.

92. João 11, 1-44.

93. Salmos 42, 6-12. Ver sobre esse ponto Léon-Dufour, "Lecture de l'Evangile Selon Jean", op. cit., tomo 2, págs. 423-424.

94. Marcos 11, 11.

95. Lucas 10, 38-42.

96. Op. cit., págs. 280-281: "Descrita primeiro por Ambroise Paré", escreve Gérald Messadié, "a catalepsia foi descrita bem mais cientificamente no século 20 pelo francês Henri Baruk. O corpo com ela se torna mole e plástico, 'como um gesso para modelar' (Norbert Sillamy, 'Dictionnaire de Psychologie'). O sono cataléptico pode durar dias, meses e até anos. Talvez tal sono tenha dado à luz a lenda da Bela Adormecida".

97. Ernest Renan, "Vie de Jésus", op. cit., pág. 203.

98. Ibid, pág. 202.

99. Xavier Lóen-Dufour, "Lecture de l'Evangile Selon Jean", op. cit., tomo 2, pág. 408.

100. Lucas 16, 19-31.

101. Cf. J. Kremer, in "Mélanges J. Dupont", Cerf, págs. 571-584. O padre Xavier Léon-Dufour ("Lecture de l'Evangile Selon Jean", op. cit., tomo 2, pág. 409) julga essa segunda hipótese "mais verossímel".

102. Ibid.

103. Irineu, "Adversus Haereses", 5, 13.

CAPÍTULO 9

1. Mateus 6, 2.
2. João 3, 13.
3. João 4, 17-18
4. Marcos 1, 22.
5. Algumas são tão curtas — uma ou duas frases — que não sabemos se devemos contá-las como tais, o que impede de dar um número preciso.
6. Como na parábola da figueira que não dá frutos (Lucas 13, 6-9) e que seu proprietário quer cortar; mas seu servo lhe pede: "Senhor, deixa-a ainda por este ano, para que eu cave ao redor e ponha estrume, para ver se dá fruto". Essa história lembra outra que se encontra, segundo Gerd Theissen (op. cit., pág. 188), no "Romance d'Achikar", um texto "divulgado em diversas versões desde antes da era cristã" em que é a árvore que, quando vai ser cortada, pede: "Transplante-me e, se eu ainda não der frutos, corte-me". Nas parábolas de Jesus, jamais as plantas ou animais falam. Não é como em La Fontaine ou Esopo.
7. Lucas 16, 1-9.
8. Lucas 16, 13.
9. Marcos 4, 3-9.
10. Marcos 4, 13-20.
11. Marcos 4, 10-13.
12. Marcos 4, 33.
13. Isaías 6, 9-10: o profeta se dirige a ouvintes corruptos, ávidos por dinheiro, que nada querem entender. O Senhor lhes diz então: "Vai e dize a esse povo: Ouvi, mas sem compreender, olhai sem reconhecer. Obceca o coração desse povo, endurece seus ouvidos e fecha seus olhos, para que não veja com os olhos, não ouça com os ouvidos, não compreenda com o coração, e assim não possa converter-se e ser curado!" Cf. sobre esse assunto "Les Paroles scandaleuses de Jésus" in "Fêtes et Saisons", nº 465, maio de 1992, págs. 23-24.
14. Zacarias 9, 9-10. Segundo os especialistas, os textos atribuídos a Zacarias seriam de origens diversas. Este dataria talvez do século 4.
15. Salmos 72, 11-14.
16. Marcos 1, 15.
17. Cf. Charles-Harold Dodd, "Le Fondateus du Christianisme", op. cit., pág. 64, e D. Marguerat, "L'Homme qui Vient de Dieu", Ed. Du Moulin, pág. 20 e ss.
18. Lucas 17, 20-21.
19. Marcos 10, 15.
20. Mateus 11, 12. Mateus utiliza a expressão "reino dos céus" não para evocar um território supraterreno mas porque escrevia, à diferença de Marcos e Lucas, para os judeus. Estes não gostavam de usar o nome de Deus, por medo de infringir o mandamento: "Não pronunciarás o nome do Senhor teu Deus em vão" (Êxodo 20,7).
21. Mateus 13, 33.
22. Lucas 13, 18-19.
23. Mateus 6, 7-14 e Lucas 11, 1-4. A versão de Lucas é mais curta. Omite especialmente o terceiro pedido: "Seja feita tua vontade, assim na terra como no céu".
24. Lucas 17, 10.
25. Sigmund Freud, "Malaise dans la Civilisation" [O Mal-estar na Civilização], Denoël, pág. 493.
26. Lucas 6, 27-28.
27. Deuteronômio 6, 5.
28. Levítico 19, 18.
29. David Flusser, "Jésus", op. cit., pág. 76.
30. Ibid, pág. 81. O rabino Hillel, a quem Flusser se refere, viveu entre 70 a.C. e 10

d.C.. Presidente do Sinédrio, era a mais alta autoridade religiosa judaica. Editara uma regra de ouro: "Aquilo que odeias não inflija aos outros homens. Eis toda a *Torá*, o resto apenas ilustra esse princípio". Ao culto do poder e do Estado ele opunha o ideal de uma comunidade de judeus amando a Deus e a seus semelhantes.

31. Mateus, 23, 23-24.
32. Marcos 2, 27.
33. Marcos 10, 17-27.
34. Ernest Renan, "Vie de Jésus", op. cit., pág. 129.
35. Salmos 69, 34.
36. Marcos 10, 35-45. Para avaliar a incongruência da caminhada dos filhos de Zebedeu, é preciso lembrar que Marcos jamais perde uma ocasião para sublinhar a tolice média dos discípulos.
37. Lucas 22, 25-27.
38. João 13, 4-17.
39. Marcos 12, 13-17.
40. Lucas 15, 11-32.
41. Mateus 22, 2.
42. Lucas 22, 30.
43. Lucas 15, 9.
44. Mateus 13, 44.
45. Mateus 16, 21-24.
46. Mateus 11, 30.
47. Jean-Paul Roux, "Jésus", op. cit., pág. 283.
48. Lucas 22, 19.
49. Cf. sobre esse ponto Jean Vassal, "Les Eglises, Diaspora de Israel?", Albin Michel, 1993, pág. 101.
50. Cf. sobre a questão do pecado original Pierre Gibert, "Bible, Mythes et Récits de Commencements", Seuil, 1986. Mostra que o dogma do pecado original não se originou da história de Adão e Eva, mas com São Paulo (Romanos 5). Para este, a salvação trazida por Cristo diz respeito, permanentemente, ao mal que está no homem. Mas ele, não mais que Cristo, desenvolveu a idéia de que, como a Criação foi estragada pelo pecado original, uma reparação era necessária, a qual Jesus trouxe. Foi a partir de Santo Agostinho que se estabeleceu aquela explicação cronológica, logo erigida em verdade absoluta.

Capítulo 10

1. Lucas 11, 37-54.
2. Lucas 13, 31.
3. Mateus 5, 17.
4. Mateus 5, 21-48.
5. Lucas 7, 36-50.
6. João 7, 16.
7. João 5, 18.
8. Gérard Israël, "Y a-t-il une pensée juive do christianisme?", in "Les Nouveaux Cahiers", revista publicada sob os auspícios da Aliança israelita universal, nº 113.
9. Eduard Schweizer, "La Foi en Jésus-Christ", Seuil, 1975, pág. 51.
10. Cf. sobre esse ponto Pierre Grelot, "L'Arrière-plan araméen du Pater", in "Revue Biblique", tomo 91, 1984, pág. 531.
11. Como observa François Refoulé ("Le Notre Père, point de vue exégètique", in "Unité des Chrétiens", nº 39, julho de 1980), "convém destacar que o Pai Nosso não contém nenhum traço referente a Cristo: não menciona Jesus, nem seu papel no advento do reino, nem seu poder de remir os pecados". Um judeu pode sem problema recitar o Pai Nosso e ocorre às vezes — raramente — que judeus e cristãos o digam juntos.

12. Art. citado.

13. Marcos 14, 36.

14. Joachim Jeremias, "Abba. Jésus et son Père", Seuil, 1972, pág. 89. Ver sobre essa tese o estudo de Jacques Schlosser, in "Le Dieu de Jésus", Cerf, págs. 179-209. Além disso, o professor J.M. Van Cangh estima que ao chamar Deus de *Abba* (Papai) "Jesus é único", sem precedente; nenhum outro profeta ou fundador de religião havia ido tão longe ("Bible et vérité", in "Le Supplément", nº 188, janeiro de 1994).

15. Para um estudo mais completo do Pai Nosso e especialmente de sua tradução, ver, além dos textos citados acima, Max-Alain Chevallier, "Relire le Notre Père", in "Réforme", s.d.

16. Marcos 10, 13-16

17. Provérbios 10, 1.

18. Provérbios 29, 15.

19. "Quem não honra o Filho, também não honra o Pai que o enviou." João 5, 23.

20. Rudolf Augstein, "Jésus, Fils de l'Homme", Gallimard, 1975, pág. 46.

21. "O homem foi levado tão a sério, tão considerado um absoluto pelo cristianismo", escreveu Nitezsche no final da vida, "que não podemos mais sacrificá-lo — mas a espécie só sobrevive graças aos sacrifícios humanos... A verdadeira filantropia exige o sacrifício para o bem da espécie; é dura e obriga a que se domine a si mesmo. E essa pseudo-humanidade que se intitula cristianismo quer precisamente impor que ninguém seja sacrificado..." ("Oeuvres Philosophiques Complètes" [Obras Filosóficas Completas], tomo 14: "Fragments Posthumes. Début 1888-début 1889" [Fragmentos Póstumos. Início 1888-início 1889], Gallimard, págs. 224-225). O nazismo, em busca de bodes expiatórios e vítimas sacrificiais, "para o bem da espécie", se inspirou em Nietzsche em seu projeto fundamentalmente anticristão.

22. É um Pai da Igreja, Epifânio, que cita esse Evangelho. (Havis 30, 16-14). Sobre esse texto, ver o "Dictionnaire des Religions" (PUF, 1984), sob a direção de Paul Poupard, verbete "Apócrifos", pág. 79.

23. Oséias 6, 6.

24. Jesus, no entanto, quando lhe pedem para pagar o imposto do Templo (é o episódio da moeda de ouro evocado antes e em Mateus 17, 24-27), declara que os judeus "são livres" para pagar ou não, mas resolve fazê-lo para não "escandalizar". Alguns especialistas acham que esse texto não relata palavras autênticas, mas teria sido inserido para resolver um problema das primeiras comunidades cristãs: se deviam pagar o imposto ao Templo.

25. Eclesiástico 12, 1-7.

26. "Antiquités Juives", 18, 15.

27. Cf. Jackie Feldmann, "Le seconde Temple, comme institution économique, sociale et politique", in "La Societé Juive à travers l'Histoire", tomo 2: "Les Liens de l'Alliance", sob a direção de Shmuel Trigano, Fayard, 1993, pág. 170.

28. Claude Tresmontant, "Le Christ Hébreu: La Langue et l'Âge des Evangiles", op. cit., pág. 180.

29. Mateus 23, 27-28.

30. "Hymnes de Qumràn", ed. Mathias Delcor, Letouzey et Ané, 4, 7-8.

31. Lucas 7, 36-50.

32. João 3, 2.

33. João 9, 1-34.

34. João 9, 40-41.

35. Charles Guignebert, "Modernisme et Tradition Catholique", Paris, 1908, pág. 78. "As pedras vingadoras", como diz Guignebert, fazem Estêvão morrer, um contemporâneo de Jesus que, tendo anunciado que este estava "de pé à direita de Deus", foi expulso de Jerusalém e apedrejado (Atos dos Apóstolos 7, 54-58).

Capítulo 11

1. Cf. Gerd Theissen, "Le Christianisme de Jésus", op. cit., pág. 69.
2. Lucas 13, 34 e Mateus 13, 37.
3. João 7, 1-36.
4. Que marcou de palmas suas armas, sendo a palmeira sinal de realeza. Cf. Daniel-Rops, "Jésus en son Temps", op. cit., pág. 167.
5. Lucas 7, 5.
6. João 6, 51.
7. João 6, 68-69.
8. O enviado de Deus não pode, aos olhos de um judeu, ter sido um garoto brincando nas ruas de uma aldeia. Sua origem deve ser maravilhosa, desconhecida. Além disso, duas tradições, duas crenças, ainda existiam sobre o Messias. Para uns, como vimos, ele seria descendente de Davi (tema que se reencontra nos Evangelhos de infância de Mateus e Lucas). Para outros, sua presença na terra seria oculta até o momento em que, de repente, ele se apresentaria (ou seria apresentado) a seu povo. O judeu Trifon, no seu diálogo com Justino no século 2, diz: "O Messias, ainda que tenha nascido e esteja em algum lugar, é um desconhecido" (Diálogo 8, 4). Um episódio dos Evangelhos suscitou longos debates sobre essa questão do "Messias oculto". Jesus pergunta a seus discípulos sobre o que dizem dele. E depois: "E vós, quem dizeis que eu sou?" Pedro: "Tu és o Cristo". Marcos conclui: "E lhes ordenou severamente que a ninguém dissessem nada sobre ele" (Marcos 8, 27-30). Os textos são bem parecidos em Mateus e Lucas. Diversas explicações foram levantadas: Jesus queria sustar as esperanças de seus contemporâneos que esperavam um verdadeiro rei terreno; queria remeter tudo a Deus; e chegaria ao ponto de ser humilhado, vilipendiado e perseguido para respeitar a liberdade do homem.
9. João 10, 22-42.
10. Salmos 82.
11. Cf. Jackie Feldmann, "Le Seconde Temple, comme institution économique, sociale et politique", art. cit., op. cit., pág. 168. Para o relato dessa reunião: João 11, 47-54, que faz nova alusão a isso quando do processo de Jesus (João 18, 14).
12. João 4, 21-23: "No dia em que disse essa palavra", escreveu Renan, "Jesus se tornou em verdade filho de Deus. Disse pela primeira vez a palavra sobre a qual repousaria o edifício da religião eterna. Fundou seu culto puro, sem data, sem pátria, que seria praticado por todos os homens elevados até o fim dos tempos" (op. cit., pág. 151). João, portanto, empresta a Jesus, nesse mesmo diálogo, uma fala contraditória: "Vós adorais o que não conheceis, nós adoramos o que conhecemos porque a salvação vem dos judeus". Renan considera numa nota que essa frase "parece um acréscimo equivocado do evangelista, assustado com a ousadia da palavra que relata". Outros depois dele, como Rudolf Bultmann, sublinharam que quando João usa a palavra "judeu" é para designar os sumos sacerdotes, os saduceus, os fariseus, os inimigos em geral de Jesus. Quando quer falar do povo fiel à aliança, usa "Israel". Logo, não pôde dizer que a salvação vinha dos adversários e esta frase seria então um acréscimo. Mas exegetas como Léon-Dufour (op. cit., tomo 1, pág. 370) não vêem contradição: trata-se de valorizar o alcance do encontro de Jesus com os samaritanos *e* lembrar que o Deus único elegeu o povo judeu como testemunha diante das nações, que Ele fez com ele a primeira aliança, à qual a humanidade inteira é convidada. O judeu Jesus, portanto, estaria lembrando a origem de sua mensagem *ao mesmo tempo que* dando a ela seu alcance universal.
13. Mateus 17, 17, Marcos 11, 1-10 e Lucas 19, 28-40.
14. Cf. Jean-Paul Roux, "Jésus", op. cit., págs. 335-336.
15. Juízes 5, 9-10.
16. Mateus 21, 5 se refere a Zacarias 9, 9. Evidentemente não se trata do marido de Isabel, mas do autor (talvez múltiplo) de um texto escrito entre os séculos 7 e 6 a.C. e consagrado principalmente à vinda do Messias.
17. João 12, 12-19.
18. Cf. Xavier Léon-Dufour, "Lecture de l'Evangile Selon Jean", op. cit., tomo 2, pág. 452, nota 27.

19. 1 Macabeus 13, 41-51. Os Livros dos Macabeus não fazem parte dos livros canônicos judeus. Os protestantes (e São Jerônimo) os consideram apócrifos. Mas o historiador Flávio Josefo trouxe bastante crédito ao primeiro deles por parafraseá-lo muito em seu texto "Antiquités Juives" (12-13).

20. Salmos 118, 26.

21. Jean-François Six, "Jésus", Somogy, 1972 (reed. Seuil, 1974), pág. 124.

22. João 12, 13.

23. João 12, 19.

CAPÍTULO 12

1. João 2, 13-16 e Mateus 21, 10-17, Marcos 11, 15-19 e Lucas 19, 45-48.

2. Cf. Xavier Léon-Dufour, "Lecture de l'Evangile Selon Jean", op. cit., tomo 1, pág. 248.

3. João 2, 21-22.

4. Samuel Georges Frederick Brandon, "Jésus et les Zelotes: Recherche sur le Facteur Politique dans le Christianisme", Flammarion, 1976, pág. 372.

5. Marcos 15, 7.

6. Lucas 23, 18-19.

7. S.G.F. Brandon, "Jésus et les Zelotes", op. cit., pág. 374.

8. Ibid, pág. 373.

9. Cf. Francis Schmidt, "La Pensée du Temple. De Jérusalem a Qumràn", Seuil, 1994, págs. 250 e ss.

10. E.-P. Sanders, "Jesus and Judaism", SCM Press, págs. 61-71.

11. David Flusser, "Jésus", op. cit., pág. 122.

12. Marcos 13, 1, mas também João 2, 18-22 e Marcos 14, 57-58 e 15, 29.

13. Para o debate sobre esse ponto, ver Francis Schmidt ("La Pensée du Temple. De Jérusalem a Qumràn", op. cit., págs. 250 e ss.), que conclui que a atividade de Jesus "virtualmente carrega uma ruptura com o Templo e o pensamento do Templo". Igualmente, e mais nitidamente, Paula Friedriksen, "De Jésus aux Christs", Cerf, 1992, págs. 171 e ss.

14. Marcos 14, 41.

15. Mateus 21, 32.

16. Salmos 68, 22-23.

17. Mateus 21, 33-46, Marcos 12, 1-2 e Lucas 20, 9-19.

18. Isaías 5, 1-7.

19. Mateus 22, 1-14 e Lucas 14, 16-24.

20. Mateus 22, 41-46, Marcos 12, 35-37 e Lucas 20, 41-44.

21. João 12, 23.

22. Para o debate sobre esse assunto, cf. especialmente: Charles Perrot, op. cit., págs. 207 e ss.; Gunther Bornkamm, op. cit., págs. 235 e ss.; Eugen Drewermann, "L'Evangile de Marc: Images de la Rédemption", Cerf, 1993, pág. 44, nota 30; e enfim, entre muitos outros, David Flusser, op. cit., págs. 113 e ss., para quem Jesus falou primeiro do "Filho do homem" na terceira pessoa porque esperava alguém mais e depois "se convenceu de que era ele mesmo o Filho do homem que viria". Mas nada confirma essa hipótese, tanto que Jesus, desde o início de sua pregação, fala em seu próprio nome: "E eu vos digo...".

23. Ezequiel 2, 1 e Daniel 8, 17.

24. Daniel 7, 13-14.

25. Gunther Bornkamm, "Qui Est Jésus de Nazareth", op. cit., pág. 238.

26. Mateus 26, 6-13, Lucas 7, 37-38, Marcos 14, 3-9 e João 12, 1-8.

27. Paulo até sugeria às coríntias que, em nome do cristianismo talvez, queriam tirar o véu, que raspassem ou cortassem os cabelos (1 Coríntios 11, 5-6).

28. João 6, 70.

29. João 13, 27.

30. João 11, 57.
31. Zacarias 11, 4-13.
32. Essas duas hipóteses são levantadas notadamente por Jean-Claude Barreau, "Biographie de Jésus", Plon, 1993, págs. 205 e 206.
33. João 6, 71 e 13, 26.
34. Ernest Renan, "Vie de Jésus", op. cit., pág. 210.
35. Daniel-Rops, "Jésus en son Temps", op. cit., pág. 336.
36. Xavier Léon-Dufour, "Lecture de l'Evangile Selon Jean", op. cit., tomo 3, pág. 64.
37. Mateus 26, 24.

Capítulo 13

1. Cf. sobre esse assunto Gilles Bernheim, "L'Eucharistie, le corps, le sang", in "Les Nouveaux Cahiers", nº 113, págs. 6 e ss.
2. Cf. Robert Aron, "Les Années Obscures de Jésus", Desclée de Brouwer, 1979, págs. 99 e ss.
3. Conforme as traduções, pode se tratar de uma sala alta no interior da casa, de uma terraço ou de um cômodo para recepção bem grande e repleto de banquetas. Cf. J. Decroix, "Le Cénacle", in "Bible et Terre Sainte", nº 98, pág. 9.
4. Lucas 22, 10, Marcos 14, 12-16 e Mateus 26, 17-19.
5. Op. cit., pág. 63.
6. Jacqueline Genot-Bismuth, "Jérusalem Ressuscitée", op. cit., pág. 117.
7. João 13, 6-17.
8. O segundo sentido é mais provável. De fato, a mesma frase aparece num texto de Mateus (10, 16-24) em que Jesus anuncia aos companheiros, bem antes da Paixão, que serão perseguidos, caçados "como ovelhas no meio dos lobos". E depois de ter sublinhado que "o discípulo não está acima do mestre", conclui: "Se ao chefe de família chamaram Belzebu, quanto mais aos seus familiares". A frase, usada por João no momento do lava-pés, pode muito bem ter sido pronunciada antes.
9. Mateus 26, 20-25, Marcos 14, 17-21, Lucas 22, 14-23 e João 13, 21-30.
10. João 12, 27.
11. Ele jamais o nomeará, como se quisesse fazer dele a figura do discípulo ideal. Mas, no final de seu texto, se refere a ele como se fosse seu informante: "Este é o discípulo que dá testemunho destas coisas e as escreveu. E sabemos que é digno de fé seu testemunho" (João 21, 24). Sobre a origem do Evangelho de João, ver acima.
12. João 1, 5.
13. Cf. Léon-Dufour, op. cit., tomo 3, pág. 57. Renan, por sua vez, observando que João, em outro lugar, narrou essa refeição "com tanta prolixidade", vê em seu silêncio sobre esse ponto "a prova de que na seita em que ele representava a tradição" (a comunidade judaico-cristã que deu à luz esse Evangelho) "não se tinha a instituição da eucaristia como uma particularidade da Ceia".
14. João 6, 51-57.
15. Mateus 26, 26-29, Lucas 22, 18-20 e Marcos 14, 22-25.
16. 1 Coríntios 11, 23-26.
17. Gilles Bernheim, art. cit., pág. 62.
18. Atos 2, 42.
19. Cf. Joseph Bonsirven, "Hoc est corpus meum. Pesquisas sobre o original aramaico", "Biblica" 29 (Roma, 1948), págs. 205-219.
20. Jeremias 31, 31-32: "Eis que virão os dias — oráculo do Senhor — em que selarei com a casa de Israel e a casa de Judá uma aliança nova. Não como a aliança que selei com seus pais no dia em que os tomei pela mão para fazê-los sair do Egito."
21. É a tese de Annie Jaubert, "La Date de la Cène", Gabalda J., 1957.
22. *Talmud de Babilônia*, tratado "Sinédrio", V, 2, 43 a: "Às vésperas da Páscoa foi

enforcado Jesus o Nazareno (...). Ele praticou feitiçaria e seduziu e transtornou Israel". O texto data, ao que parece, do século 2.

23. Marcos 15, 42 e João 19, 31.

24. João 13, 33-38.

25. João 14, 1-31.

Capítulo 14

1. Lucas 22, 35-38.

2. Marie-Emilie Boismard, "Synopse des quatre Evangiles en français", tomo 2: "Commentaire", Cerf, pág. 388.

3. Op. cit., pág 382.

4. Lucas 22, 51.

5. Existe outra interpretação, tirada de texto mais antigo (o papiro "Chester Beatty") que dá o nome de *Gessamanei*, que significaria "Vale da gordura" ou "Vale muito gorduroso". Cf. Amédée Brunot, "Gethsemani", in "Bible et Terre Sainte", nº 99, março de 1968.

6. Mateus 24, 36-46, Marcos 14, 32-42, Lucas 22, 40-46 e João 18, 1.

7. Cf. Jean-Paul Roux, "Jésus", op. cit., pág. 364.

8. Gênesis 22, 23-33.

9. 1 Reis 19, 1-21.

10. Salmos 42, 10-11.

11. João 18, 36.

12. Mateus, 26, 64.

13. Lucas 22, 70.

14. Jacques Guillet, "Jésus-Christ Hier et Aujourd'hui", op. cit., pág. 154.

15. Charles Guignebert, "Jésus", Albin Michel, 1969, págs. 211-212.

16. O "Larousse Médical" (edição de 1981) escreve: "A hematidrose é das mais excepcionais, atravessando a pele aparentemente intacta. Levanta a questão das manifestações observadas em certos estigmatizados". Foi sem dúvida desse fenômeno que nasceu a expressão "suar sangue e água".

17. Certas traduções de Marcos dão a sensação de que as autoridades judaicas apelaram a um grupo de meliantes, "a canalha em armas", mas isso parece pouco provável, já que tinham à sua disposição a polícia do Templo.

18. Atos 21, 27-36.

19. Marcos 15, 7.

20. Marcos 14, 51-52.

21. Gérald Messadié, "L'Homme qui Devint Dieu", op. cit., págs. 35-36.

22. Marcos 16, 3.

23. Lucas 24, 4, Mateus 28, 3 e João 20, 12.

24. Cf. sobre esse ponto Menahem Stern, "La société juive à l'époque du second Temple: prêtrises et autres classes", in "La Societé Juive à travers l'Histoire", op. cit., tomo 1, págs. 379 e ss.

25. João 18, 12-24.

26. Marcos 14, 65, Mateus 26, 67-68 e Lucas 22, 63-65.

27. É essa notadamente a tese de Jacqueline Genot-Bismuth, professora de judaísmo antigo e medieval na Sorbonne, "Jérusalem Ressuscitée", op. cit., pág. 218.

28. Flávio Josefo, "Antiquités Juives", XX, 199-203.

29. In "Jésus Aujourd'hui. Historiens et Exégètes à Radio-Canada", op. cit., tomo 2, pág. 134. Sobre essa questão, cf. nesse volume coletivo todo o capítulo 12, págs. 129 e ss., e também David Flusser, "Jésus", op. cit., págs. 63-64 e 129-130.

30. "Sob o depoimento de duas ou três testemunhas será condenado à morte o réu de pena capital. Não será condenado à morte sob a palavra de uma só testemunha." (Deuteronômio 17, 6).

31. Ver sobre todos esses pontos Simon Légasse, "Le Procès de Jésus", Cerf, 1994, e

também a resenha desse livro em “Esprit et Vie”, junho de 1994, pág. 364.

32. “Os rabinos conheceram melhor que ninguém a situação de seu país e se, diminuindo seu próprio prestígio, disseram que não tinham o direito de tratar juridicamente de casos criminais, isso só pode ser exato.” Citado por Jean Becq, “Ponce Pilate et la mort de Jésus”, in “Bible et Terre Sainte”, nº 57, junho de 1963.

33. Carta citada em “Legatio ad Gaium” (parágrafo 302) e por David Flusser (“Jésus”, op. cit., pág. 133, nota 223), que no entanto acrescenta: “Sem dúvida não é por acaso que os defeitos enumerados são sete”.

34. O prefeito tinha poderes militares e policiais; o procurador, responsabilidades administrativas.

35. Robert Aron, op. cit., pág. 203.

36. Tácito, “Histoires” [As Histórias], V, 5.

37. Cf. Joseph Meleze Mordzejwski, “Les Juifs dans le monde gréco-romain”, in “Les Nouveaux Cahiers”, nº 113.

38. De fato, a alimentação de água fazia parte das obrigações do sumo sacerdote e devia ser financiada pelo caixa do Templo. O que se censurou a Pilatos foi se fazer substituto do sumo sacerdote.

39. Lucas 23, 1.

40. Mateus 27, 11-14, Marcos 15, 2-5, Lucas 23, 2-5 e João 18, 29-38.

41. A existência desse costume foi contestada. É confirmada pela fontes rabínicas, segundo David Flusser, “Jésus”, op. cit., pág. 134. Mas Raymond E. Brown, “The Death of the Messiah” (ed. Geoffrey Champman, 1994), se mostra, ao fim de um estudo detalhado, muito cético (págs. 814-815). Igualmente, Simon Légasse em “Le Procès de Jésus”, op. cit., pág. 108.

42. Marcos 15, 6-8.

43. Filo de Alexandria, “In Flaccum”, 36-39.

44. Os judeus não puniam a mais que 40 golpes e seus chicotes eram feitos de couro; um terço dos golpes eram no peito, o restante nas costas. O apóstolo Paulo assim foi flagelado cinco vezes — uma provação terrível mas menos aviltante, dolorosa e eventualmente fatal que o tipo de flagelação reservado pelos romanos aos estrangeiros.

45. É o que parecem indicar, por exemplo, as palavras emprestadas a Jesus por Mateus (23, 34-36): “É por isso que vos envio profetas, sábios e escribas. Deles matareis e crucificareis a uns, a outros açoitareis nas sinagogas e os perseguireis de cidade em cidade, para que recaia sobre vós o castigo do assassínio de todos os inocentes, desde Abel, o justo, até Zacarias filho de Baraquias, a quem matastes entre o santuário e o altar”.

46. Atos 3, 17.

47. Xavier Léon-Dufour, “Les Evangiles et l’Histoire de Jésus”, Seuil, 1963, págs. 337-338. Ver também sobre esse assunto, ibid, págs. 278-279, e notadamente Ignace de La Potterie, “Deux livres récents sur le procès de Jésus”, in “Biblica” 43, Roma, 1962; Weddig Friche, “Chronique du Procès Jésus”, ed. Liana Lévi, pág. 207; e Eugen Drewermann, “L’Evangile de Marc: Images de la Rédemption”, op. cit., págs. 54 e 55.

Capítulo 15

1. “O povo conservava-se lá e observava.” (Lucas 23, 35)

2. Cf. David Flusser, “Jésus”, op. cit., pág. 138.

3. *Golgotha*, palavra aramaica, significa “crânio”. O latim *calvarius* (de onde o português “calvário”) significa “colina nua como um crânio limpo”.

4. Cícero, “Contre Verrès” [Verrinas], II, 5-14.

5. Nicu Haas, “Anthropological observations on the skeleton from Giv’at ha-Mitvtar”, in “Israel Exploration Journal”, Jerusalém, vol. 10, nº 12, 1970. Por muito tempo historiadores e críticos contestaram que tivesse sido pregado na madeira — o que só é indicado no Evangelho de João (na aparição a Tomé, João 20, 27) — até essa descoberta em 1968.

6. Marcos 15, 22.

7. Segundo Marcos 15, 23. Mateus fala (27, 34) em "fel", mas sem dúvida por confusão e sempre com a vontade de demonstrar que tudo que se produz é conforme a Escritura. O salmo 69, 22 diz, de fato: "Puseram-me veneno na comida, em minha sede deram-me a beber vinagre". Essa versão foi espalhada e aceita porque parecia demonstrar a vontade dos carrascos de aumentar os sofrimentos de Jesus.

8. Ernest Renan, "Vie de Jésus", op. cit., pág. 225.

9. Alguns puseram em dúvida esse fato, citado pelos quatro textos, vendo nele apenas uma tentação de se reportar às Escrituras. Desta vez se trata do salmo 22, 19: "Repartem entre si minhas vestes e sobre minha túnica lançam a sorte". Mas deixar as roupas para os soldados, que a dividiriam entre si de qualquer maneira, era uma prática corrente entre os romanos.

10. Cf. Xavier Léon-Dufour, "Les Evangiles et l'Histoire de Jésus", op. cit., pág. 463.

11. Atos 1, 13.

12. Salmos 22, 7-9.

13. Salmos 22, 22-25.

14. Sobre os problemas dos horários na sexta-feira, cf. especialmente Eduard Schweizer, op. cit., págs. 20 e 21, e Jean Carmignac, "Qumràn et le courant essénien au temps de Jésus" in "Jesus Aujourd'hui", op. cit., tomo 1: "Sources, Méthodes et Milieu", págs. 106-107.

15. João 3, 19.

16. Diversas traduções foram publicadas. Especialmente, Adalbert Hamman, "La philosophie passe au christianisme", in "Lettres Chrétiennes", 3, Paris, 1954. As passagens situadas aqui se encontram em 68, 1 e 10, 2.

17. Cf. John Drane, "Jésus et les Quatre Evangiles", op. cit., pág. 55.

18. Por exemplo, o livro de Daniel (12, 2): "Muitos dos que dormem na terra poeirenta despertarão; uns para a vida eterna, outros para a vergonha".

19. Cf. Pierre Grelot, "L'interprétation des sources de la vie de Jésus", in "Jésus Aujourd'hui. Historiens et exégètes à Radio-Canada", op. cit., tomo 1, págs. 60 e ss.

20. Zacarias 12, 10.

21. Jean-Paul Roux, "Jésus", op. cit., pág. 401.

22. João 19, 35.

23. É uma situação do salmo 33, 31.

24. "Discípulo", segundo João (19, 38), mas "escondido por medo dos judeus", o que confirma a existência de uma espécie de rede clandestina.

25. É provável que não se trate do aloés medicinal, planta de odor desagradável, mas do perfume extraído da madeira do aloés, originária da Índia. Cf. Daniel-Rops, "Jésus en son Temps", op. cit., pág. 413.

26. Um debate muito técnico, na verdade. Cf. Claude Tresmontant, "Le Christ Hébreu: La Langue et l'Âge des Evangiles", op. cit., págs. 298-299.

27. Gilles Becquet, Robert Beauvery, Roger Varro, "Lectures d'Evangiles: Année A", Seuil, 1974, pág. 305.

28. Entre os diversos debates, polêmicas e pesquisas provocadas por esse relato, há um que diz respeito ao "terceiro dia". Algumas traduções dão a entender que a ressurreição teve lugar três dias depois, ou seja, até se passarem 72 horas. Na linguagem dos judeus, é preciso compreender que Jesus ressuscita efetivamente no terceiro dia, ou seja, na manhã seguinte ao dia seguinte à sua morte e sepultamento.

29. João 20, 11-18.

30. David Flusser, "Jésus", op. cit., pág. 131.

31. Marcos 6, 4.

32. Cf. a respeito da concepção da ressurreição entre os judeus e na mentalidade grega, então dominante na bacia mediterrânea e que nos é familiar, Jean-François Six, "Jésus", op. cit., págs. 184 e ss.

33. Eduard Schweizer, "La Foi en Jésus-Christ", op. cit., pág. 65.

34. João 20, 1-2 e Lucas 24, 12.

35. Cf. Arthur Nisin, "Histoire de Jésus", Seuil, 1961 (reed. 1968), págs. 33-38.
36. Marcos 16, 1-8; as palavras atribuídas ao anjo correspondem à expressão da fé das comunidades cristãs.
37. João 20, 1-18.
38. Cf. sobre esse assunto Léon-Dufour, "La mort et la résurrection de Jesus", in "Jesus Aujourd'hui. Historiens et Exégètes à Radio-Canada", tomo 2, pág 141.
39. Cf. id., "Les Evangiles et l'Histoire de Jésus", op. cit., págs. 449-449.
40. Atos 1, 3.
41. Atos 18, 12-17.
42. Cf. Stanislas Lyonnet, "Les témoignages chrétiens du premier siècle", in "Jésus Aujourd'hui", tomo 1, pág. 54, mas também Murphy O'Connor, "Corinthe au Temps de Saint Paul", Cerf, 1986, pág. 229.
43. 1 Coríntios 15, 3-8.
44. Atos 9, 1.
45. Cf. Johannes Lehmann, "Dossier Jésus", Albin Michel, 1972, pág. 49.
46. Extraído de "Toledoth Jeshu", coletânea de textos judaicos antigos citada in Fouard, "Vie de Jésus Christ", Paris, 1882, tomo 2, pág. 453.
47. Ernest Renan, op. cit., pág 231.
48. Lucas 24, 10.

As fontes

1. Rudolf Bultmann, "Jésus, Mythologie e Démythologisation", Seuil, 1968, pág. 35.
2. Cf. sobre esse ponto, entre outros, François Refoulé, "Jésus dans la culture contemporaine", in "Les Quatre Fleuves", Seuil, nº 4, 1975, e id., "Comment connaissons-nous Jésus?", in "Jésus", obra coletiva, Hachette-Réalités, págs. 75 e ss.; Charles Perrot, "Jésus et l'Histoire", op. cit., págs. 35 e ss.; Mgr de Solages, "Critique des Evangiles et Méthode Historique", Privat, 1972, págs. 79 e ss.
3. Eugen Drewermann, "L'Evangile de Marc: Images de la Rédemption", op. cit., pág. 87.
4. Gunther Bornkamm, op. cit., pág. 32.
5. Cf. sobre esse assunto André Pelletier, "L'originalité du témoignage de Flavius Josèphe sur Jésus", in "Recherches de Science Religieuse", nº 52, 1964, págs 177-203.
6. "Antiquités Juives", 20, 1.
7. Tácito, "Anais", 15, 44.
8. Plínio, o Jovem, "Cartas" 10, 96.
9. Suetônio, "Vida de Cláudio" 25, 4.
10. Gunther Bornkamm, op. cit., pág. 36.
11. Mgr de Solages, op. cit., pág. 37 e ss.
12. Charles-Harold Dodd, "Le Fondateur du Christianisme", op. cit., pág. 26.
13. 1 Pedro 5, 12.
14. Claude Tresmontant, op. cit., pág. 24. Sua tese foi criticada notadamente por Pierro Grelot ("Evangile et Tradition Apostolique: Réflexion sur un certain Christ Hébreu", Cerf, 1984), reconhecido especialista em aramaico.
15. Charles Perrot ("Jésus et l'Histoire", op. cit., págs. 27-28) faz um rápido resumo disso.
16. Philippe Rolland, "L'Origine et la Date des Evangiles", ed. Saint-Paul, 1994, págs. 17-19.
17. Irineu, "Contre les Hérésies" 3, 1.
18. Primeira Epístola 5, 1. Marcos é citado oito vezes nos Atos dos Apóstolos ou nas Epístolas, às vezes em companhia de Pedro ou Paulo.
19. Léon-Dufour, "Les Evangiles et l'Histoire de Jésus", op. cit., pág. 171.
20. Cf. "Matyah: Evangile Selon Matthieu", ed. André Chouraqui, Jean-Claude Lattès, págs. 50-51.

21. Lucas 1, 3.
22. Léon-Dufour, "Les Evangiles et l'Histoire de Jésus", op. cit., pág. 199.
23. Lucas 1, 1-2.
24. Cf. Marie-Emile Boimard e Arnaud Lamouille, "Un Evangile Pre-Johannique", Gabalda J., 1993.
25. Atos 20, 35.
26. Ernest Renan, op. cit., pág. 45.
27. "Les Evangiles de l'Ombre", Lieu Commun, 1983, págs. 46-47.
28. "L'Evangile Selon Thomas", Metanoïa. Cf. também Henri-Charles Puechm, "En Quête de la Gnose", tomo 2: "Sur l'Evangile de Selon Thomas", Gallimard, 1978.
29. Assim "La Vie d'Apollonius de Tyane", um contemporâneo de Jesus, narrada por Filóstrato no século 3, logo, bem depois dos fatos, é considerada verídica pelos historiadores, ao menos no essencial. Cf. "Romans Grecs et Latins", Gallimard, col. "Bibliothèque de la Pléiade", págs. 1027-1259.
30. Os critérios são de variadas ordens:

• Linguístico. Jesus falava aramaico. As frases dos Evangelhos contendo palavras aramaicas provavelmente são autênticas. As passagens dos Evangelhos que possam ser facilmente retraduzidas em aramaico, igualmente.

• A originalidade ou, para falar como os especialistas, a dessemelhança. Esse critério é muito utilizado desde Bultmann. Funda-se numa idéia simples: o que, nas palavras emprestadas a Jesus, se encontra nos textos do judaísmo da época, ou o que lembra concepções da Igreja primitiva, deve ser suspeitado, pois uma dessas duas fontes poderiam tê-lo introduzido nos textos. Em compensação, quando uma fala de Jesus é única e original, é provavelmente autêntica: como quando Jesus chama Deus de *Abba*, Pai. Dito isso, esse critério deve ser manipulado com precaução, pois não conhecemos bem nem o judaísmo da época nem as concepções da Igreja primitiva. Além disso, Jesus pode ter pronunciado palavras cujo equivalente existia no judaísmo ou que, mais razoavelmente, orientaram as concepções da Igreja primitiva; ele não rompeu totalmente com aquele, e estava na origem desta.

• A convergência. Se textos que não têm a mesma fonte por origem relatam a mesma fala ou fato, sua autenticidade é provável.

• A coerência. Se uma palavra é coerente com todo o ensinamento de Jesus, merece ser considerada.

Nenhum desses critérios fornece por si só garantia. Reunidos, permitem chegar a probabilidades e, às vezes, a certezas. O estudo atento das formas literárias permite, além disso, distinguir as diferenças de estilo entre dois episódios ou dois versículos de um mesmo episódio, daí os possíveis acréscimos (cf. sobre esse ponto Charles Perrot, "Jésus et l'Histoire", op. cit., pág. 41).

Um exemplo da amplitude das pesquisas necessárias pode ser dado a partir de três anúncios feitos por Jesus de sua morte e de sua ressurreição (Marcos 8, 31, 9, 31 e 10, 33-34, igualmente citados em Lucas e Mateus). Jesus realmente pronunciou essas palavras ou os discípulos lhe emprestaram depois dos acontecimentos? Para responder, procede-se às seguintes pesquisas: estrutura do texto; análise da forma literária e do vocabulário; comparação com os relatos da paixão de profetas, existentes nos relatos apocalípticos, no Velho Testamento ou na literatura rabínica da época; comparação com os relatos da Paixão de Jesus e com a maneira com que a ressurreição foi anunciada pela Igreja primitiva; possibilidade de traduzir o texto grego em aramaico; comparação do texto assim obtido com as maneiras habituais de expressão de Jesus. Nesse caso citado, e apesar da massa de trabalhos já realizados, os especialistas não chegaram a uma posição comum. Quase todos pensam, entretanto, que certos detalhes, ao menos, foram acrescentados depois da morte e ressurreição de Jesus.

31. Lucas 18, 9-14.
32. Isaías 12, 1.
33. Marcos 2, 13-17.
34. Gerd Theissen, "L'Ombre du Galiléen", op. cit., pág. 48.

35. Mateus 10, 5-6. Palavras relatadas de outra forma em Mateus 15, 24: "Não fui enviado senão para as ovelhas perdidas da casa de Israel".

36. João 8, 1-11.

37. Mateus 16, 18.

38. Xavier Léon-Dufour, "Les Evangiles et l'Histoire de Jésus", op. cit., pág. 218.

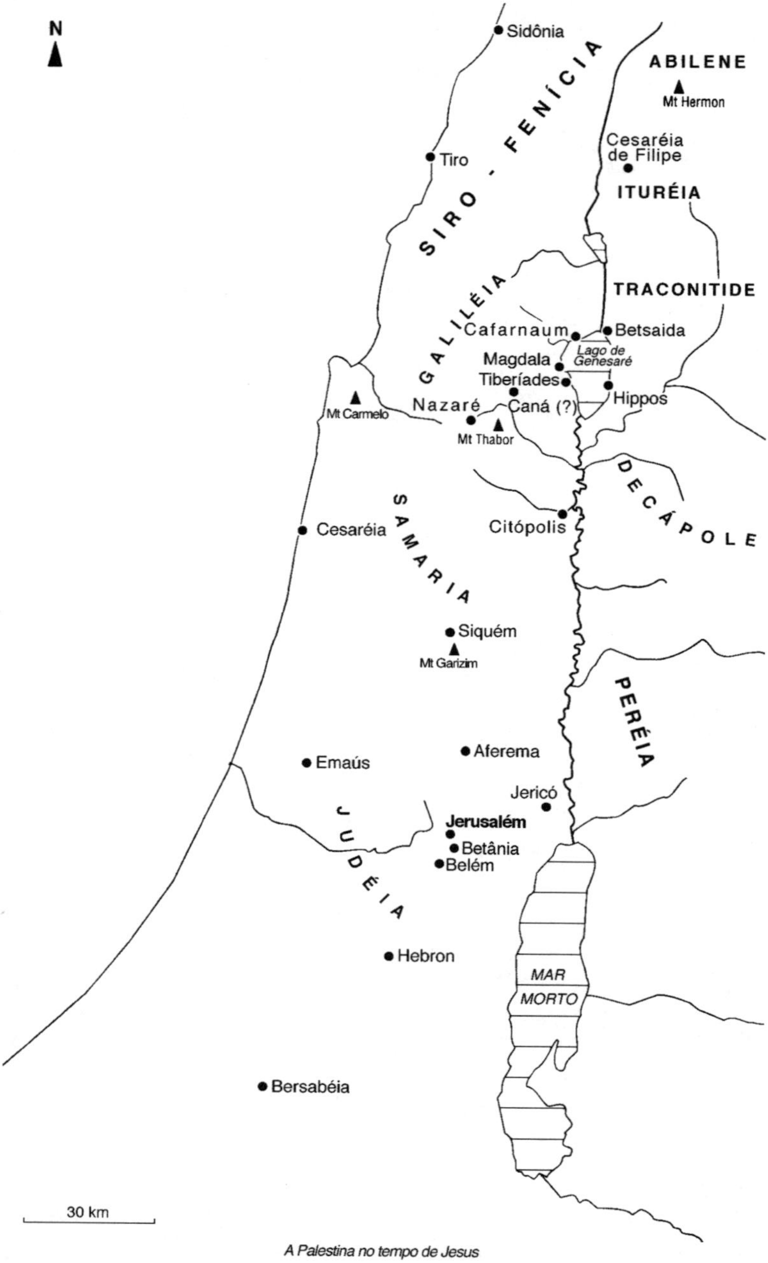

A Palestina no tempo de Jesus

Agradecimentos

Muitos amigos e colegas devem ser agradecidos, que me ajudaram, encorajaram e também me aturaram durante a redação deste livro (este foi o caso de Edith, minha mulher). Mas devo um reconhecimento particular ao padre François Refoulé, dominicano, especialista no Novo Testamento, antigo diretor da Escola Bíblica de Jerusalém, que com boa vontade releu o manuscrito e formulou observações e, quando necessárias, críticas. Isto posto, este livro é de responsabilidade exclusivamente minha.